큰 그림과 큰 글씨로 눈이 편하게!

쓱 싹 시리즈 24

쓱 하고 싹 배우는

스마트폰 활용

★ 저자 김재연 ★

YoungJin.com Y.
영진닷컴

B-1001, Gab-eul Great Valley, 32, Digital-ro 9-gil, Geumcheon-gu, Seoul, Republic of Korea.
All rights reserved. First published by Youngjin.com. in 2025. Printed in Korea

저작권법에 의하여 한국 내에서 보호를 받는 저작물이므로 무단전재 및 복제를 금합니다.

ISBN : 978-89-314-8150-1

독자님의 의견을 받습니다.
이 책을 구입한 독자님은 영진닷컴의 가장 중요한 비평가이자 조언가입니다. 저희 책의 장점과 문제점이 무엇인지, 어떤 책이 출판되기를 바라는지, 책을 더욱 알차게 꾸밀 수 있는 아이디어가 있으면 팩스나 이메일, 또는 우편으로 연락주시기 바랍니다. 의견을 주실 때에는 책 제목 및 독자님의 성함과 연락처(전화번호나 이메일)를 꼭 남겨 주시기 바랍니다. 독자님의 의견에 대해 바로 답변을 드리고, 또 독자님의 의견을 다음 책에 충분히 반영하도록 늘 노력하겠습니다.

이메일 : support@youngjin.com
주　소 : (우)08512 서울특별시 금천구 디지털로9길 32 갑을그레이트밸리 B동 10F
등　록 : 2007. 4. 27. 제16-4189호

파본이나 잘못된 도서는 구입하신 곳에서 교환해 드립니다.

STAFF
저자 김재연 | **총괄** 김태경 | **진행** 김연희 | **디자인·편집** 김소연 | **영업** 박준용, 임용수, 김도현, 이윤철
마케팅 이승희, 김근주, 조민영, 김민지, 김진희, 이현아 | **제작** 황장협 | **인쇄** 예림인쇄

이 책은요!

쓱 하고 싹 배우는
스마트폰 활용

스마트폰을 더 잘 활용하려면 어떻게 해야 할까요? 쇼핑부터 여행 계획, 챗GPT 사용까지! 무궁무진한 스마트폰 사용 방법을 배워 보아요!

❶ POINT
챕터에서 배우게 될 내용을 간략하게 소개해요.

❷ 완성 화면 미리 보기
챕터에서 배우게 되는 예제의 완성된 모습을 미리 만나요.

❸ 여기서 배워요!
어떤 내용을 배울지 간략하게 살펴봐요. 배울 내용을 미리 알아 두면 훨씬 쉽고 재미있게 배울 수 있어요.

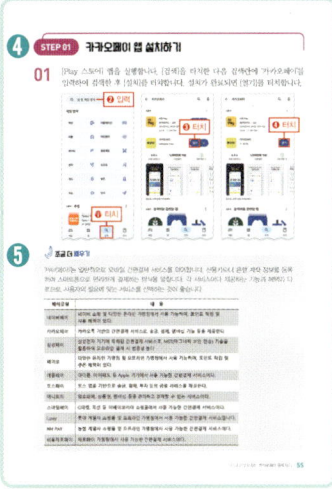

❹ STEP
예제를 하나하나 따라 하면서 본격적으로 기능을 익혀 봐요.

❺ 조금 더 배우기
본문에서 설명하지 않은 내용 중 중요하거나 알아 두면 좋을 내용들을 알 수 있어요.

❻ 혼자서도 만들 수 있어요!
챕터에서 배운 내용을 연습하면서 한 번 더 기능을 숙지해 봐요.

❼ HINT
문제를 풀 때 참고할 내용을 담았어요.

이 책의 목차

CHAPTER 01
쇼핑에 대해 알아보기 ································· **006**

CHAPTER 02
G마켓 앱 활용하기 ································· **010**

CHAPTER 03
TV에 나오는 상품 구매하기 ································· **017**

CHAPTER 04
네이버 렌즈 활용하여 쇼핑하기 ································· **024**

CHAPTER 05
네이버플러스로 쇼핑하기 ································· **030**

CHAPTER 06
스마트폰에 카드 등록하여 사용하기 ································· **038**

CHAPTER 07
가격비교 다나와 앱 활용하기 ································· **048**

CHAPTER 08
카카오페이 등록하기 ································· **055**

CHAPTER 09
카카오톡에서 쇼핑하기 ································· **064**

CHAPTER 10
쿠팡 로켓배송 주문하기 ································· **071**

쓱 하고 싹 배우는
스마트폰 활용

CHAPTER 11
로켓와우 및 로켓직구로 주문하기 ········· **081**

CHAPTER 12
우리 동네 중고거래, 당근마켓 사용하기 ········· **092**

CHAPTER 13
체험단 선정..조심하세요! ········· **100**

CHAPTER 14
배달의민족 앱으로 음식 주문하기 ········· **107**

CHAPTER 15
카페에서 키오스크로 음료 주문하기 ········· **114**

CHAPTER 16
ChatGPT에게 여행 계획 도움받기 ········· **121**

CHAPTER 17
국내/해외 어디로 여행 갈까요? ········· **126**

CHAPTER 18
버스부터 비행기까지, 여행 가는 길 준비하기 ········· **146**

CHAPTER 19
여기어때 앱을 이용한 여행지 숙소 찾기 ········· **159**

CHAPTER 20
여행 중 목적지 찾기 ········· **165**

쇼핑에 대해 알아보기

POINT

우리가 평소에 하는 쇼핑이 어떤 의미인지 알아보고 온라인 쇼핑에는 어떤 종류가 있는지, 또 각각 어떤 장단점이 있는지 살펴봅니다. 현명한 소비를 위해 다양한 쇼핑몰의 특징도 함께 알아봅니다.

▍완성 화면 미리 보기

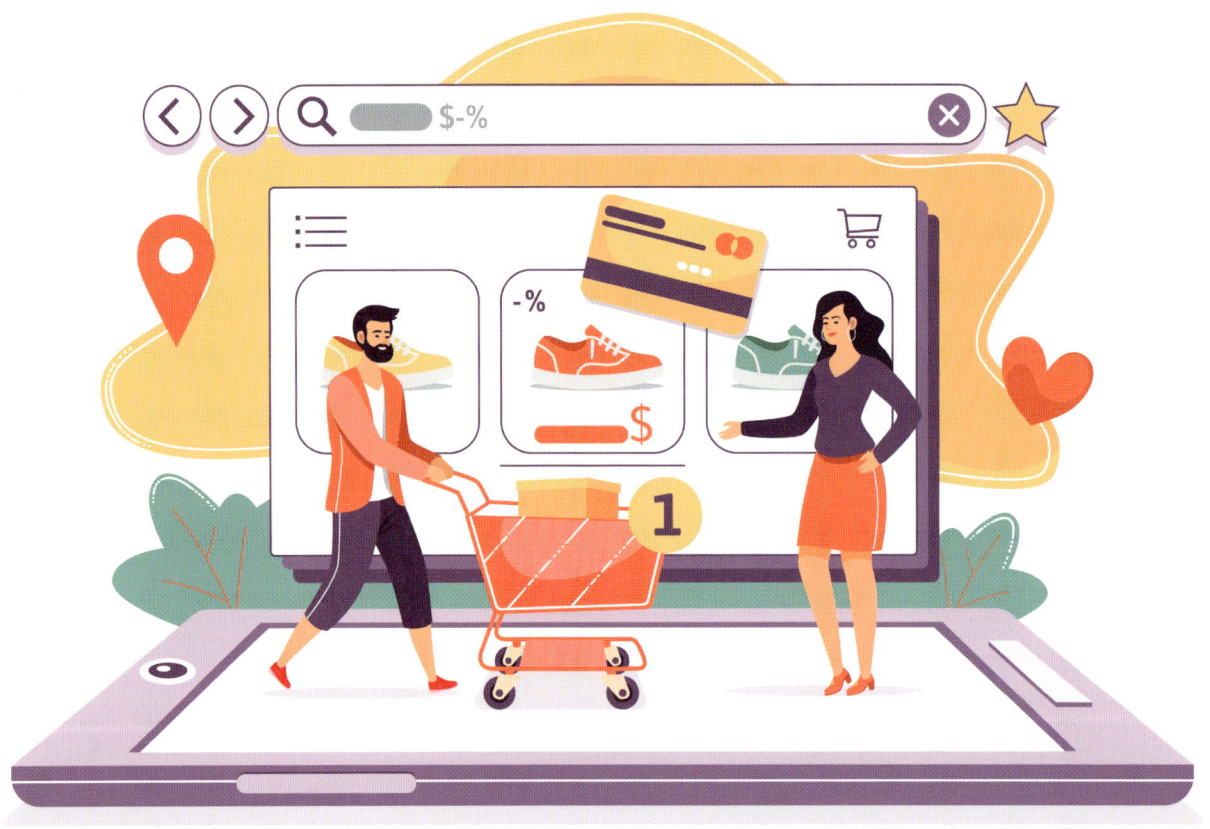

▍여기서 배워요!

쇼핑과 쇼핑몰 알아보기 / 온라인 쇼핑 알아보기

STEP 01 쇼핑과 쇼핑몰 알아보기

1. 쇼핑과 쇼핑몰 개념

■ **쇼핑이란?**

상품을 구매하기 위해 상점에 방문하여 물건을 고르고 거래하는 행위를 말합니다.

■ **쇼핑몰은?**

다양한 상품을 온라인 또는 오프라인에서 판매하는 상점 형태를 말합니다.

※출처 : Freepik

2. 쇼핑몰의 종류

■ **오프라인 쇼핑몰**
- 예시: 백화점, 대형마트, 아울렛 등
- 특징: 실제 매장을 방문하여 상품을 보고 구매 가능
- 장점: 상품을 직접 확인하고 체험할 수 있음
- 단점: 시간과 장소의 제약이 있음

■ **온라인 쇼핑몰**
- 예시: 쿠팡, 11번가, G마켓 등
- 특징: 인터넷을 통해 상품을 판매하고 결제까지 완료 가능
- 장점: 언제 어디서나 쇼핑 가능
- 단점: 실물을 확인하지 못하고 배송 시간이 필요함

■ **모바일 쇼핑몰**
- 예시: 쿠팡 앱, 현대H몰 앱, SSG닷컴 앱 등
- 스마트폰 앱이나 모바일 웹에서 이용하는 형태
- 현재 대부분의 사람들이 모바일로 쇼핑을 이용

STEP 02 온라인 쇼핑몰 알아보기

1. 온라인 쇼핑몰이란?

인터넷을 기반으로 한 가상의 상점으로, 사용자가 웹 사이트나 앱을 통해 상품을 검색 및 주문하고 결제할 수 있는 전자상거래 플랫폼입니다.

2. 온라인 쇼핑몰의 특징

- **접근성**: 인터넷만 있으면 시간과 장소에 관계없이 이용 가능
- **편의성**: 상품 검색, 비교, 결제까지 원스톱으로 가능
- **다양한 결제 방식**: 카드, 계좌이체, 간편결제, 휴대폰 결제 등
- **실시간 리뷰와 평점 제공**: 사용자 경험을 기반으로 한 신뢰성 확보
- **빠른 배송 서비스**: 당일배송, 새벽배송 등으로 진화 중

3. 온라인 쇼핑몰의 유형

유형	설명	대표 예시
종합몰	다양한 카테고리의 상품을 판매하는 대형 쇼핑몰	쿠팡, 11번가, G마켓, SSG닷컴, 현대H몰
전문몰	특정 분야에 특화된 전문 상품만을 판매	무신사(패션), 마켓컬리(식품)
오픈마켓	판매자가 직접 상품을 등록해 판매하는 플랫폼	네이버 스마트스토어, 옥션, G마켓, 쿠팡
소셜커머스	할인·공동구매 중심의 쇼핑몰	티몬, 위메프
브랜드몰	기업이나 브랜드가 직접 운영하는 공식 쇼핑몰	애플스토어, 나이키, 아디다스

4. 온라인 쇼핑몰의 장단점

장점	단점
• 편리하고 빠른 쇼핑 가능 • 다양한 상품과 가격 비교 가능 • 리뷰와 별점으로 상품 품질 확인 가능 • 이벤트, 할인, 쿠폰 등 혜택 다양	• 실물 확인 불가 • 반품/환불 절차가 번거로울 수 있음 • 가짜 리뷰나 허위 광고 가능성 존재 • 개인정보 유출 등의 보안 문제

5. 온라인 쇼핑의 미래 트렌드

- 라이브커머스: 실시간 방송을 통한 판매 방식
- AI 추천 시스템: 사용자 취향에 맞는 상품 추천
- AR/VR 쇼핑: 가상현실을 이용한 체험형 쇼핑
- 개인화 서비스: 고객 맞춤형 혜택과 콘텐츠 제공
- 친환경 포장, ESG 경영 강화 추세

CHAPTER 02 G마켓 앱 활용하기

POINT

G마켓 앱은 다양한 상품을 간편하게 구매할 수 있는 대표적인 온라인 쇼핑몰입니다. 기본적인 사용법부터 주문하는 방법까지 배워봅니다.

❚ 완성 화면 미리 보기

❚ 여기서 배워요!

G마켓 앱 설치하기 / G마켓 앱 회원가입하기 / 상품 구매하기 / 주문 결제하기

STEP 01   G마켓 앱 설치하기

01   [Play 스토어] 앱을 실행합니다. [검색]을 터치한 다음 검색란에 'G마켓'을 입력하여 검색한 후 [설치]를 터치합니다. 설치가 완료되면 [열기]를 터치합니다.

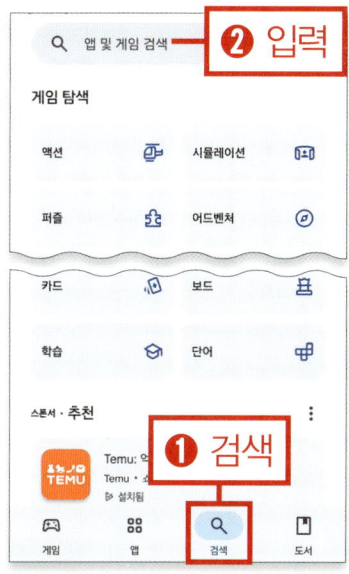  

조금 더 배우기

'스폰서' 영역의 앱과 검색한 앱이 다를 수 있습니다. 설치할 앱을 정확하게 확인하고 [설치]를 터치합니다.

02   '접근 권한 허용' 대화상자가 나타나면 [확인]을 터치합니다. '알림 허용'에 [허용]을 터치합니다. 회원가입을 위해 [로그인] 또는 [내 프로필](으)을 터치합니다.

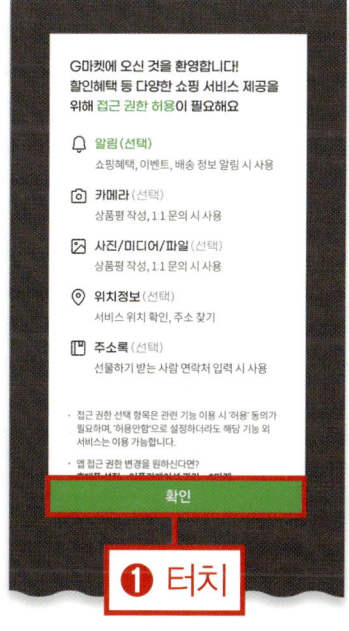 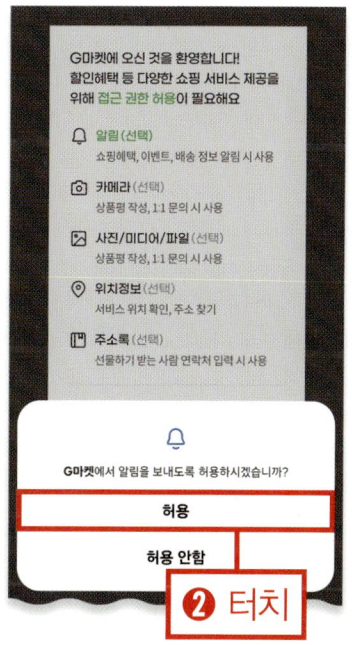 

STEP 02 | G마켓 앱 회원가입하기

01 [회원가입]을 터치합니다. [개인 구매회원]을 선택하고 [가입하기]를 터치합니다. [필수] 사항만 터치하여 선택한 후 [다음 단계로]를 터치합니다.

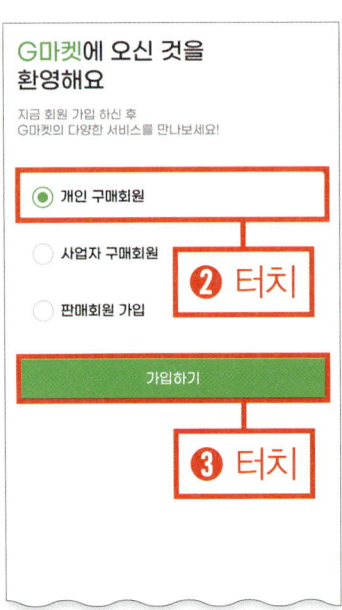
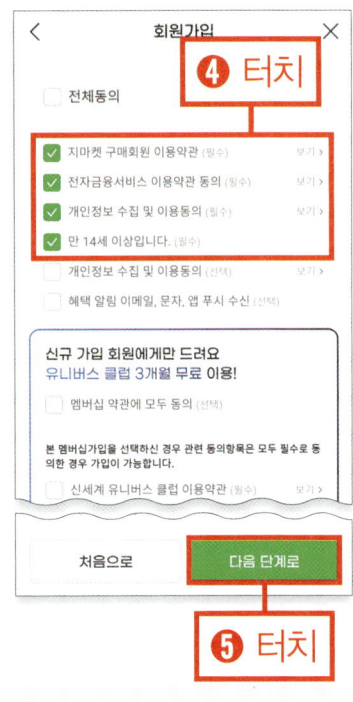

'간편 로그인'으로 가입해도 됩니다. 단, '카톡', '네이버' 등에 회원가입이 되어 있어야 하며 로그인 방식에 차이가 있을 수 있습니다.

02 '혜택 정보' 메시지에 [괜찮아요]를 터치합니다. '회원가입'을 위한 내용을 입력하고 [완료]를 터치합니다. 회원가입 완료 메시지를 확인하고 '수신거부 처리완료' 메시지에 [확인]을 터치합니다.

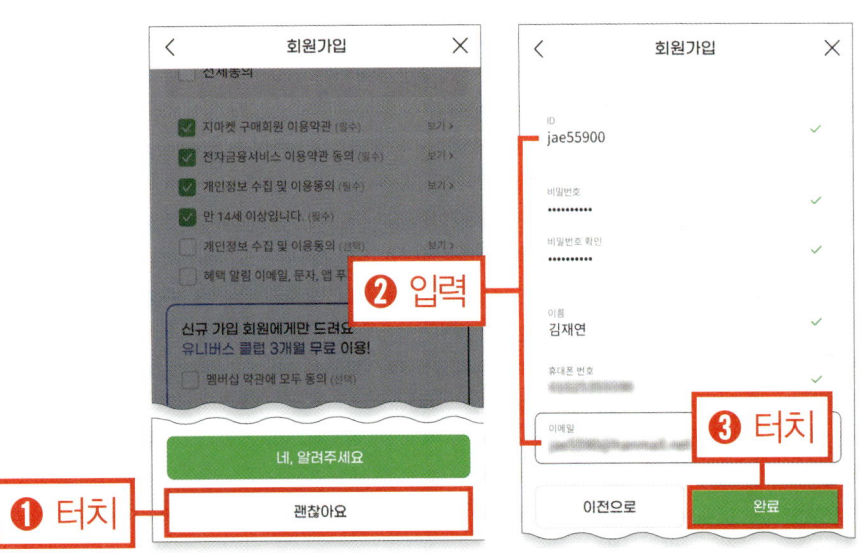

STEP 03 상품 구매하기

01 [쿠폰/출석]을 터치합니다. 해당하는 할인쿠폰의 [다운로드](⬇)를 터치합니다. [확인]을 터치합니다.

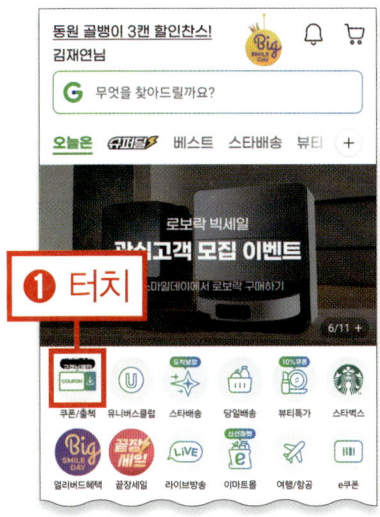

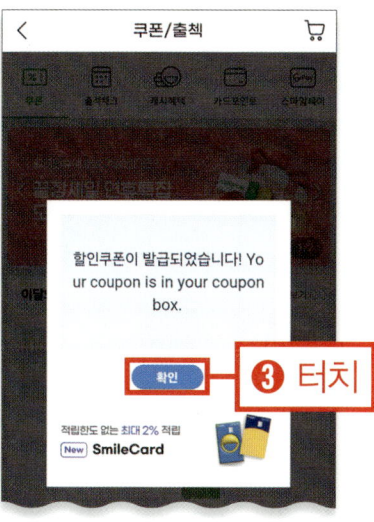

02 구매할 상품명을 입력하고 검색합니다. 화면을 드래그하여 상품을 비교한 후 구매할 상품을 터치합니다. [쿠폰받기]를 터치하여 해당하는 쿠폰을 [내려받기](⬇)합니다. [구매하기]를 터치합니다.

'쿠폰받기'를 하지 않으면 할인이 적용되지 않습니다.

03 구매할 수량을 터치하고 [쿠폰적용]을 터치합니다. 해당하는 쿠폰을 선택하고 [쿠폰 적용하기]를 터치합니다. '본인인증' 메시지의 [본인인증하기]를 터치합니다.

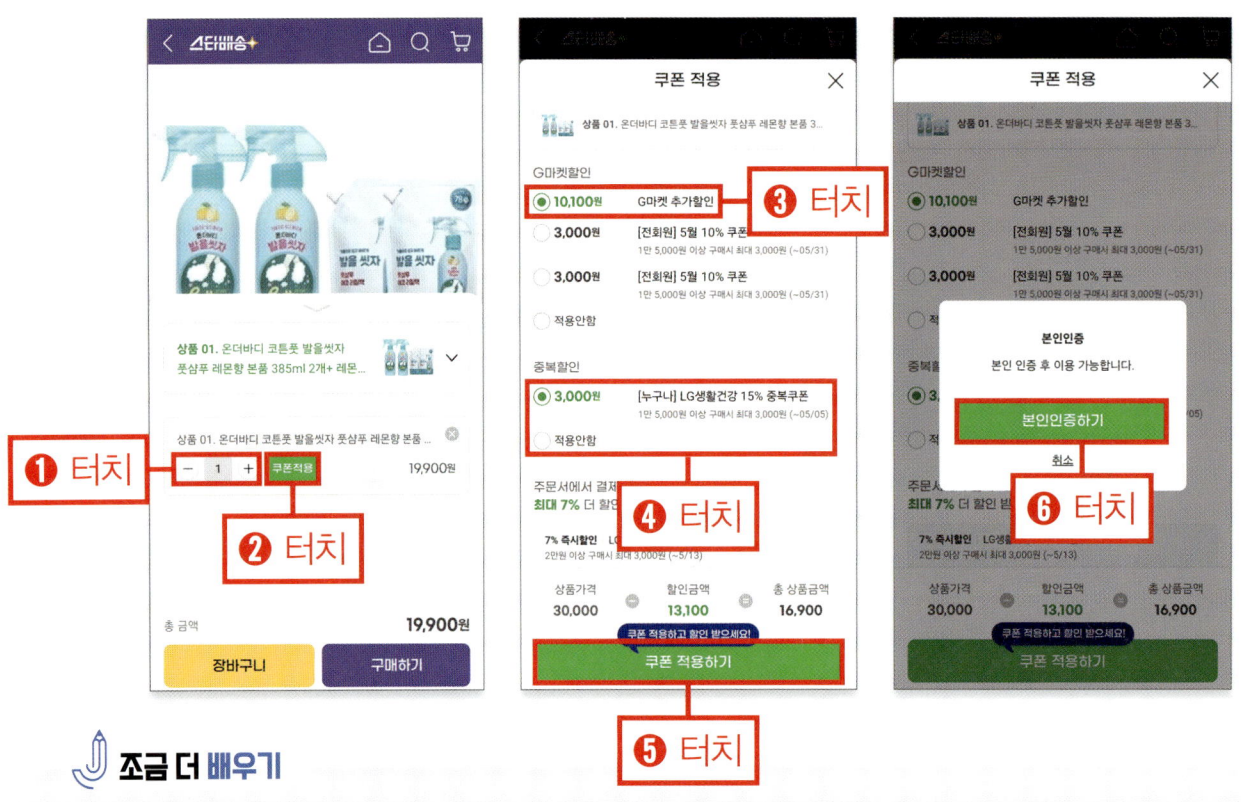

조금 더 배우기

'본인인증'은 첫 구매 시 나타나는 화면입니다. 기존 사용자라면 나타나지 않습니다.

04 '지마켓 본인인증'에서 [휴대폰으로 인증하기(PASS)]를 터치합니다. [필수] 항목을 터치하고 [동의하고 인증하기]를 터치합니다. 해당하는 [통신사] 및 [전체 동의하기]를 선택합니다. [문자(SMS)로 인증하기]를 터치합니다.

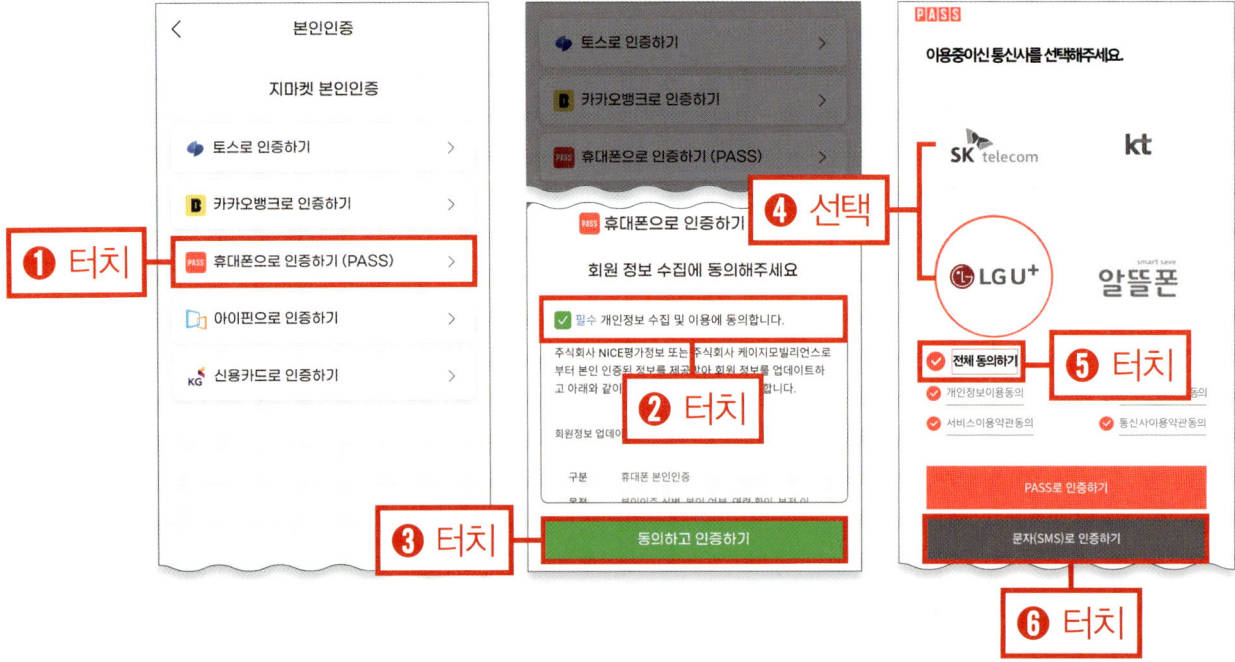

05 해당하는 정보를 입력한 후 [확인]을 터치합니다. 문자로 온 '인증번호'를 입력하고 [인증확인]을 터치합니다. '본인인증이 완료되었습니다' 메시지의 [확인]을 터치합니다. 배송지를 확인합니다.

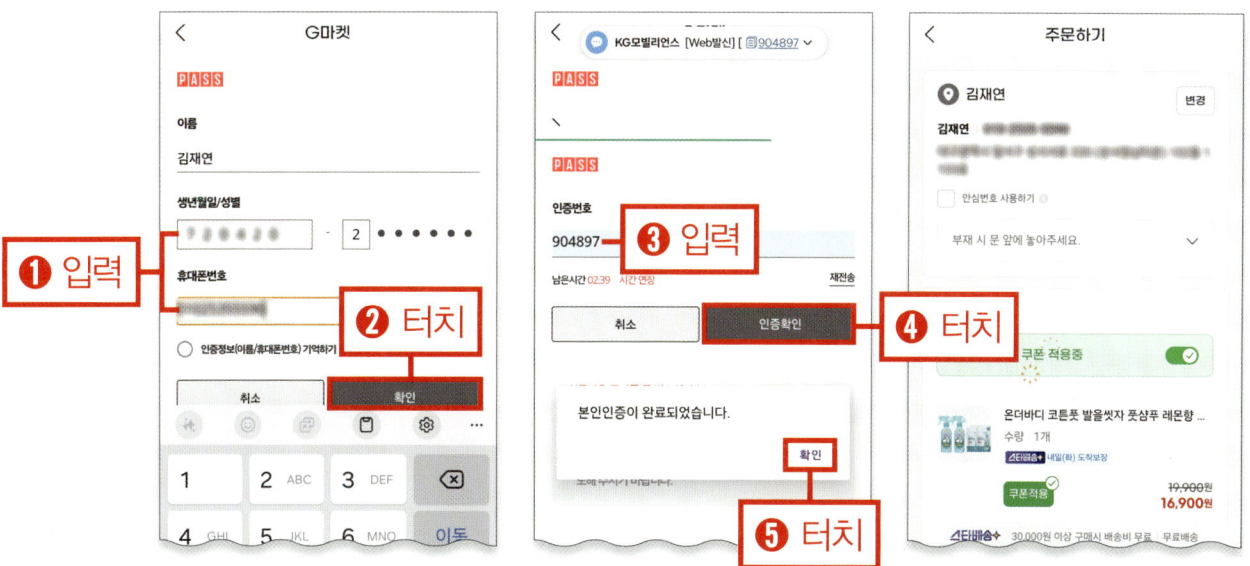

STEP 04 주문 결제하기

01 '결제수단'의 [일반결제]에서 [휴대폰 소액결제]를 터치합니다. 해당하는 통신사를 선택하고 [○○○원 결제하기]를 터치합니다. '휴대폰 결제'에 해당하는 정보를 입력하고 [다음]을 터치합니다. 문자로 온 인증번호를 입력하고 [결제완료]를 터치합니다.

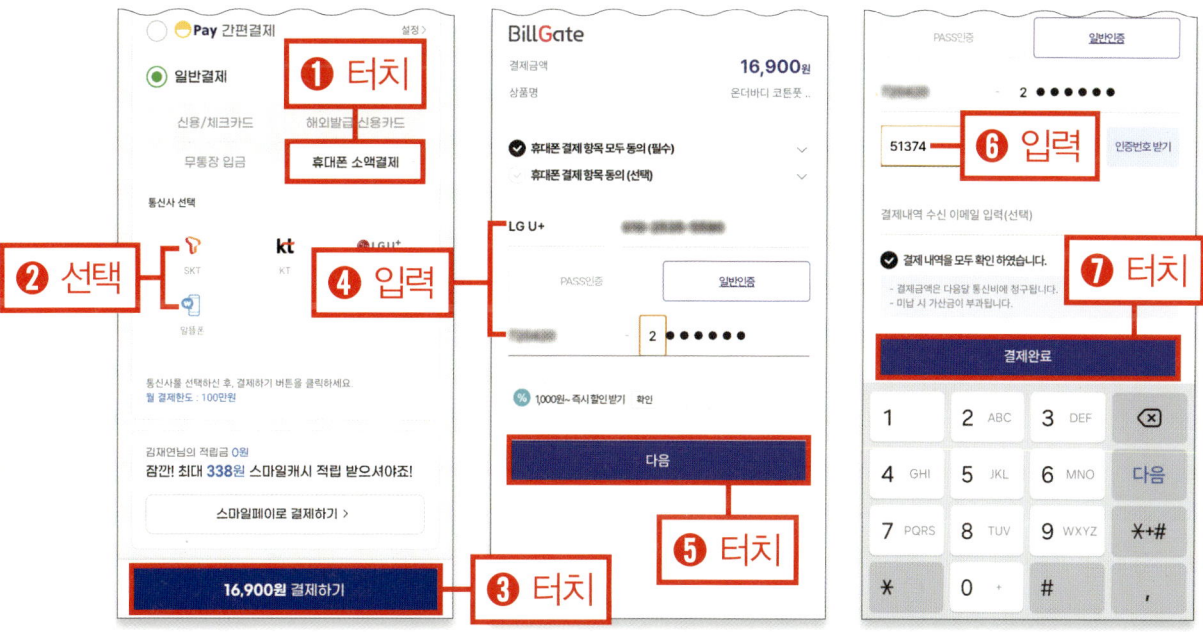

조금 더 배우기

다른 결제 방식을 선택해도 됩니다. 휴대폰 소액 결제가 처음이라면 7강을 참고합니다.

02 '주문완료 되었습니다.'를 확인하고 [주문상세]를 터치하여 결제 완료된 주문 내역을 살펴봅니다. 한 번 더 [주문상세]를 터치해 봅니다.

CHAPTER 03 | TV에 나오는 상품 구매하기

POINT

TV에서 방송 중인 상품을 실시간으로 확인하고 스마트폰을 통해 손쉽게 구매하는 방법을 알아봅니다. 여기서는 CJ온스타일 앱을 활용하여 방송 상품을 검색하고 주문·결제까지의 과정을 배워봅니다.

▮ 완성 화면 미리 보기

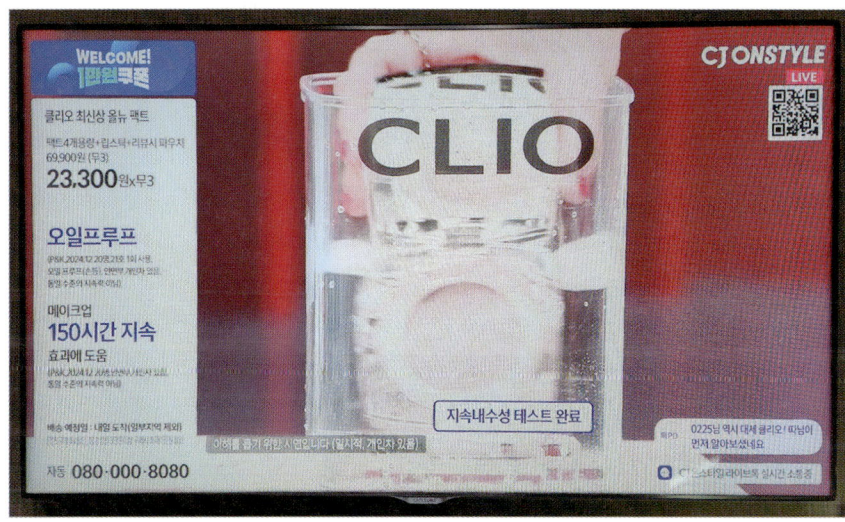

▮ 여기서 배워요!

CJ온스타일 앱 설치하기 / CJ온스타일 앱 회원가입하기 / 상품 구매하기 / 상품 결제하기

STEP 01 CJ온스타일 앱 설치하기

01 TV 채널에 방송 중인 홈쇼핑을 확인합니다.

조금 더 배우기

TV 홈쇼핑에 방송 중인 상품을 전화 주문해도 됩니다. 앱을 통해서 구매하면 쿠폰이 지급되어 할인을 받을 수 있어 좀 더 저렴하게 구매할 수 있습니다.

02 [Play 스토어] 앱을 실행합니다. [검색]을 터치한 다음 검색란에 'CJ온스타일'을 입력하여 검색한 후 [설치]를 터치합니다. 설치가 완료되면 [열기]를 터치합니다.

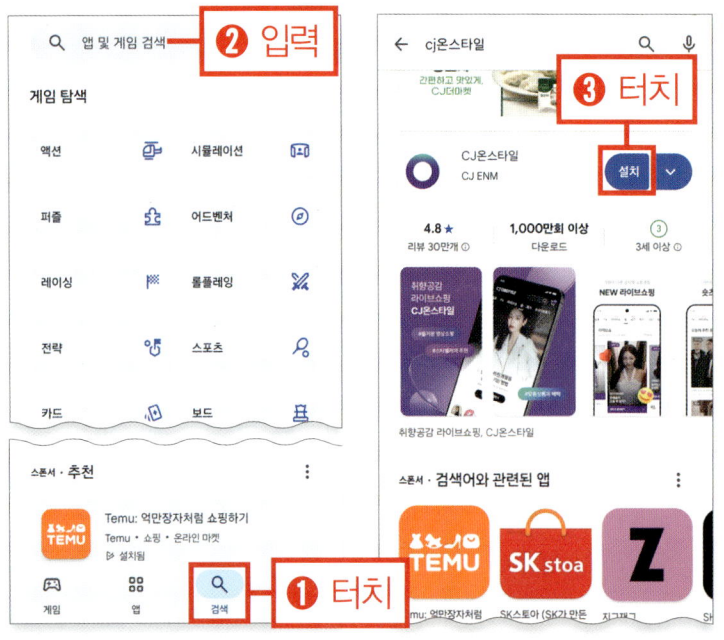

03 '접근권한 안내'에서 [확인]을 터치합니다. '보이는 ARS 접근 권한 안내'에 [이용동의]를 터치합니다. '다른 앱 위에 표시' 화면에서 'CJ온쇼핑몰'을 [켜짐]()으로 설정합니다.

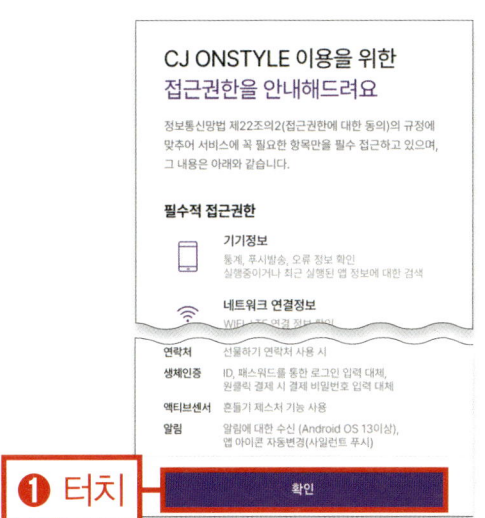 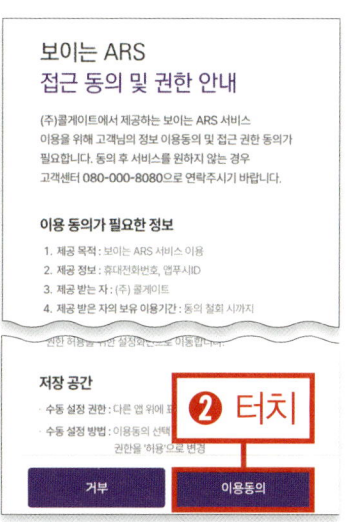 

조금 더 배우기

'다른 앱 위에 표시' 기능은 특정 앱이 다른 앱의 위에 보이도록 허용하는 권한입니다. 이 기능은 주로 알림, 위젯, 플로팅 창 등을 구현할 때 사용됩니다.

04 '전화 허용' 메시지에 [허용]을 터치합니다. '쇼핑 혜택 알림'은 [다음에 할게요]를 터치하고 '알림 허용'은 [허용]을 터치합니다. '쇼핑 혜택 알림'도 [다음에 할게요]를 터치합니다. 'CJONSTYE' 쇼핑몰 화면에서 [마이존](으)을 터치합니다.

조금 더 배우기

'쇼핑 혜택 알림'을 받고 싶다면 [알림 받기]를 터치합니다. '알림 허용'을 허용하지 않으면 상품 구매 후 배송 관련 사항에 대한 알림을 제공하지 않습니다.

CHAPTER 03 TV에 나오는 상품 구매하기 | 19

> **STEP 02** **온스타일 앱 회원가입하기**

01 [회원가입]을 터치합니다. [본인인증없이 간편회원 가입]을 터치하고 내용을 입력합니다. [필수] 항목만 선택하고 [가입완료]를 터치합니다.

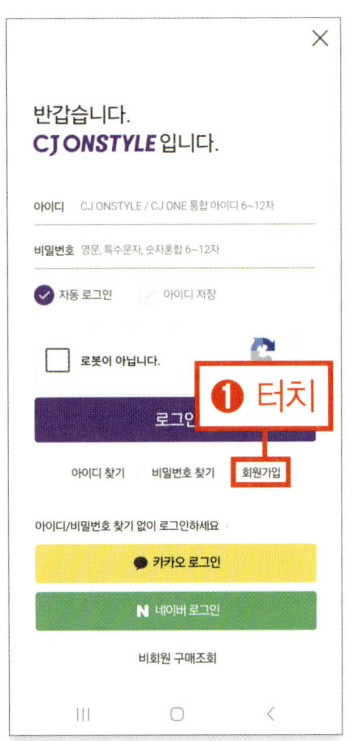
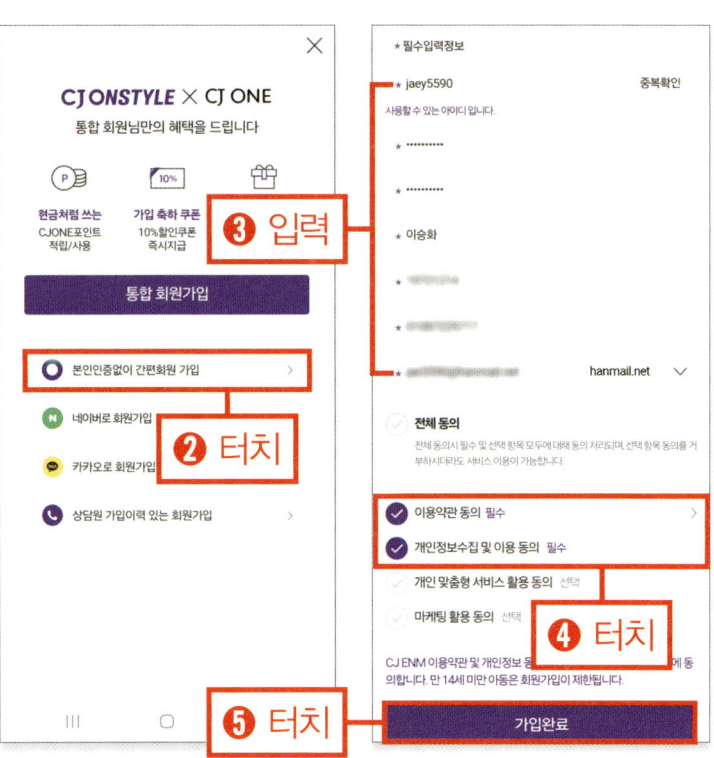

조금 더 배우기

'통합 회원가입'은 하나의 통합된 회원 ID와 비밀번호로 CJ ONE 및 각 브랜드 사이트의 각종 서비스를 모두 이용할 수 있습니다. '본인인증없이 간편회원 가입'은 CJ온스타일에서만 사용합니다.

02 '회원가입이 완료되었습니다.' 메시지에 [확인]을 터치합니다. [마이존](👤)을 터치하여 '아이디', '비밀번호'를 입력합니다. [로봇이 아닙니다.]를 터치하여 체크가 되면 [로그인]을 터치합니다. '지문 로그인 서비스 이용' 메시지에 [취소]를 터치합니다. 로그인된 화면을 확인합니다.

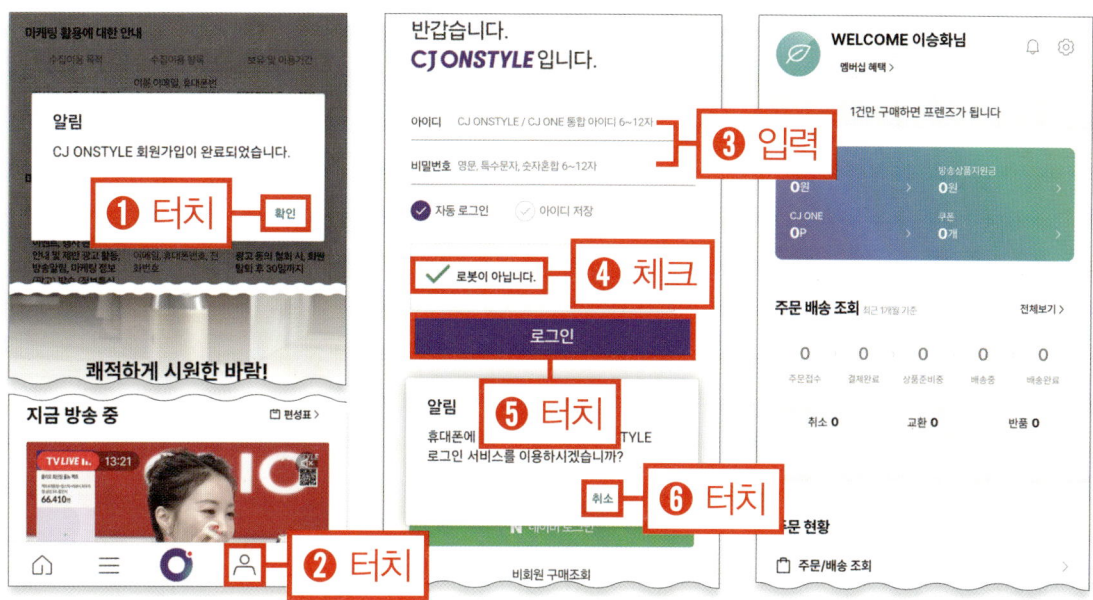

STEP 03 상품 구매하기

01 [지금 방송 중] 상품을 터치합니다. [구매하기]를 터치합니다. 상품에 따른 옵션을 선택하고 [바로 구매]를 터치합니다. '주소 입력' 알림에 [확인]을 터치합니다. '배송지'의 [배송지를 입력해주세요.]를 터치합니다.

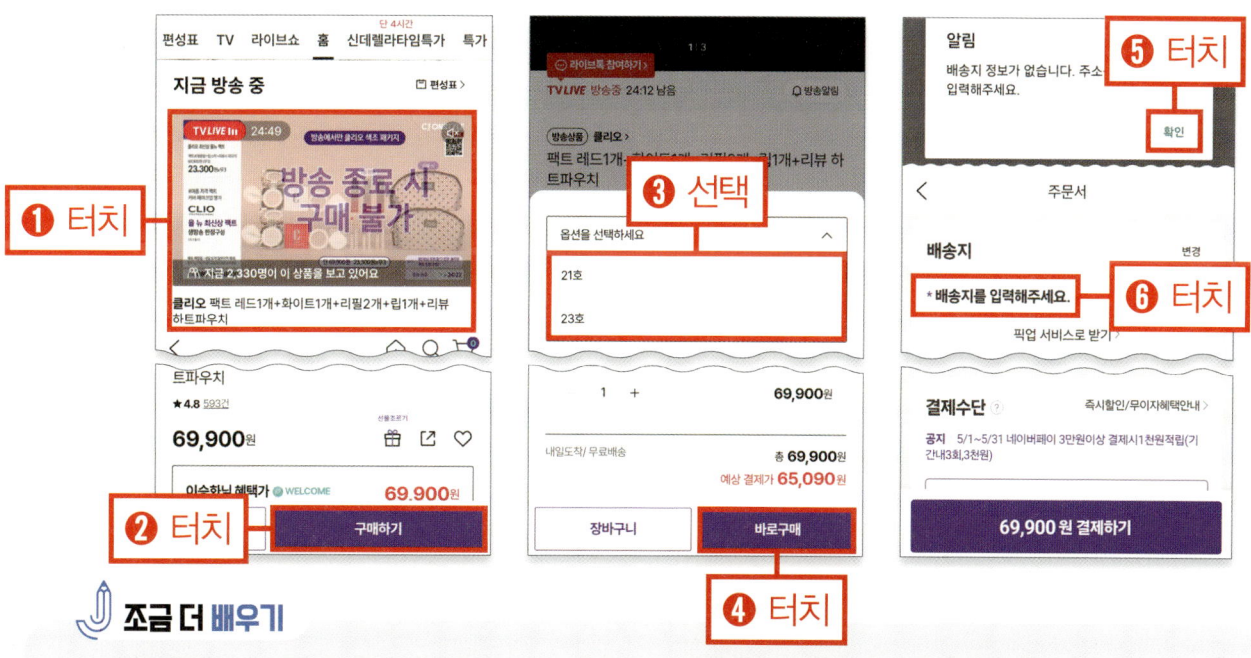

조금 더 배우기

기존 사용자이거나 배송지를 미리 등록해 둔 경우는 배송지를 입력하지 않아도 됩니다.

02 '주소입력' 화면에 [주소 찾기]를 터치합니다. 주소를 입력하고 [검색(🔍)]을 터치합니다. 해당하는 주소를 선택하고 나머지 주소도 입력합니다. [주소 입력]을 터치합니다. 전화번호를 입력하고 [저장]을 터치합니다. 등록된 배송지를 확인하고 [선택]을 터치합니다.

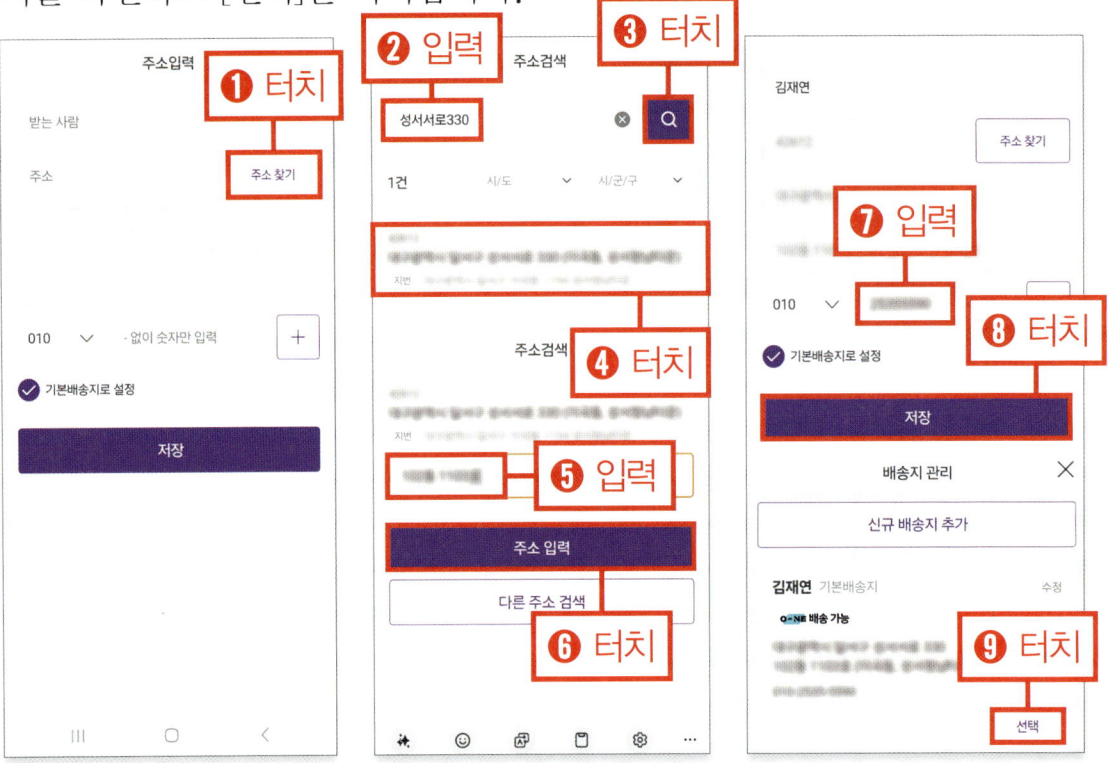

조금 더 배우기

등록한 전화번호로 배송에 관련된 사항들을 문자로 발송해줍니다.

STEP 04 주문 결제하기

01 '주문서' 화면을 위로 드래그합니다. '결제수단'으로 [무통장입금]을 터치합니다. [송금할 은행]을 터치한 후 해당하는 은행을 선택합니다. [○○○원 결제하기]를 터치합니다. '결제 정보' 화면을 확인합니다. 카카오톡으로 결제 정보가 전송되었습니다.

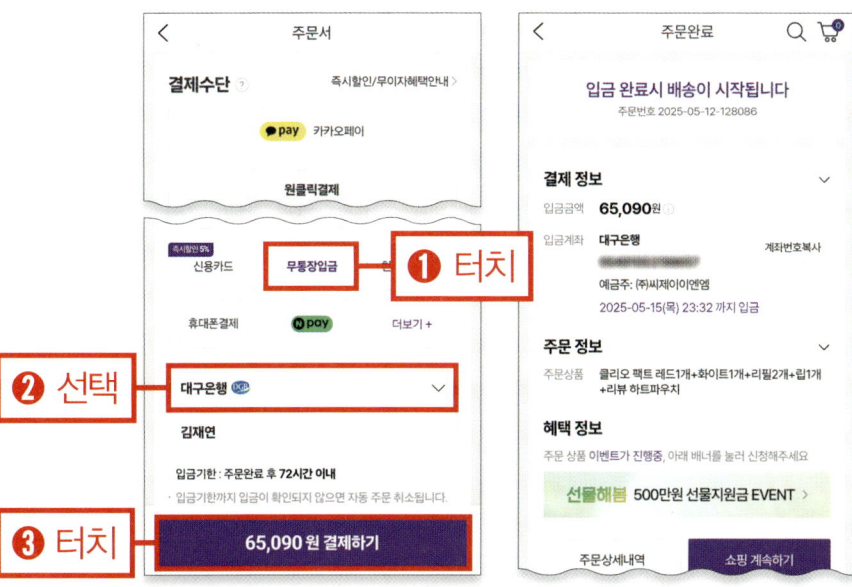

조금 더 배우기

송금 지정된 날짜까지 입금하지 않으면 자동취소가 됩니다.

조금 더 배우기

[마이존]()을 살펴봅니다. 주문 배송 조회, 나의 활동, 나의 혜택, 나의 정보, 고객센터 등이 있습니다.
① **교환(반품)** : '주문 배송 조회'에서 상품 사진 아래 [교환신청] 또는 [반품신청]을 터치합니다.
② **최근 주문/배송 조회** : [주문 현황]–[주문/배송 조회]–[조회 기간]을 선택합니다.
③ **신규배송지 등록** : [나의 정보]–[배송지 관리]–[비밀번호] 입력–[신규 배송지 추가]를 터치합니다.

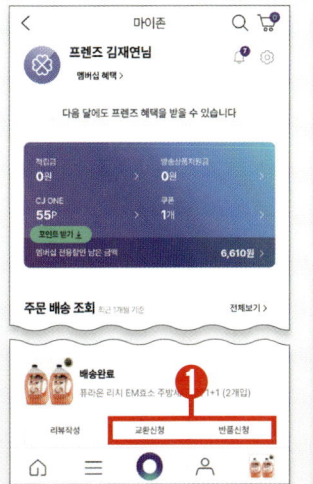

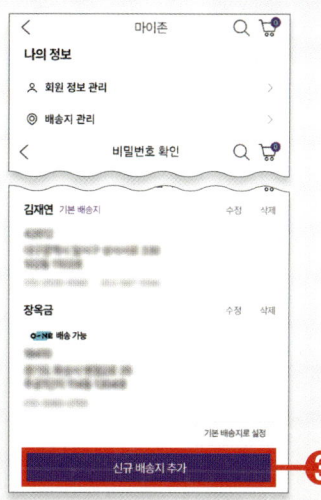

CHAPTER 04 네이버 렌즈 활용하여 쇼핑하기

> **POINT**

네이버 렌즈를 활용해 카메라로 찍은 물건을 자동으로 인식하고 관련 상품을 빠르게 찾아보는 방법을 배웁니다. 직접 촬영하고 상품 정보를 확인하며 이미지 기반 쇼핑의 편리함을 배워봅니다.

▎완성 화면 미리 보기

▎여기서 배워요!

앱 설치하기 / 네이버 렌즈로 촬영하여 검색하기 / 갤러리에 있는 사진을 검색하여 쇼핑하기

> **STEP 01** 네이버 앱 설치하기

01 [Play 스토어] 앱을 실행합니다. [검색]을 터치한 다음 검색란에 '네이버'를 입력하여 검색한 후 [설치]를 터치합니다. 설치가 완료되면 [열기]를 터치합니다.

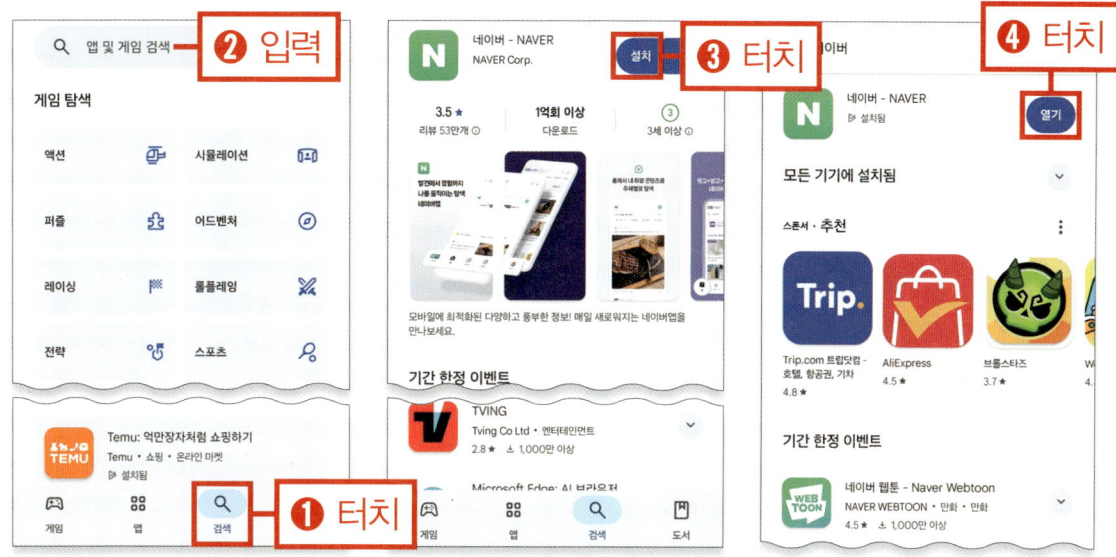

02 '알림 허용' 메시지에 [허용]을 터치합니다. [네이버 시작하기]를 터치하고 '간편하게 로그인' 또는 '시작하기 전에' 화면에서 [나중에 할게요]를 터치합니다. [네이버 시작하기]를 터치하고 '위치 정보 액세스' 메시지에 [앱 사용 중에만 허용]을 터치합니다.

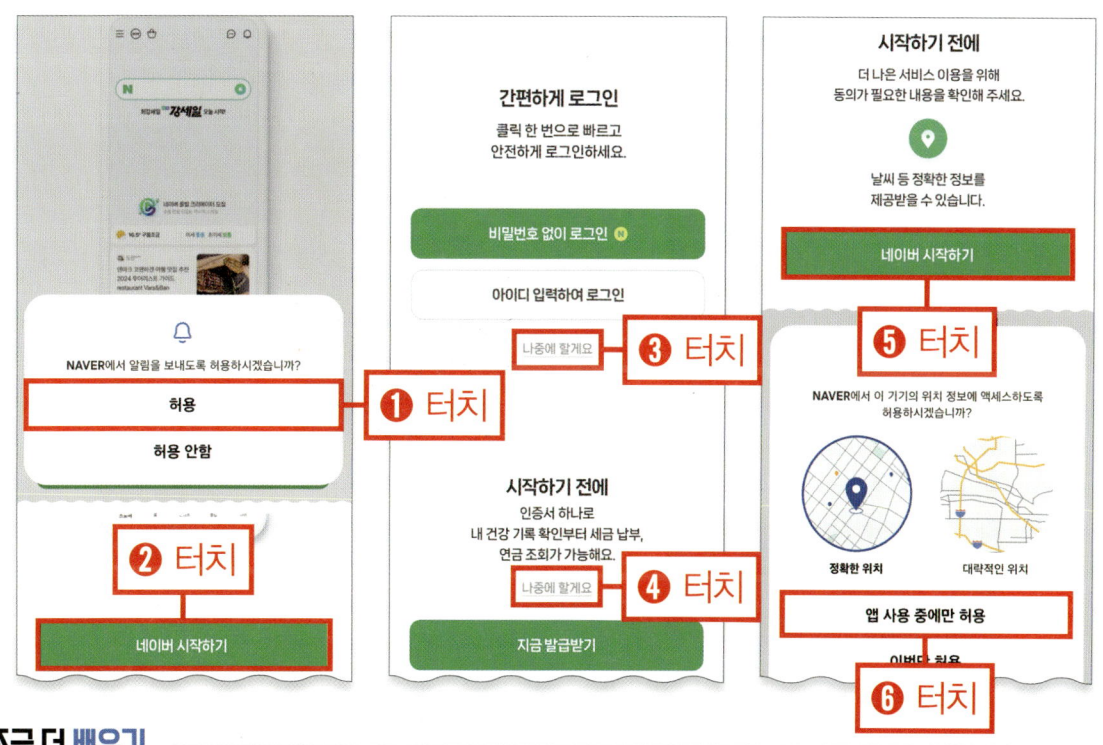

조금 더 배우기

기존 사용자에게는 나타나지 않습니다.

> **STEP 02** 네이버 렌즈로 촬영하여 검색하기

01 네이버 화면에서 [그린닷](🟢)-[렌즈](📷)를 차례대로 터치합니다. '사진을 촬영하고 동영상을 녹화하도록 허용하시겠습니까?' 메시지에 [앱 사용 중에만 허용]을 터치합니다. 'Smart Lens'의 [닫기]를 터치합니다.

 조금 더 배우기

'이번만 허용'은 사용할 때마다 알림 창이 나타납니다.

02 검색하고자 하는 상품(물건)을 잘 보이게 한 후 [촬영](⚪)을 터치합니다. 사진 아래 화면을 위로 드래그하여 검색한 자료를 확인합니다.

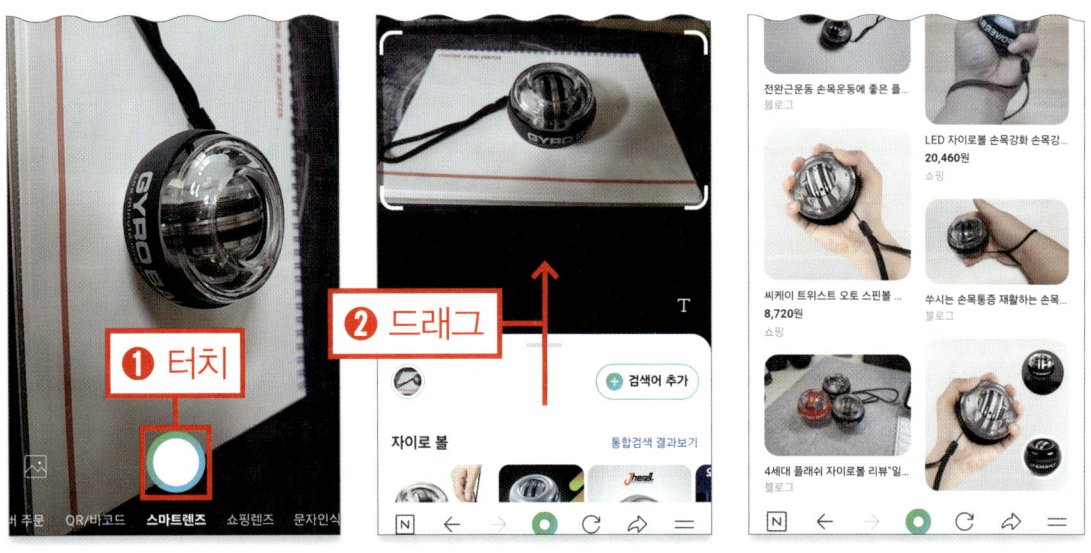

조금 더 배우기

검색이 잘 되지 않는다면 사물을 잘 인식할 수 있도록 [조절](◐)로 사진의 크기를 조절해 봅니다. 그래도 인식이 잘 되지 않는다면 다시 촬영합니다.

03 검색된 내용을 터치하면 상세 내용이 나타나거나 구매할 수 있는 스토어가 나타납니다.

STEP 03 갤러리에 있는 사진을 검색하여 쇼핑하기

01 [뒤로] 버튼을 터치하여 네이버 화면으로 돌아옵니다. [그린닷](◉)-[렌즈](◉)를 차례대로 터치합니다. [앨범](🖼)을 터치합니다. '작업을 수행할 때 사용하는 애플리케이션' 메시지에서 [갤러리]를 터치한 후 [항상]을 터치합니다. 검색할 사진을 터치합니다.

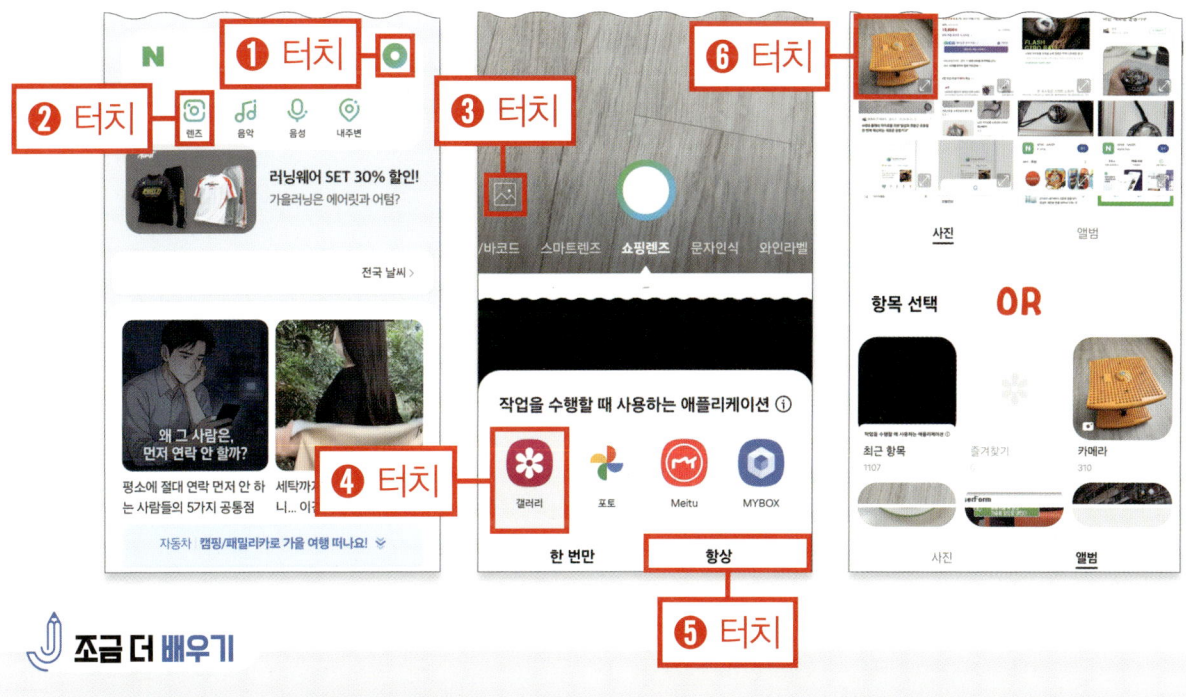

조금 더 배우기

'사진'은 기본 최근 날짜순으로 나타납니다.

02 검색된 쇼핑 목록을 위로 드래그합니다. 스토어를 터치하여 상품 상세 내용을 살펴봅니다.

여러 가지 상품을 주문하거나, 좀 더 고민이 필요할 때 '장바구니'에 담아둡니다.

혼자서도 만들 수 있어요!

1 주변에 있는 물건을 네이버 쇼핑렌즈로 촬영하여 구매해 보세요.

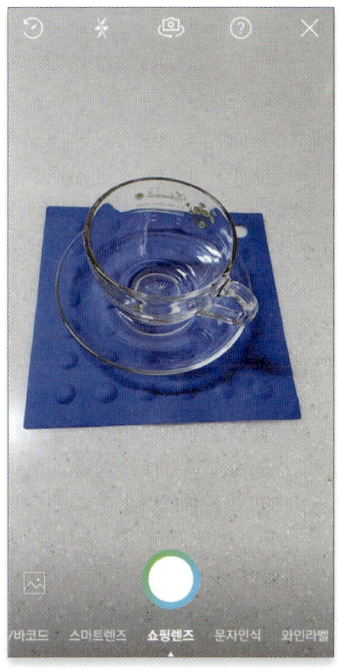

> **hint** [네이버] 앱에서 [그린닷] 터치 후 [렌즈] 터치 → [쇼핑렌즈]로 촬영한 후 검색 결과 확인 → 구매하기

2 네이버 렌즈를 활용하여 상품 사용법과 가격을 비교해 보세요.

> **hint** [네이버] 앱에서 [그린닷] 터치 후 [렌즈] 터치 → 촬영하기

CHAPTER 05 네이버플러스로 쇼핑하기

> **POINT**
>
> 쇼핑할수록 더 많은 포인트가 쌓이는 네이버플러스! 네이버플러스 멤버십의 구성과 혜택을 이해하고 네이버페이와 연계된 스마트한 쇼핑 방법을 배워봅니다.

▌완성 화면 미리 보기

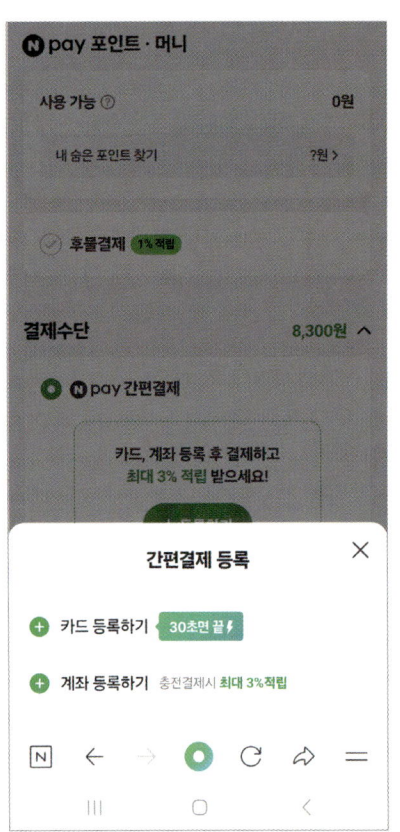

▌여기서 배워요!

네이버플러스 스토어에서 상품 검색하기 / 상품 장바구니에 담아 구매하기 / 네이버페이 간편결제 등록하기 / 네이버페이 카드로 결제하기

STEP 01   네이버플러스 스토어에서 상품 검색하기

01   네이버 앱 화면 아래 툴바에서 [네이버플러스 스토어]를 터치합니다. 검색할 쇼핑 목록을 입력하고 [검색](🔍)을 터치합니다. 검색 목록을 확인한 후 구매할 쇼핑 스토어를 터치합니다.

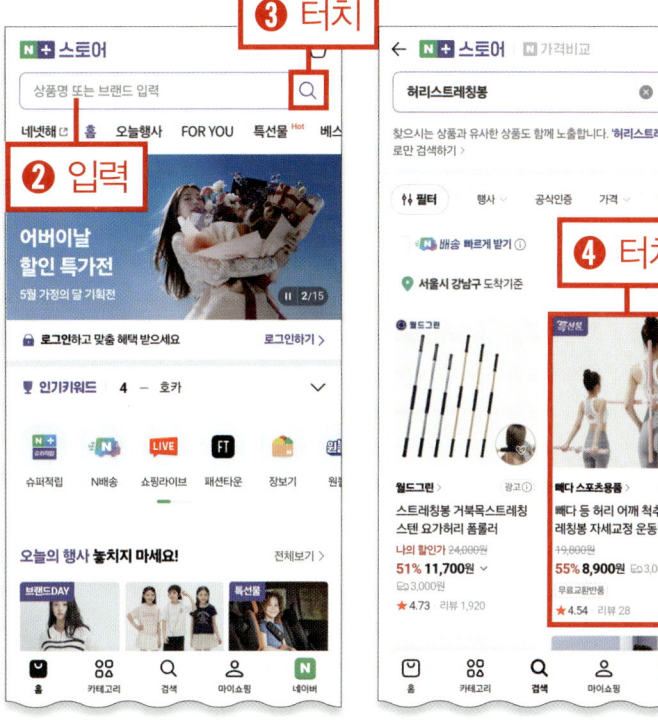

조금 더 배우기

'Play 스토어'에서 (N+스토어) 앱을 설치해도 됩니다. 네이버 툴바에 [마이](👤)로 되어 있다면 네이버 '아이디'와 '비밀번호'를 입력하여 [로그인]합니다. 네이버 사용자가 아니라면 회원가입부터 진행합니다.

조금 더 배우기

N+ 스토어

네이버플러스 스토어는 네이버 스마트 스토어와 브랜드 스토어 상품을 기반으로 개인 맞춤형 혜택과 프로모션을 제공하는 쇼핑 검색 서비스입니다. 사용자에게 트렌디하고 인기 있는 상품을 추천하고, 쇼핑 경험을 개인화하는 데 중점을 둡니다.

네이버 플러스 스토어와 기존 네이버 쇼핑의 차이점

개인화 수준	사용자 맞춤형 추천, 혜택, 정보 제공에 더 집중
전용 앱	쇼핑 경험을 위한 별도의 앱을 운영
CRM 기능	사용자 리텐션 및 맞춤형 마케팅을 위한 CRM(고객관계관리) 기능을 제공

02 상품 상세설명 및 리뷰 등을 확인합니다. [구매하기]를 터치합니다. 옵션 선택이 필요하다면 선택을 하고 [장바구니 담기]를 터치합니다. '네이버페이 회원가입 후 이용해주세요' 메시지에 [확인]을 터치합니다.

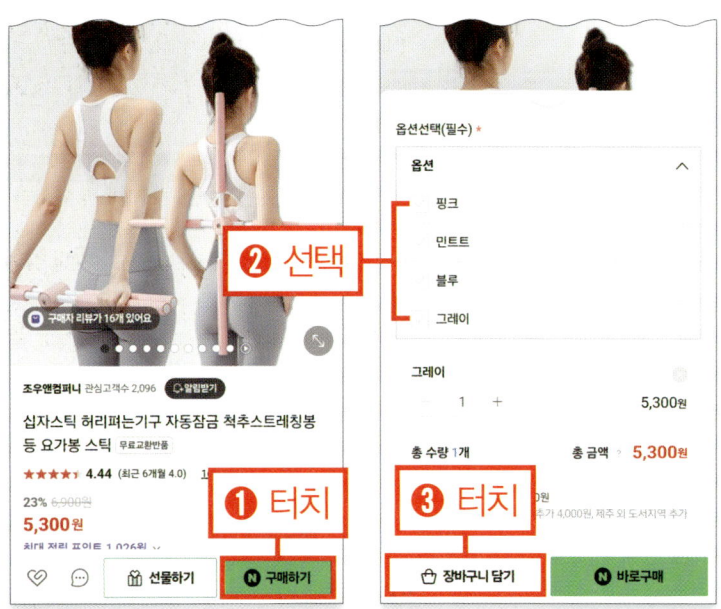

상품에 따라 옵션도 다양하게 제공됩니다.

03 '환영합니다! 편리한 결제와 금융 네이버페이로 시작하세요.' 화면에서 [필수] 항목을 터치하여 체크한 후 [서비스 시작하기]를 터치합니다. '이벤트 정보 알림 수신' 메시지에 [다음에 하기]를 터치합니다. 상품 화면에서 [구매하기]를 터치합니다.

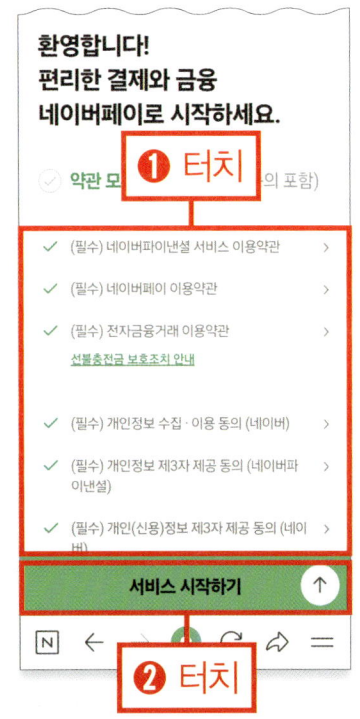

| STEP 02 | **상품 장바구니에 담아 구매하기**

01 선택한 옵션을 확인하고 [장바구니 담기]를 터치합니다. [장바구니](🛒)를 터치합니다. [주문하기]를 터치합니다.

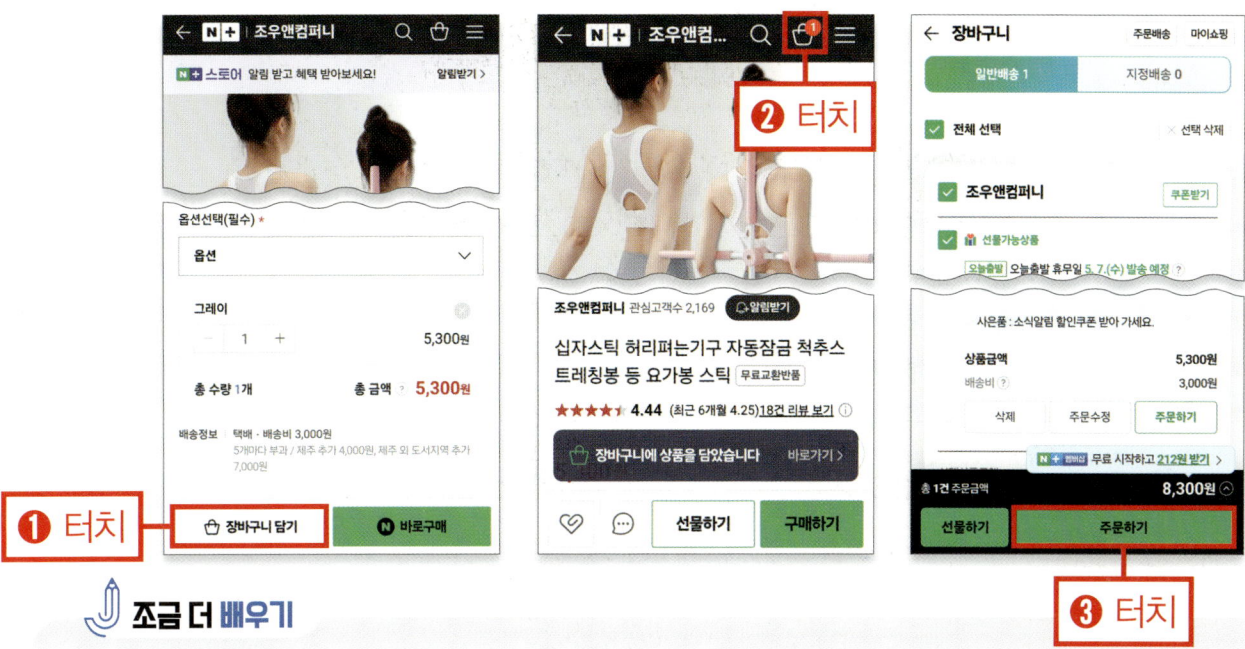

조금 더 배우기

'장바구니에 상품을 담았습니다.'의 [바로가기]를 터치해도 됩니다.

02 '배송지 등록'에서 [+등록하기]를 터치합니다. 주소를 입력하고 [검색]을 터치합니다. 해당하는 주소의 [선택]을 터치한 다음 상세주소를 입력하고 [확인]을 터치합니다.

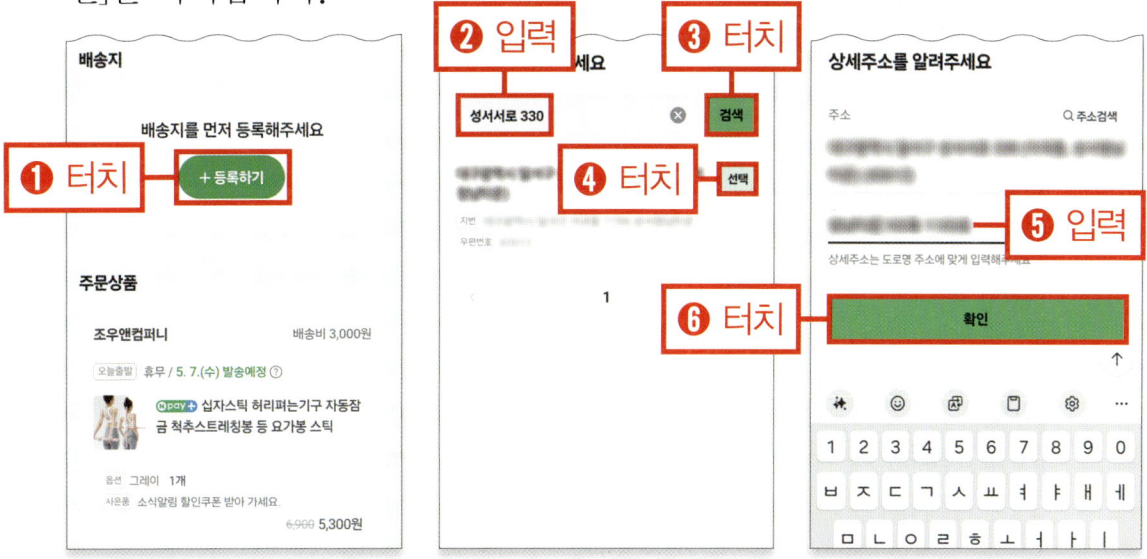

조금 더 배우기

'배송지 등록'은 첫 구매 시 나타나는 화면입니다.

> **STEP 03** **네이버페이 간편결제 등록하기**

01 입력한 정보를 확인한 후 [저장하기]를 터치합니다. 화면을 위로 드래그하여 '결제수단'에서 Npay 간편결제의 [+등록하기]를 터치합니다. '간편결제 등록'에서 [카드 등록하기]를 터치합니다.

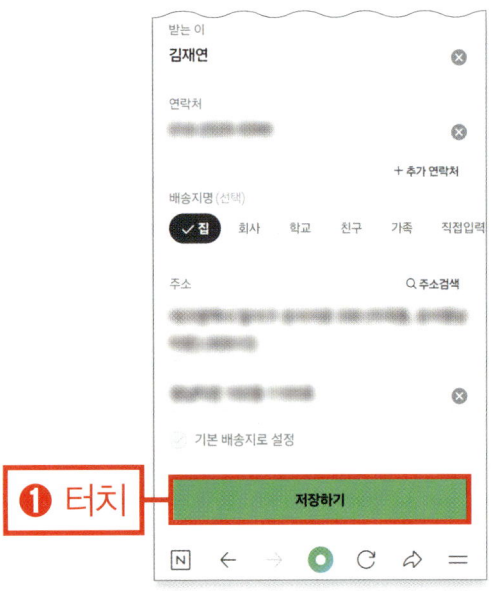
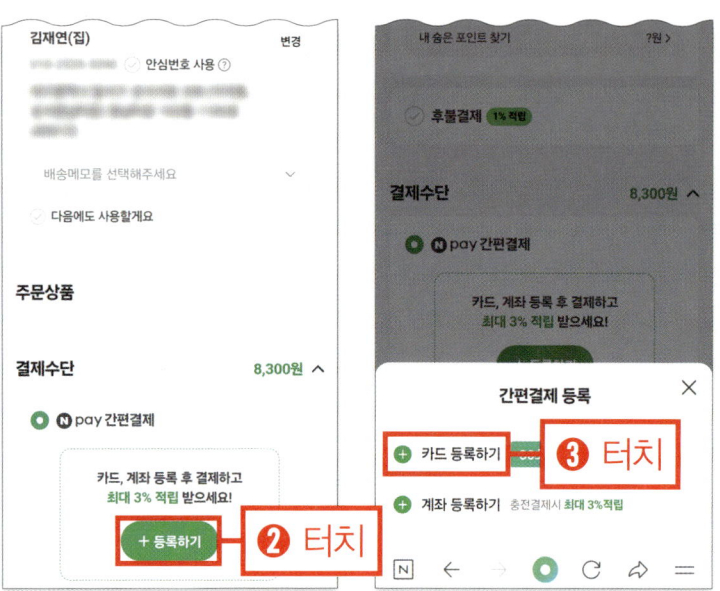

02 '카드 스캔' 화면의 사각형에 카드가 나타나게 배치합니다. 카드 정보가 나타나면 [다음]을 터치합니다. '네이버페이 비밀번호 설정' 메시지에 [확인]을 터치합니다.

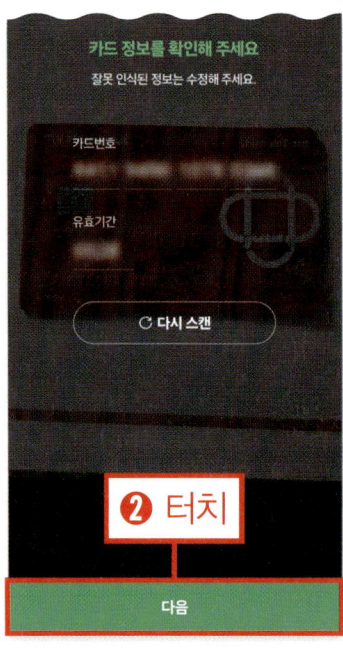
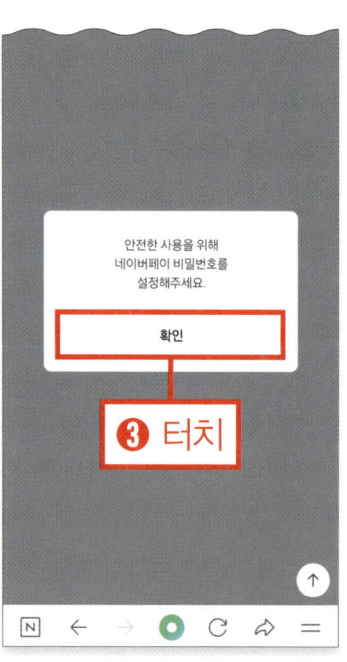

조금 더 배우기

촬영이 싫다면 '번호 직접 입력'을 터치하여 카드 정보를 입력합니다.

03 '본인 확인 방법 선택'에서 [ARS 본인 확인]을 선택하고 [다음]을 터치합니다. 이후 본인 정보를 입력하고 [다음]을 터치합니다. '약관 동의'에서 [필수 약관에 모두 동의합니다]를 선택하고 [다음]을 터치합니다.

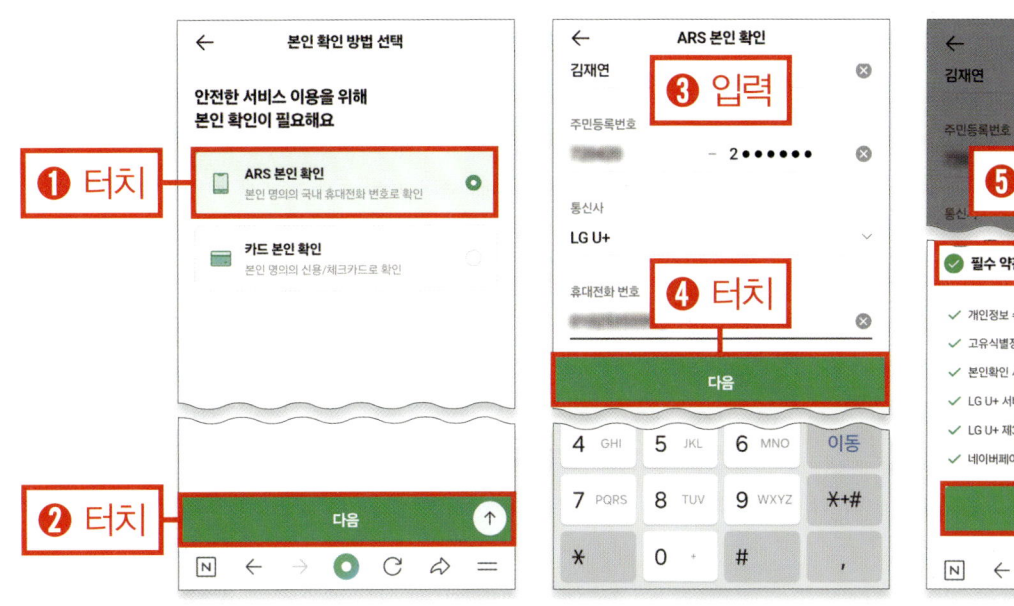
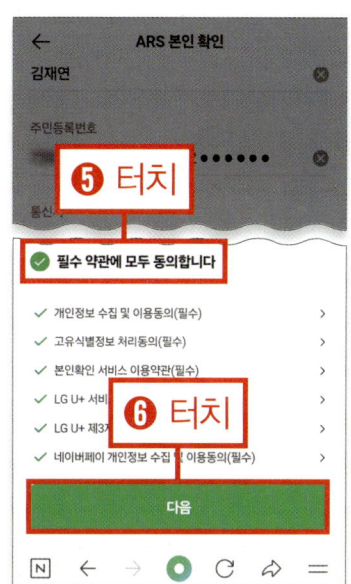

04 'ARS 본인 확인' 화면에 숫자를 확인하고 [ARS 전화 요청]을 터치합니다. '네이버 스토어팜'에서 전화가 옵니다. [통화](📞)를 누른 후 [키패드](🔢)를 터치하여 화면에 보였던 숫자를 눌러줍니다.

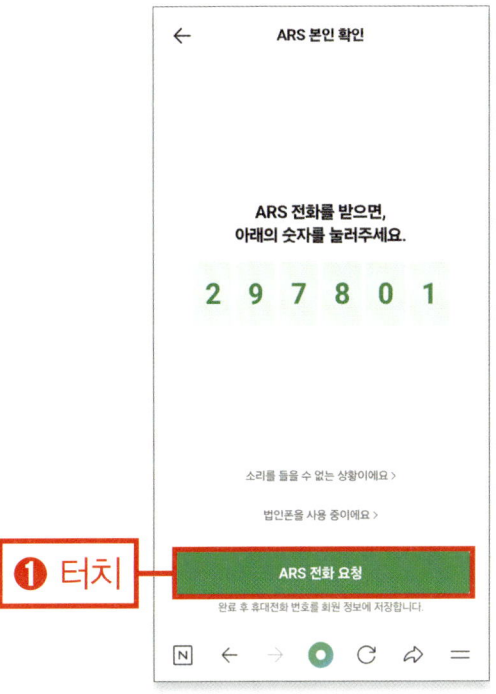

 조금 더 배우기

숫자가 기억나지 않는다면 [최근실행](▯)을 터치하여 확인합니다.

05 통화가 종료되고 새로운 비밀번호 입력 화면이 나타납니다. 새 비밀번호를 입력합니다. 다시 한 번 더 비밀번호를 입력합니다. '네이버페이 비밀번호가 설정되었습니다' 메시지의 [확인]을 터치합니다. '카드정보' 입력 화면에 [카드스캔]을 터치합니다.

조금 더 배우기

카드 정보를 직접 입력해도 됩니다.

06 사각형 안에 카드를 맞추면 카드 정보가 인식됩니다. [다음]을 터치하고 나머지 카드 정보를 입력합니다. [전체 약관 동의]를 터치하고 [완료]를 터치합니다. 비밀번호를 입력합니다.

> **STEP 04** 네이버페이 카드로 결제하기

01 '주문/결제' 화면에서 '카드 간편결제'에 등록한 카드를 확인하고 [○○○원 결제하기]를 터치합니다. 비밀번호를 입력하면 주문이 완료됩니다.

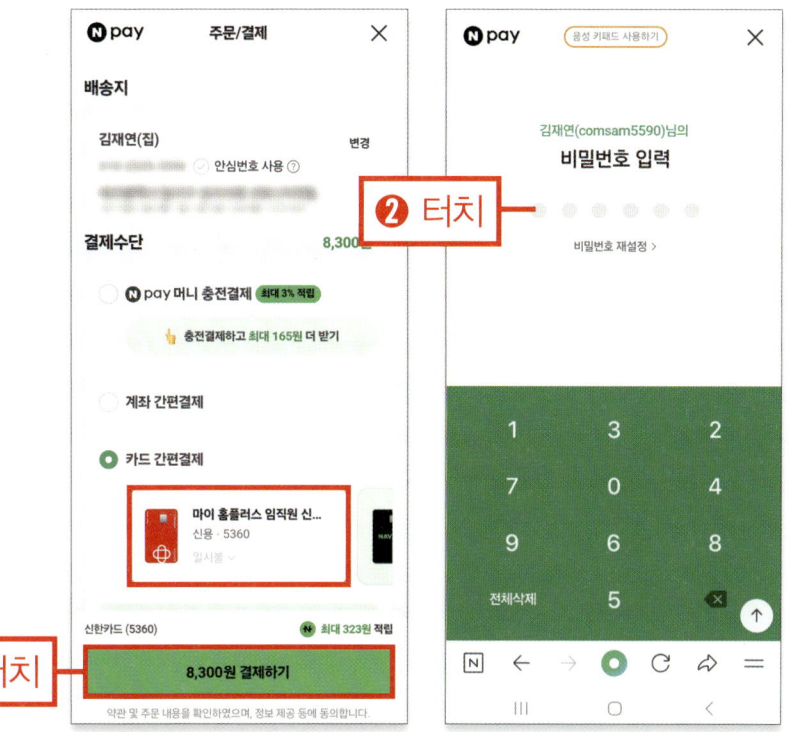

결제수단에 대해 알아봅니다.
① (**Npay**) 머니 충전결제 : 지정한 금액만큼 머니를 충전한 후 결제에 사용합니다.
② **계좌 간편결제** : 지정한 통장 계좌를 연결하여 결제에 사용합니다.
③ **카드 간편결제** : 카드를 등록, 연결하여 결제에 사용합니다.
④ **일반결제** : 신용카드, 휴대폰 소액결제, 무통장입금 등 필요에 따라 결제에 사용합니다.

CHAPTER 06 스마트폰에 카드 등록하여 사용하기

POINT

이제는 지갑 없이도 스마트폰만 있으면 결제가 가능한 시대입니다. 카드를 스마트폰에 등록하고, 마트나 가게에서 쉽게 결제하는 방법을 배워봅니다.

완성 화면 미리 보기

여기서 배워요!

월렛 앱에 카드 등록하기 / 사용할 카드 앱 설치하기

> **STEP 01** 월렛 앱에 카드 등록하기

01 스마트폰 [앱스] 화면으로 이동하여 [Wallet] 앱을 터치합니다. [계속]을 터치합니다. '사용자를 위한 접근 권한 안내' 화면에서 [계속]을 터치합니다.

[홈] 화면에서 위로 드래그하면 [앱스] 화면이 나타납니다. [Wallet] 앱이 보이지 않는다면 '검색'에서 입력합니다.

02 '전화 권한 허용' 메시지에서 [상세설정]을 터치합니다. '애플리케이션 정보' 화면에서 [권한]을 터치한 후 [전화]를 터치합니다.

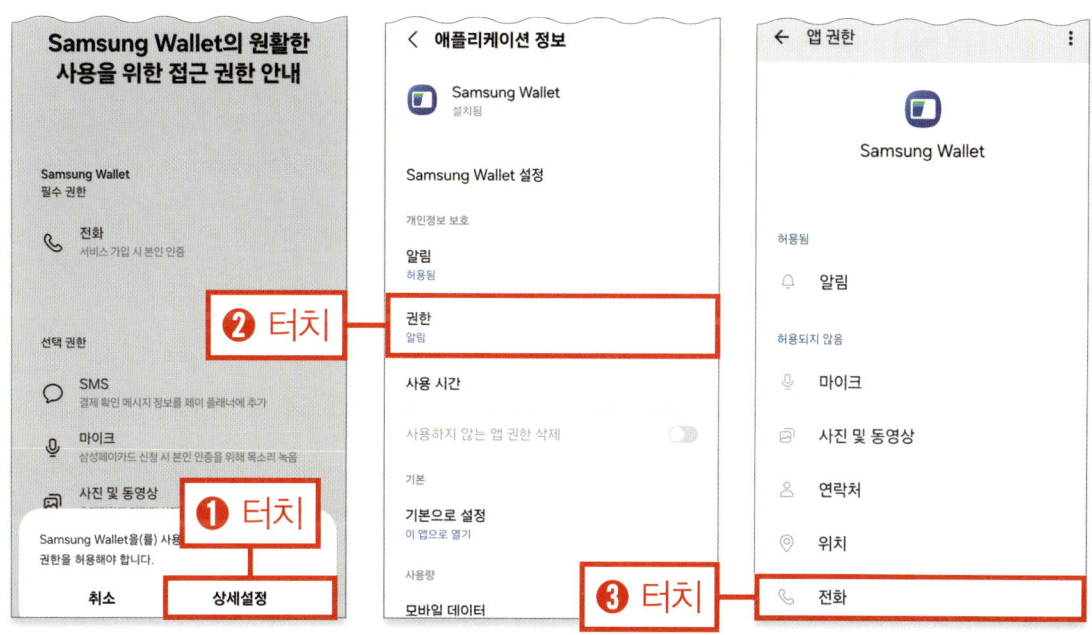

조금 더 배우기

'권한 설정' 메시지는 사용자의 사용 여부에 따라 보이지 않을 수 있습니다.

CHAPTER 06 스마트폰에 카드 등록하여 사용하기 | **39**

03 '전화 액세스 권한' 화면에서 [허용]을 터치합니다. [계속]을 터치합니다. [전체]를 터치하고 [계속]을 터치합니다.

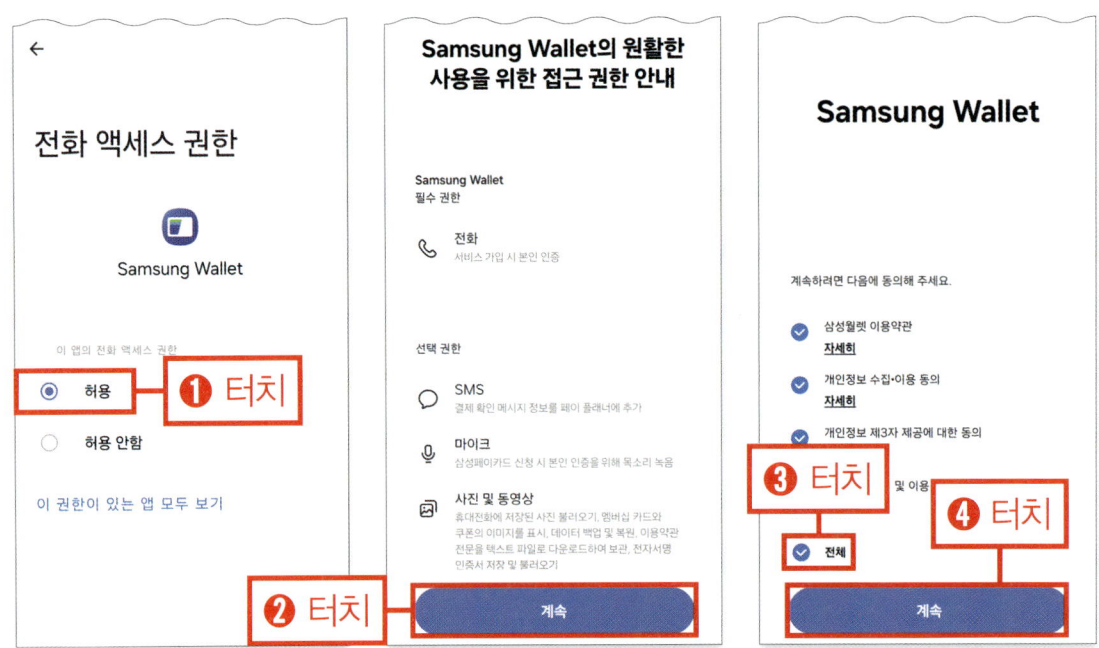

04 '본인 인증' 화면에서 [전체]를 터치하고 [다음]을 터치합니다. [문자메시지]를 터치하고 본인 정보를 입력합니다. [인증요청]을 터치합니다. '인증번호 입력' 화면에서 인증번호를 입력하고 [입력]을 터치합니다.

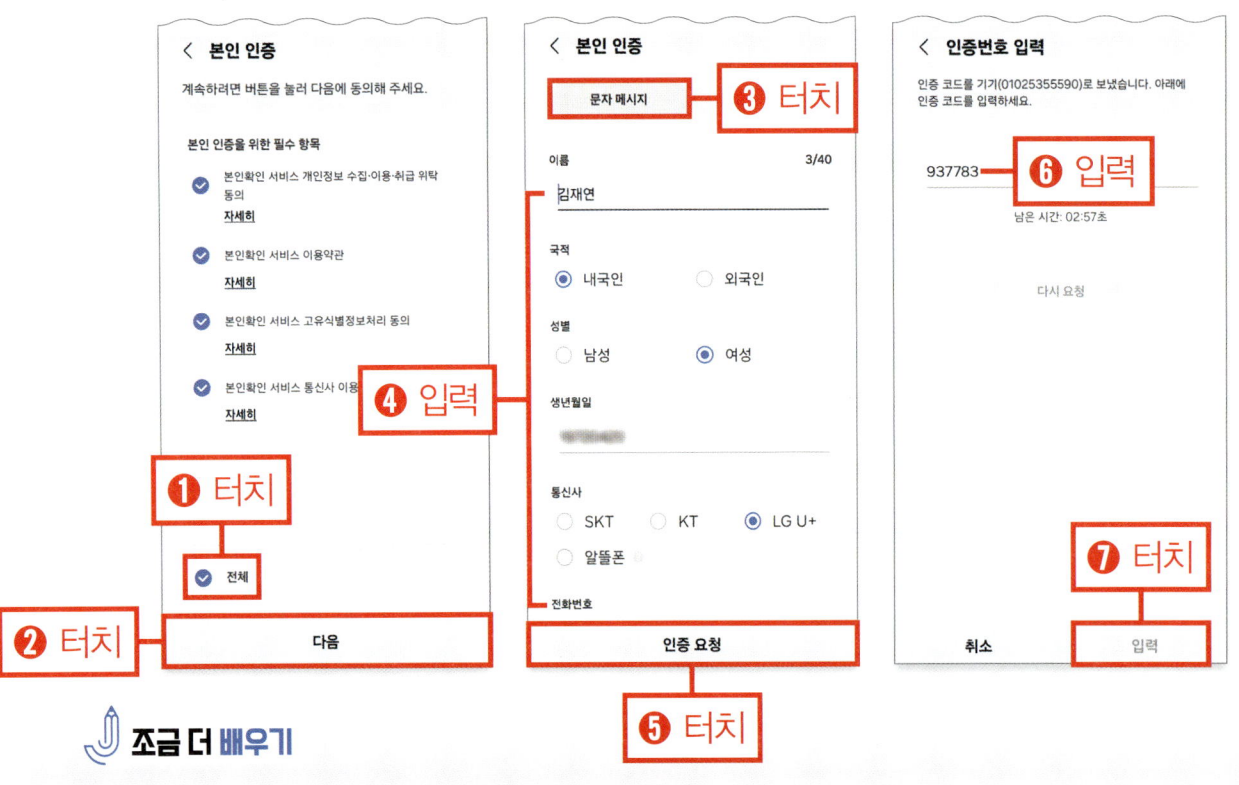

조금 더 배우기

인증번호가 자동으로 입력될 수도 있습니다.

05 '인증 수단' 화면에서 [건너뛰고 Samsung Wallet 비밀번호 사용]을 터치합니다. [카드 추가]를 터치합니다. [결제 카드]를 터치하고 '데이터 사용' 메시지에 [확인]을 터치합니다.

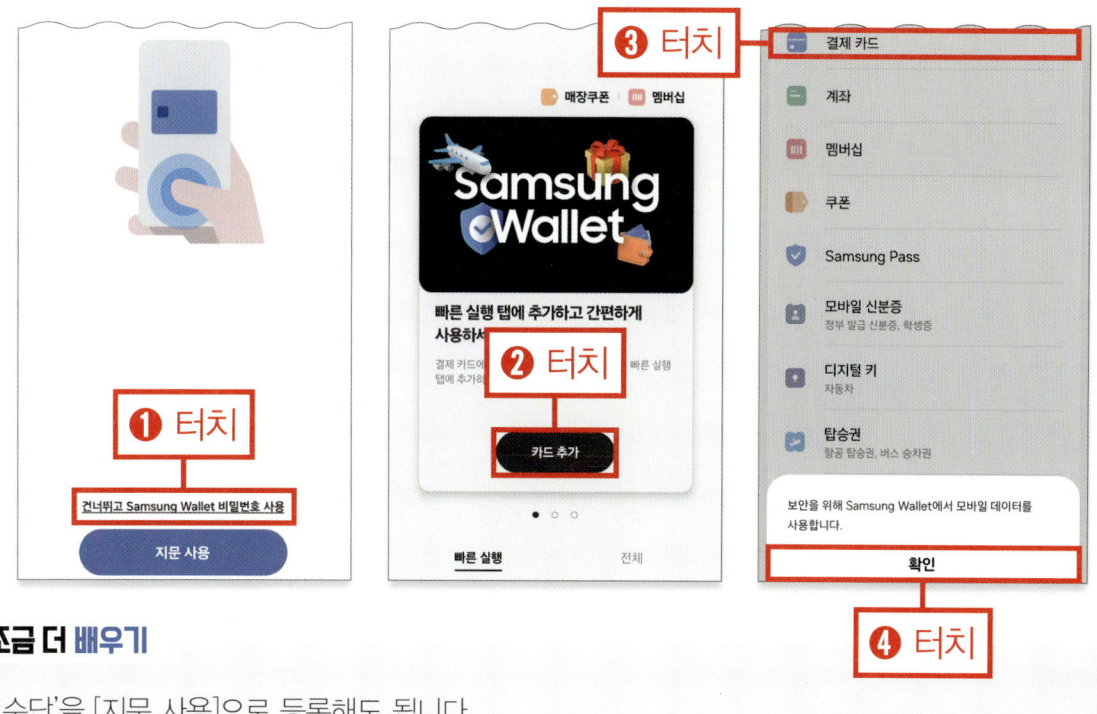

조금 더 배우기

'인증 수단'을 [지문 사용]으로 등록해도 됩니다.

06 [사진으로 찍어 카드 추가]를 터치합니다. '녹화 허용' 메시지에 [앱 사용 중에만 허용]을 터치합니다. 사각형 안에 카드가 보이게 합니다.

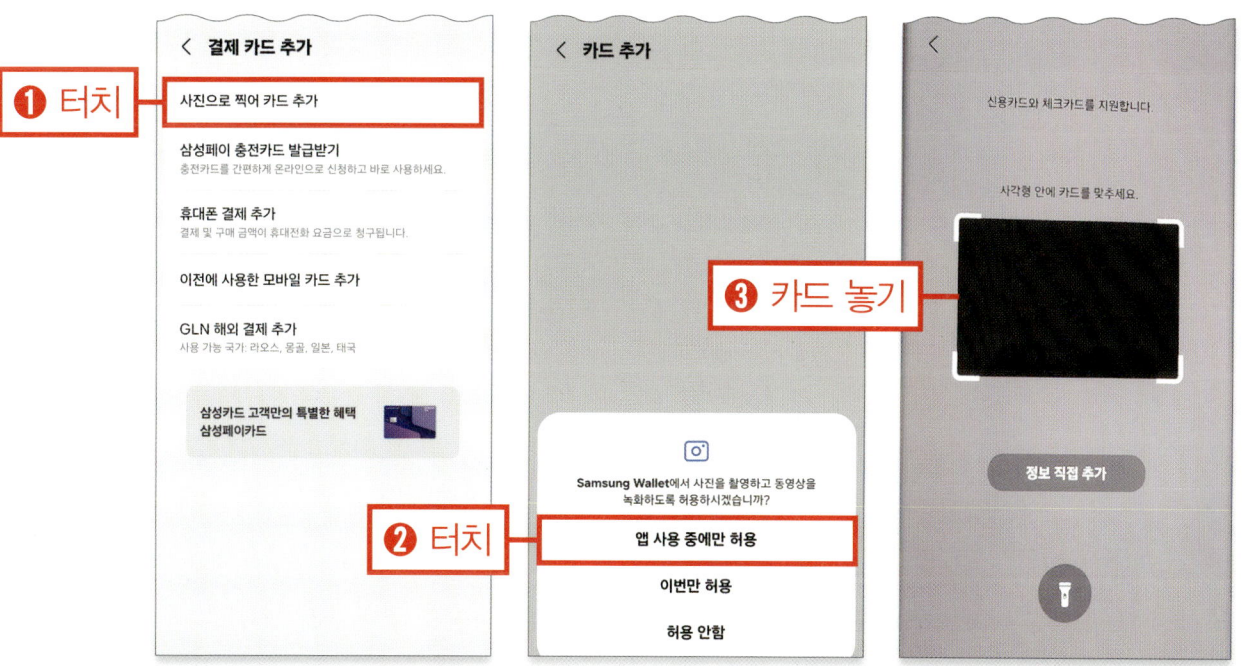

조금 더 배우기

카드 촬영하는 부분은 화면 캡처가 되지 않아 카메라로 직접 촬영하였습니다.

07 나머지 카드 정보를 입력하고 [다음]을 터치합니다. '결제 비밀번호 등록'에 비밀번호를 입력합니다. '비밀번호 확인'에 한 번 더 비밀번호를 입력합니다.

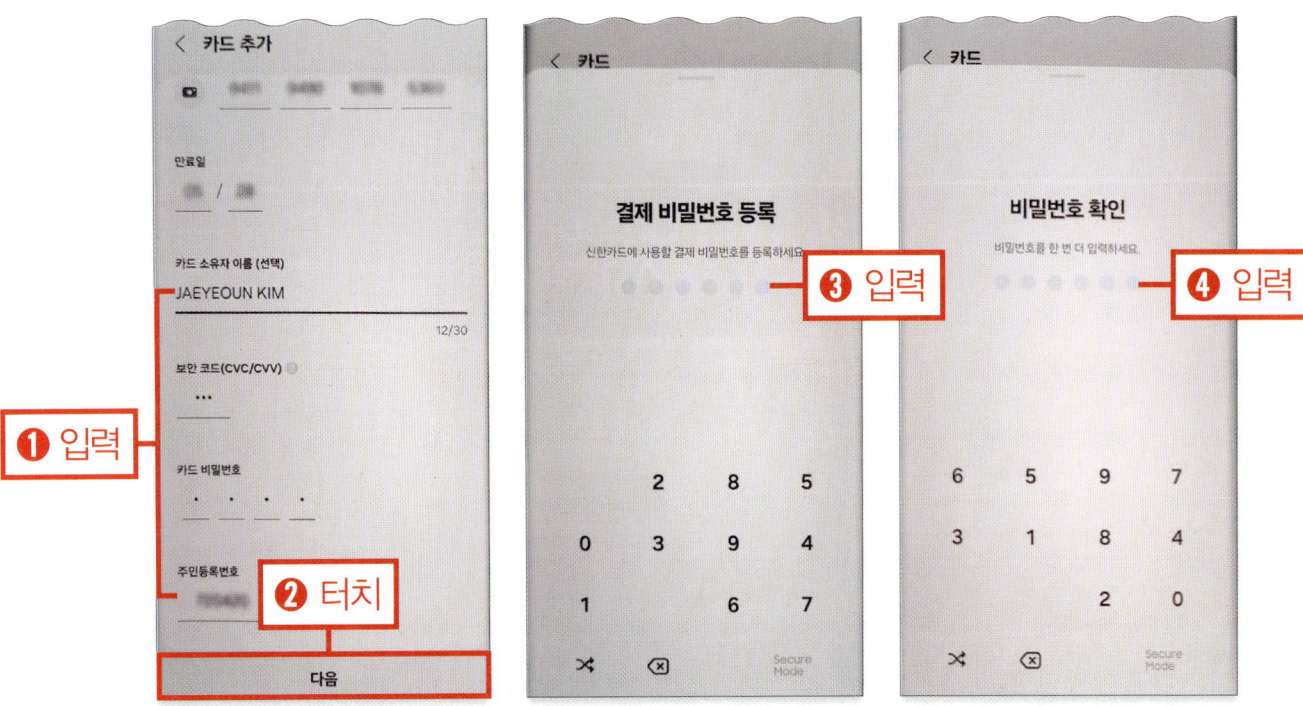

08 카드 등록 동의를 위해 [전체]를 터치하고 [계속]을 터치합니다. '본인 인증'을 위해 [문자 메시지]를 터치하고 본인 정보를 입력합니다. [인증 요청]을 터치합니다. 인증번호를 입력합니다.

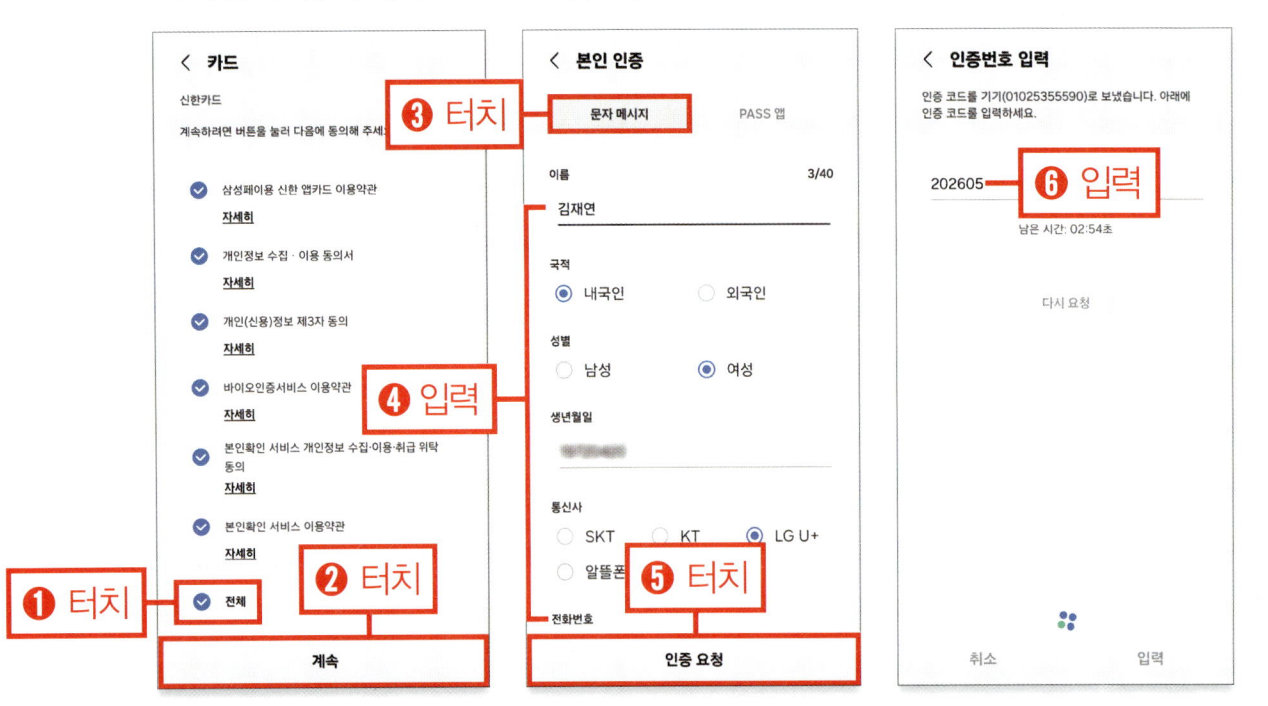

조금 더 배우기

자동으로 입력될 수도 있습니다.

09 '서명 입력'에 본인의 이름을 입력하고 [다음]을 터치합니다. [완료]를 터치합니다. 스마트폰 [홈] 화면 맨 아래쪽에서 위로 드래그하면 카드가 나타납니다.

조금 더 배우기

'서명'은 본인 고유의 필체로, 자신의 이름을 제3자가 알아볼 수 있도록 쓰는 것을 의미하고, '사인'은 이름, 이니셜, 특정한 기호 등을 포함하여 자신을 나타내는 표시를 의미합니다.

조금 더 배우기

마트에서 월렛에 등록한 카드 결제를 사용할 수 없다면 상태 바의 [NFC](Ⓝ)가 켜져 있는지 확인합니다.

STEP 02 사용할 카드 앱 설치하기

01 [Play 스토어] 앱을 실행합니다. [검색]을 터치한 다음 검색란에 '신한카드'를 입력하여 검색한 후 [설치]를 터치합니다. 설치가 완료되면 [열기]를 터치합니다.

 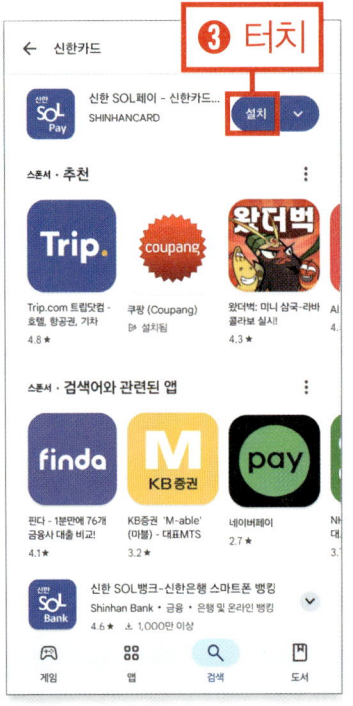 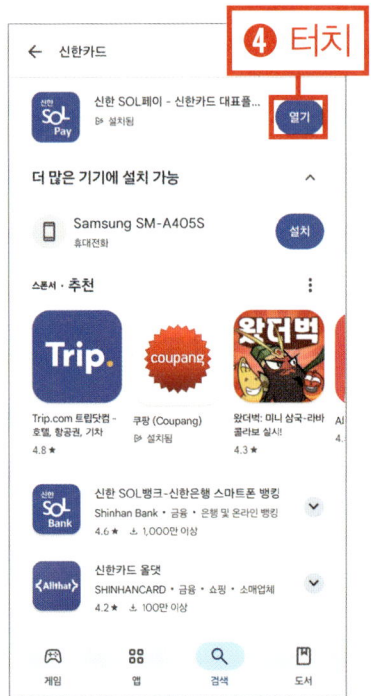

본인이 사용하는 카드 앱을 설치해 봅니다.

02 '앱 권한 안내'에서 [동의하고 시작]을 터치합니다. '전화 허용'과 '알림 허용'에 각각 [허용]을 터치합니다. [시작하기]를 터치합니다.

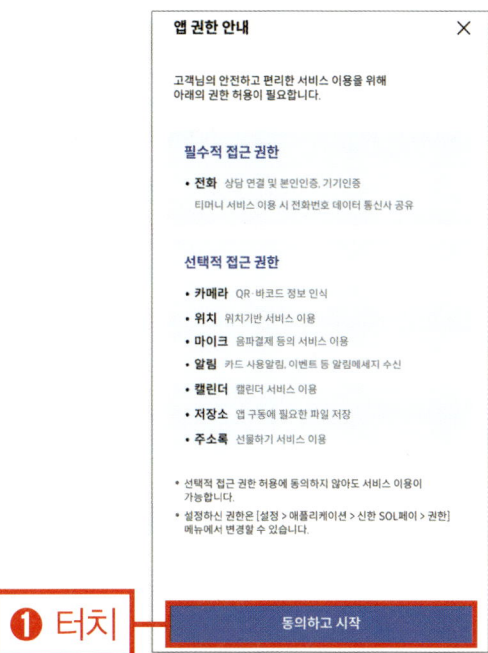

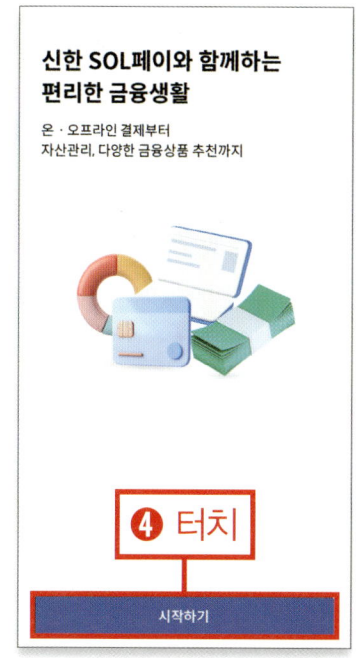

조금 더 배우기

카드사에 따라 설치 및 사용법에 차이가 있습니다.

03 '약관 동의'에서 [약관 전체 동의]를 선택하고 [확인]을 터치합니다. '휴대폰 본인 확인'에서 본인 정보를 입력하고 [다음]을 터치합니다. 통신사를 선택합니다.

조금 더 배우기

동의 관련 [필수], [선택]이 있다면 [필수] 항목만 선택합니다. [선택]은 마케팅과 관련된 사항들이 많습니다.

04 문자로 온 인증번호를 입력합니다. 'ARS 인증' 화면에 인증번호를 기억하고 [ARS 인증 요청]을 터치합니다. [통화]( )를 터치합니다.

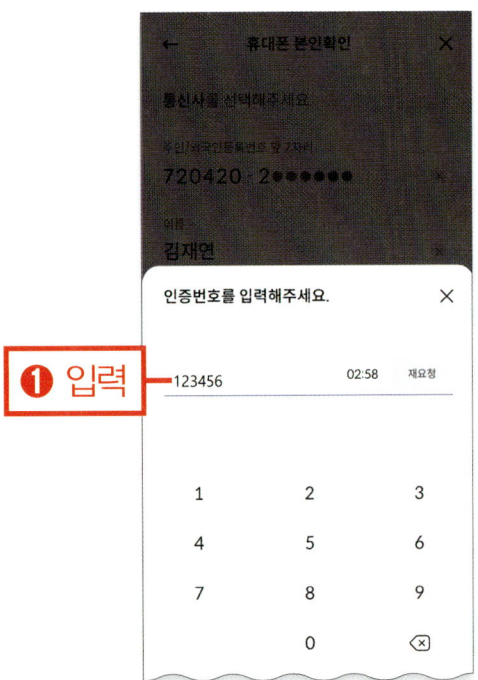
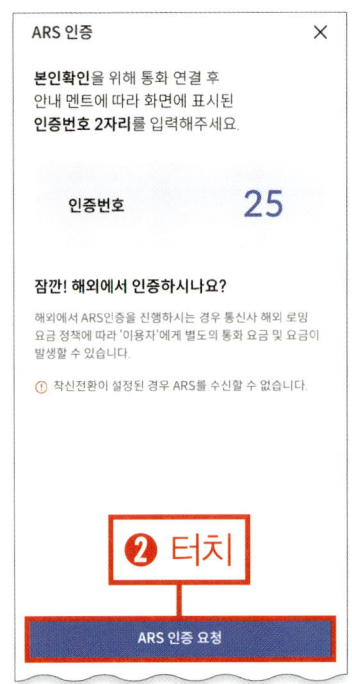
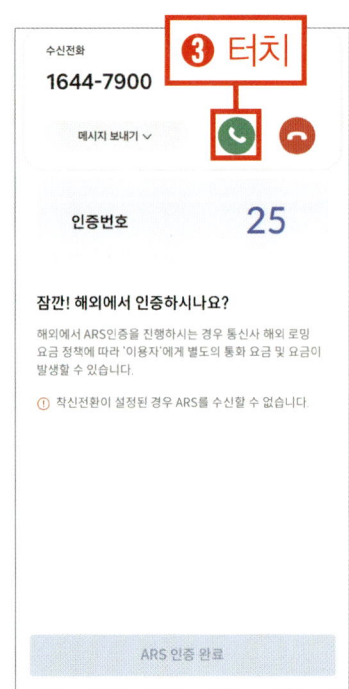

05 [키패드]( )를 터치하여 인증번호를 입력합니다. [ARS 인증 완료]를 터치합니다.

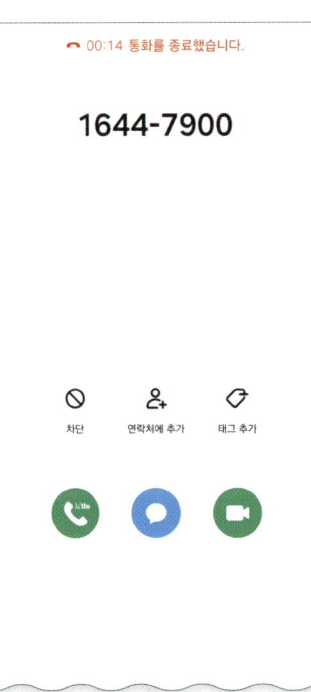
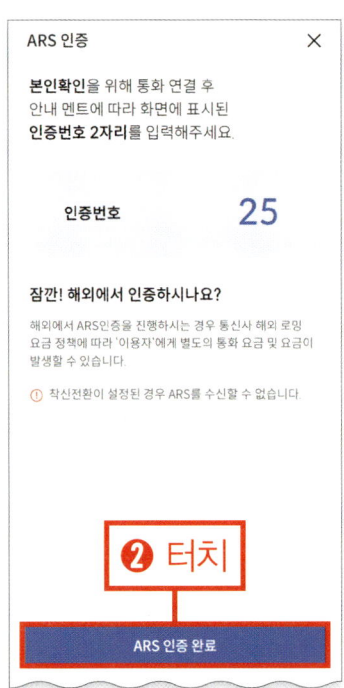

인증 후 자동으로 종료가 되지 않으면 [종료]( )를 터치합니다.

06 '약관동의'에서 [약관 전체 동의]를 터치하고 [확인]을 터치합니다. '카드비밀번호'를 입력합니다. '간편비밀번호 설정'에서 로그인과 결제할 때 사용할 비밀번호를 입력합니다.

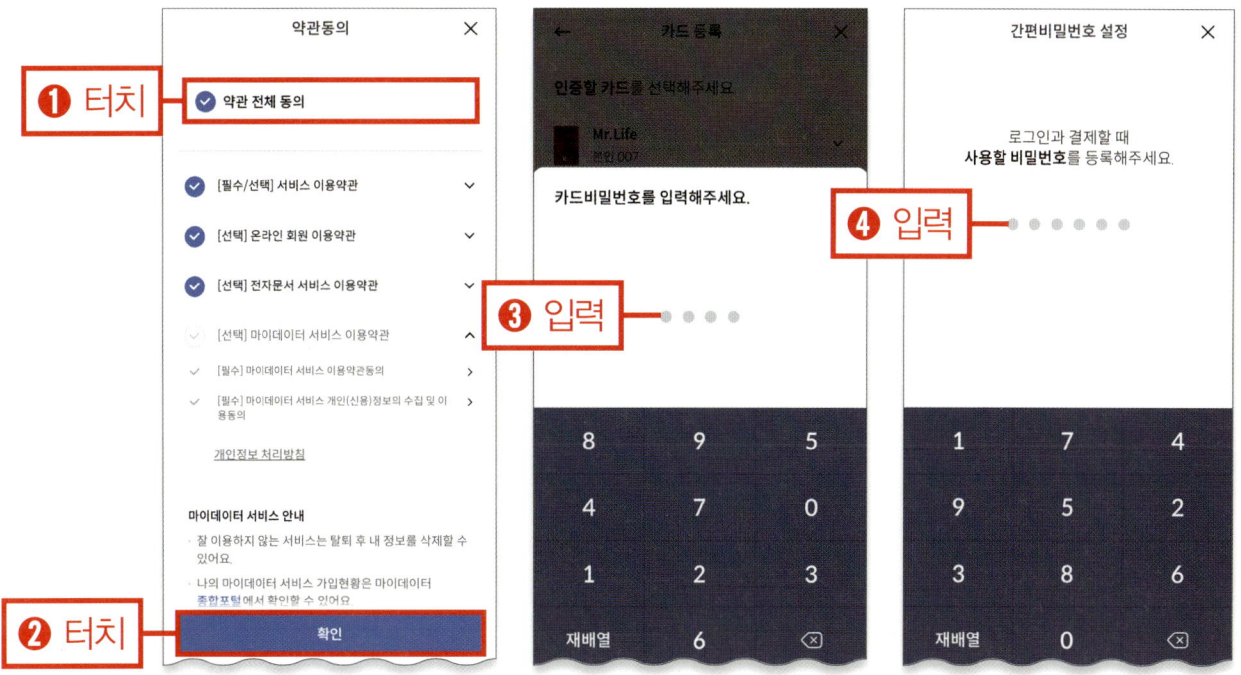

조금 더 배우기

간혹 '약관동의'에 [선택] 사항을 포함하지 않으면 [확인], [다음] 등이 활성화되지 않을 때가 있습니다. 이런 사항이라면 [전체 동의]를 선택합니다.

07 비밀번호를 한 번 더 입력합니다. 가입이 완료되었습니다. [앱 가입만 할래요]를 터치합니다. '위치정보' 액세스에서 [앱 사용 중에만 허용]을 터치합니다. '터치결제', '스캔·코드입력', '바코드·QR' 중 해당하는 결제 방식을 터치합니다.

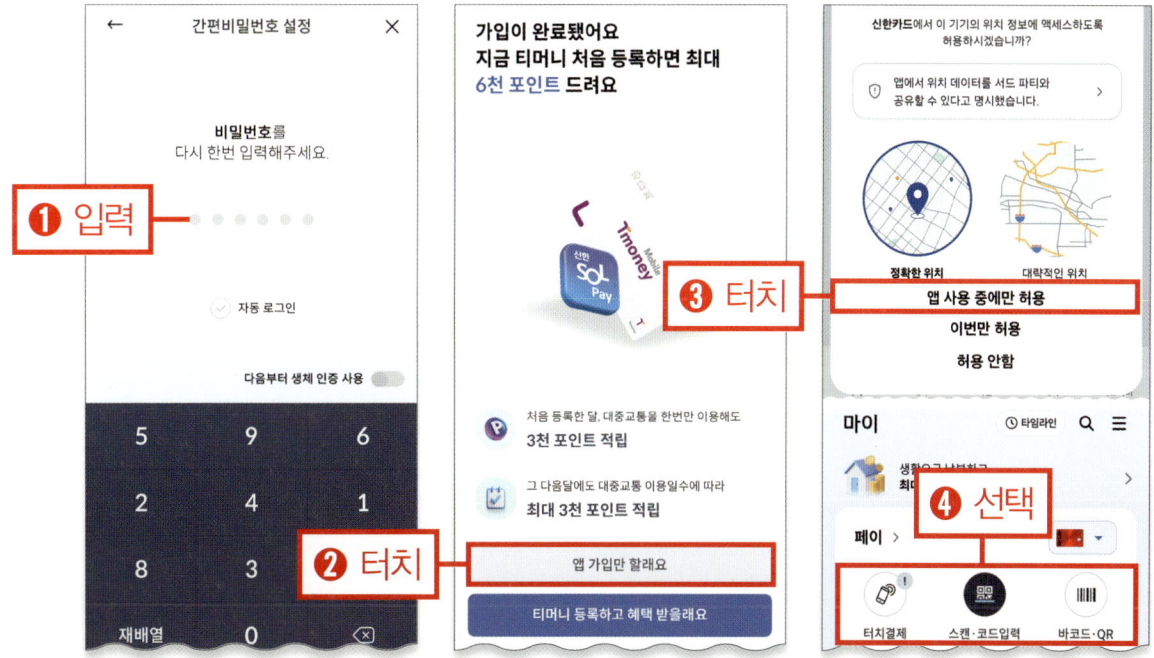

CHAPTER 07 | 가격비교 다나와 앱 활용하기

POINT

다나와 앱은 다양한 쇼핑몰의 상품 가격을 한눈에 비교할 수 있는 가격비교 전문 앱입니다. 다나와 앱을 활용해 상품을 검색하고 최저가를 찾아 쇼핑하는 방법을 배워봅니다.

완성 화면 미리 보기

 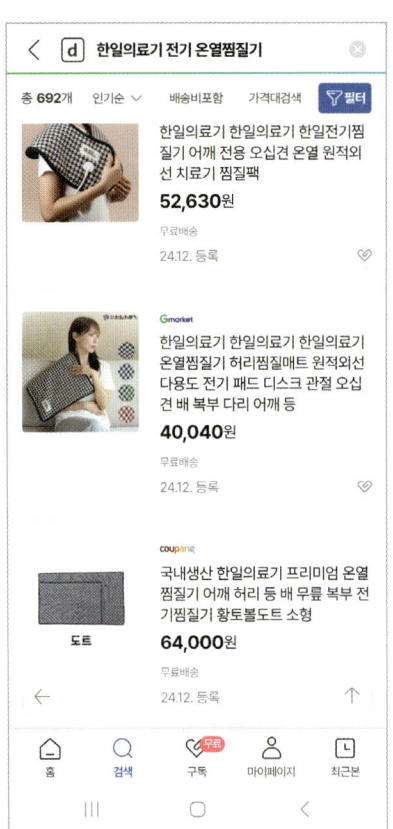

여기서 배워요!

다나와 앱 설치하기 / 구매할 상품 검색하기 / 상품 구매하기 / 상품 결제하기

STEP 01 다나와 앱 설치하기

01 [Play 스토어] 앱을 실행합니다. [검색]을 터치한 다음 검색란에 '다나와'를 입력하여 검색한 후 [설치]를 터치합니다. 설치가 완료되면 [열기]를 터치합니다.

 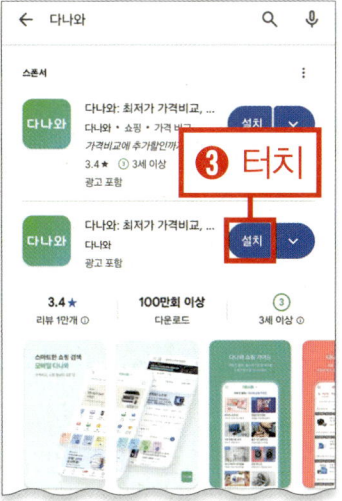 

조금 더 배우기

가격비교 앱으로 '에누리닷컴'도 있습니다.

02 '선택적 접근 권한 안내' 화면에서 [다음]을 터치합니다. '알림 허용'에서 [허용]을 터치하고 '다니와 알림 설정안내' 메시지에서 [동의안함]을 터치합니다. [확인]을 터치합니다.

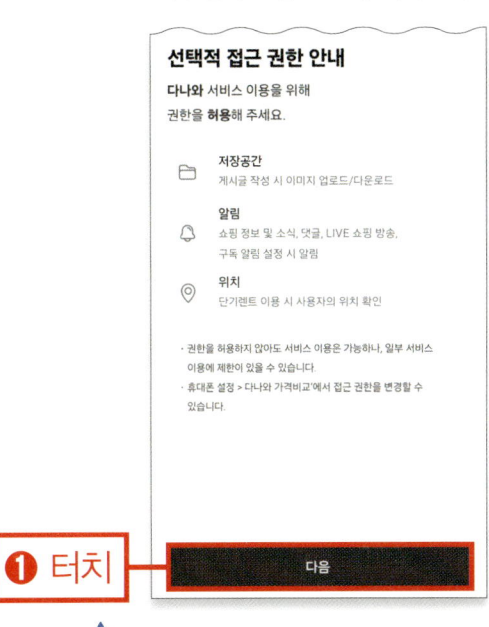 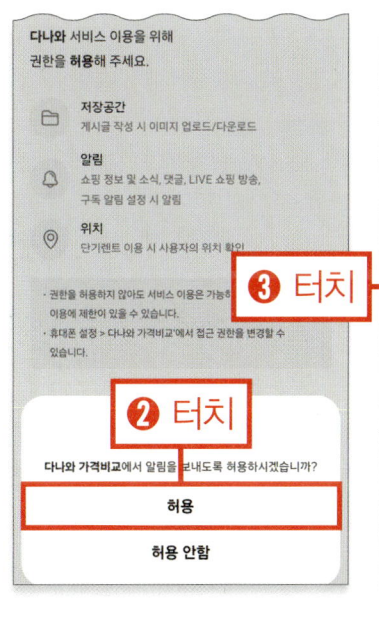 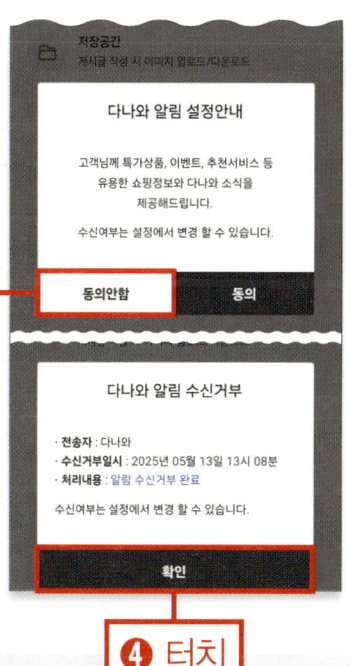

조금 더 배우기

특가상품, 이벤트 등 다양한 정보를 제공받고자 한다면 [동의]를 터치합니다.

STEP 02 구매할 상품 검색하기

01 '다나와' 앱의 [홈] 화면이 나타납니다. 검색 바에서 구매할 상품명을 입력합니다. 검색된 목록을 드래그하여 마음에 드는 상품을 터치합니다. 상품이 등록된 쇼핑몰로 이동합니다.

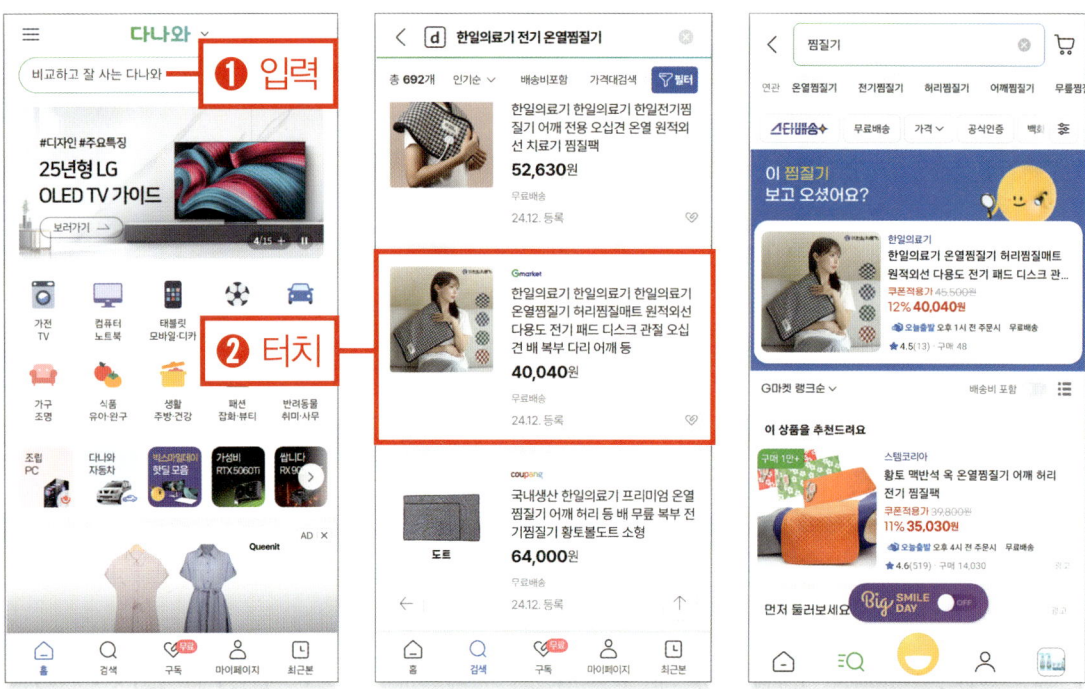

구매하는 앱에 회원가입이 되어 있는 화면입니다. '로그인'이 나타나면 '아이디', '비밀번호'를 입력하여 로그인을 합니다. 만약 로그인 정보가 없다면 회원가입부터 진행해야 합니다.

STEP 03 상품 구매하기

01 [쿠폰받기]를 터치하여 해당하는 쿠폰을 [다운로드](⬇)합니다. '쿠폰받기' 화면에서 [닫기](✕)를 터치합니다. [구매하기]를 터치하여 해당하는 옵션을 선택합니다. [쿠폰적용]을 터치합니다.

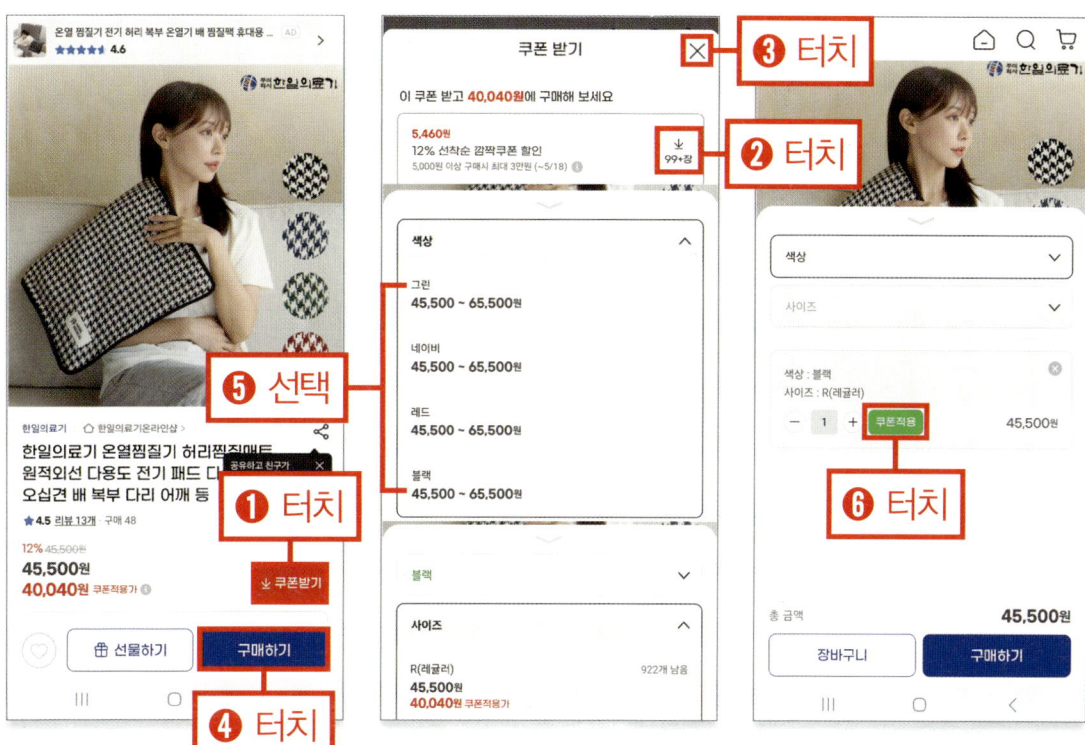

STEP 04 상품 결제하기

01 '쿠폰 적용' 화면에서 해당하는 쿠폰을 선택하고 [쿠폰 적용하기]를 터치합니다. [구매하기]를 터치합니다. '주문하기' 화면에서 배송지 및 주문상품을 확인합니다. '결제수단'에서 [일반결제]-[휴대폰 소액결제]를 차례대로 터치합니다. 해당하는 통신사를 선택하고 [○○○원 결제하기]를 터치합니다.

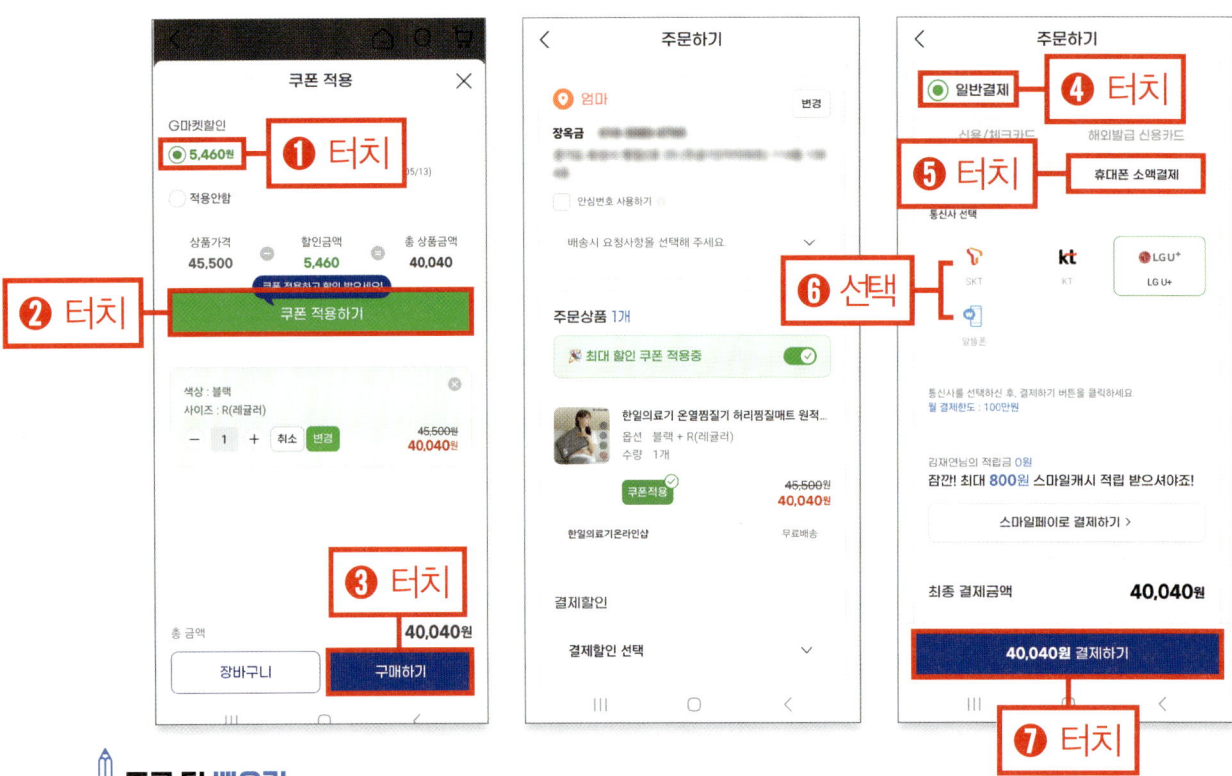

조금 더 배우기

첫 구매라면 배송지를 입력해야 합니다.

02 '휴대폰 결제' 화면에 해당하는 정보를 입력하고 [일반인증]-[다음]을 차례대로 터치합니다. 문자로 온 인증번호를 입력하고 [결제완료]를 터치합니다. 주문 완료를 확인합니다.

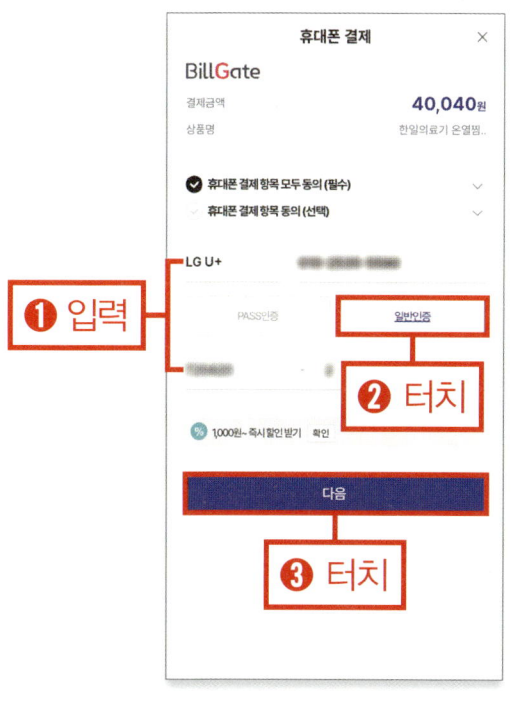

조금 더 배우기

다나와 앱 회원가입하기

1. [마이페이지]를 터치한 후 [회원가입]을 터치합니다. [네이버로 가입하기]를 터치합니다.

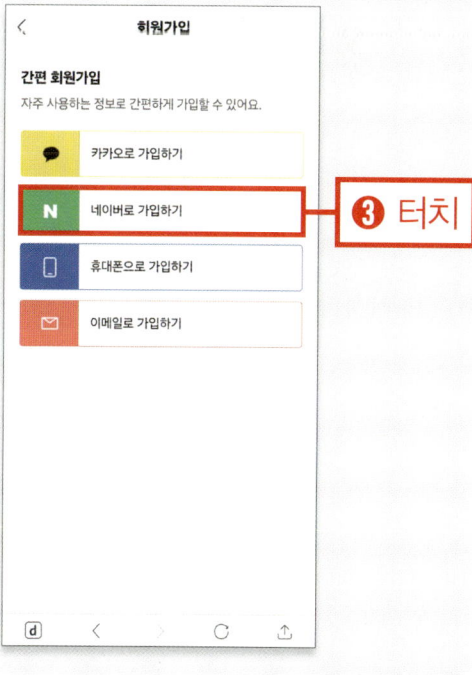

조금 더 배우기

2. 네이버 '아이디'와 '비밀번호'를 입력하고 [로그인]을 터치합니다. '다나와 SNS 로그인'에 필수항목만 선택한 후 [동의하기]를 터치합니다. 회원가입이 완료됩니다.

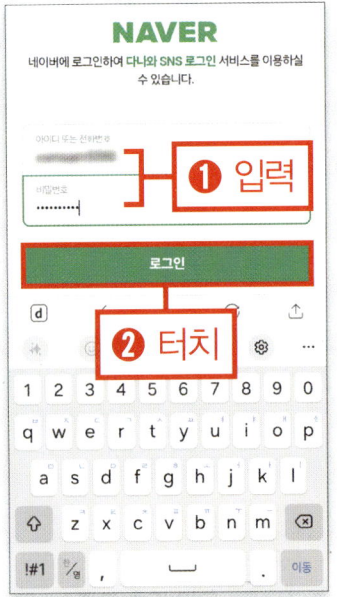
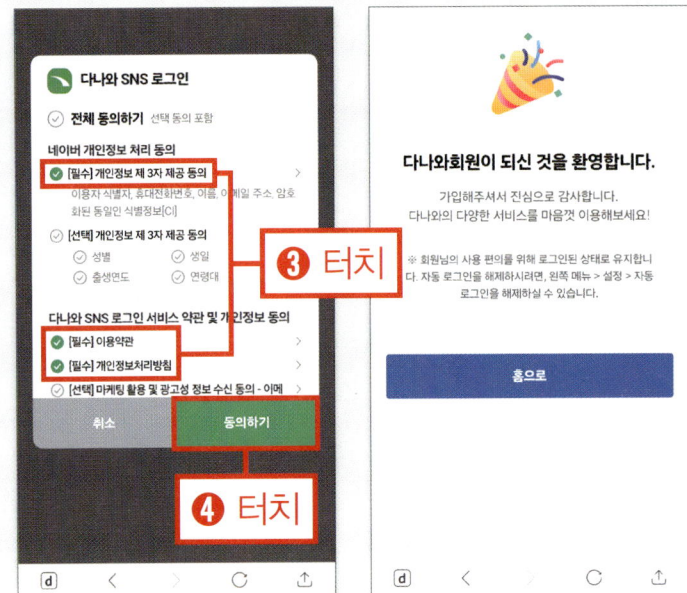

카카오페이 등록하기

POINT

카카오페이는 카카오톡과 연동되어 간편하게 결제하고 송금할 수 있는 모바일 금융 서비스입니다. 카카오페이를 안전하게 사용하기 위해 먼저 계좌를 등록하고 본인 인증과 비밀번호 설정 등의 초기 설정 과정을 배워봅니다.

▍완성 화면 미리 보기

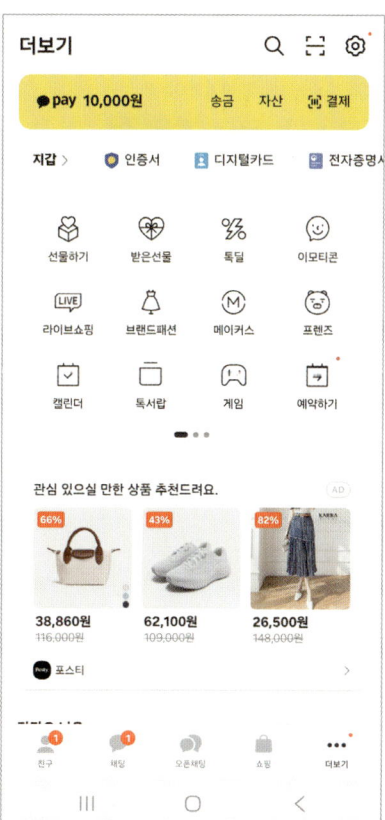

▍여기서 배워요!

카카오페이 앱 설치하기 / 본인 인증하기 / 카카오페이 비밀번호 등록하기 / 카카오페이 충전 계좌 연결하기

STEP 01 카카오페이 앱 설치하기

01 [Play 스토어] 앱을 실행합니다. [검색]을 터치한 다음 검색란에 '카카오페이'를 입력하여 검색한 후 [설치]를 터치합니다. 설치가 완료되면 [열기]를 터치합니다.

 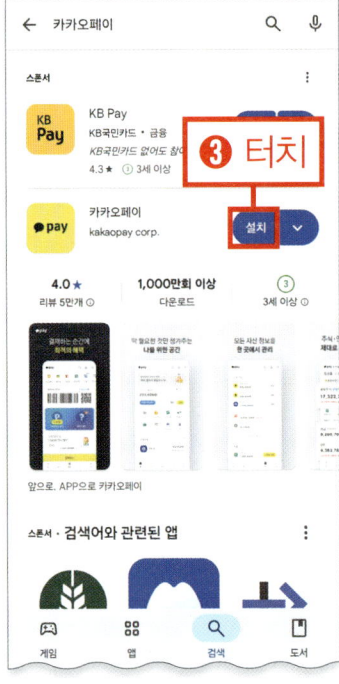 

조금 더 배우기

'PAY(페이)'는 일반적으로 모바일 간편결제 서비스를 의미합니다. 신용카드나 은행 계좌 정보를 등록하여 스마트폰으로 편리하게 결제하는 방식을 말합니다. 각 서비스마다 제공하는 기능과 혜택이 다르므로, 사용자의 필요에 맞는 서비스를 선택하는 것이 좋습니다.

페이유형	내 용
네이버페이	네이버 쇼핑 및 다양한 온라인 가맹점에서 사용 가능하며, 포인트 적립 및 사용 혜택이 있다.
카카오페이	카카오톡 기반의 간편결제 서비스로, 송금, 결제, 멤버십 기능 등을 제공한다
삼성페이	삼성전자 기기에 특화된 간편결제 서비스로, MST(마그네틱 보안 전송) 기술을 활용하여 오프라인 결제 시 범용성 높다
페이코	다양한 온라인 가맹점 및 오프라인 가맹점에서 사용 가능하며, 포인트 적립 및 쿠폰 혜택이 있다.
애플페이	아이폰, 아이패드 등 Apple 기기에서 사용 가능한 간편결제 서비스이다.
토스페이	토스 앱을 기반으로 송금, 결제, 투자 등의 금융 서비스를 제공한다.
머니트리	암호화폐, 상품권, 멤버십 등을 관리하고 결제할 수 있는 서비스이다.
스마일페이	G마켓, 옥션 등 이베이코리아 쇼핑몰에서 사용 가능한 간편결제 서비스이다.
L.pay	롯데 계열사 쇼핑몰 및 오프라인 가맹점에서 사용 가능한 간편결제 서비스이다.
NH PAY	농협 계열사 쇼핑몰 및 오프라인 가맹점에서 사용 가능한 간편결제 서비스이다.
비플제로페이	제로페이 가맹점에서 사용 가능한 간편결제 서비스이다.

02 [카카오 로그인]을 터치합니다. '사용 권한 허용'에 [다음]을 터치합니다. '전화 허용'과 '알림 허용'에 각각 [허용]을 터치합니다.

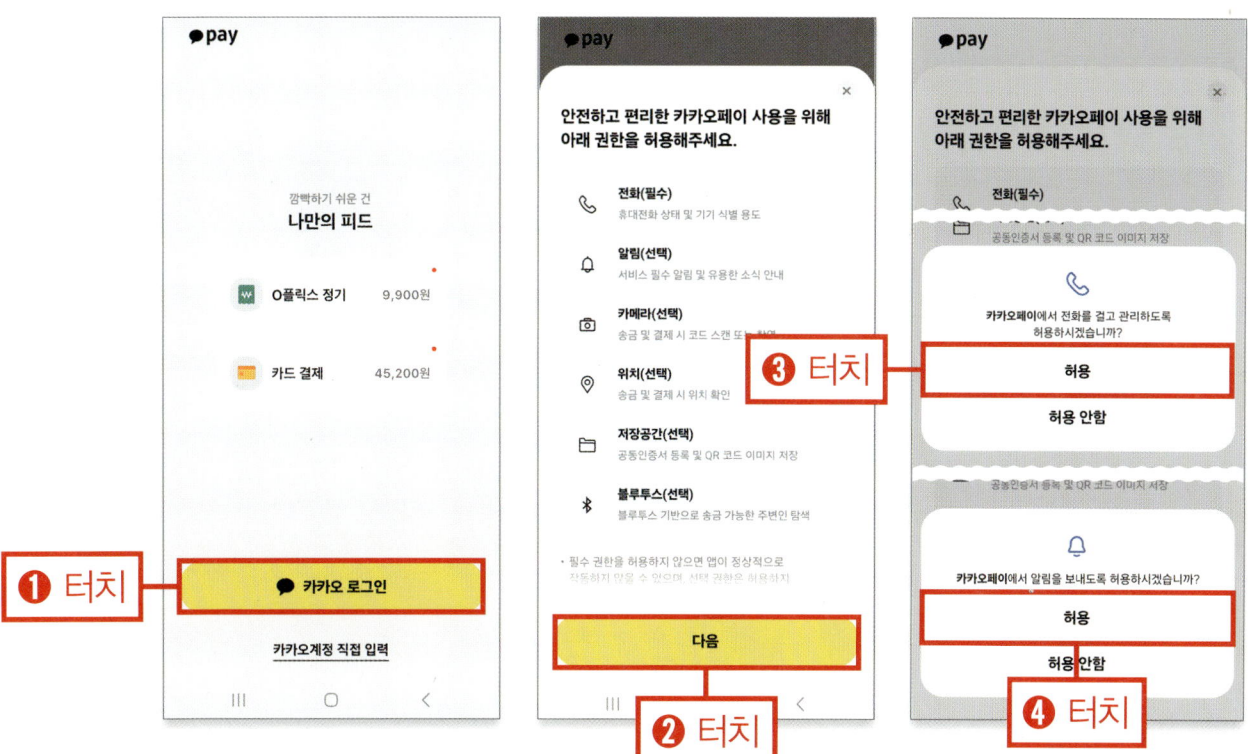

조금 더 배우기

권한 허용을 하지 않으면 사용에 제한이 있습니다. 만약 허용 안함을 터치하였다면 스마트폰의 [설정]-[애플리케이션]-[카카오페이]-[권한(앱 권한)]에서 설정을 변경합니다.

STEP 02 본인 인증하기

01 '본인 확인' 화면에서 [휴대폰 인증]을 터치합니다. '이름'을 입력한 후 [다음]을 터치하고 '주민등록번호'를 입력합니다.

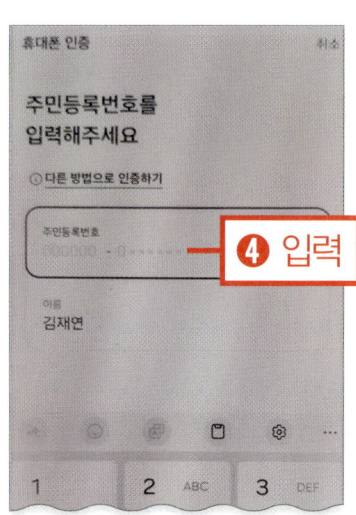

조금 더 배우기

화면 캡처가 되지 않는 부분이라 다른 스마트폰으로 촬영한 화면입니다. 다른 인증 방식을 사용해도 됩니다.

02 '통신사'를 선택하고 '휴대폰번호'를 입력합니다. [인증하기]를 터치합니다. [모두 동의하기]를 터치합니다.

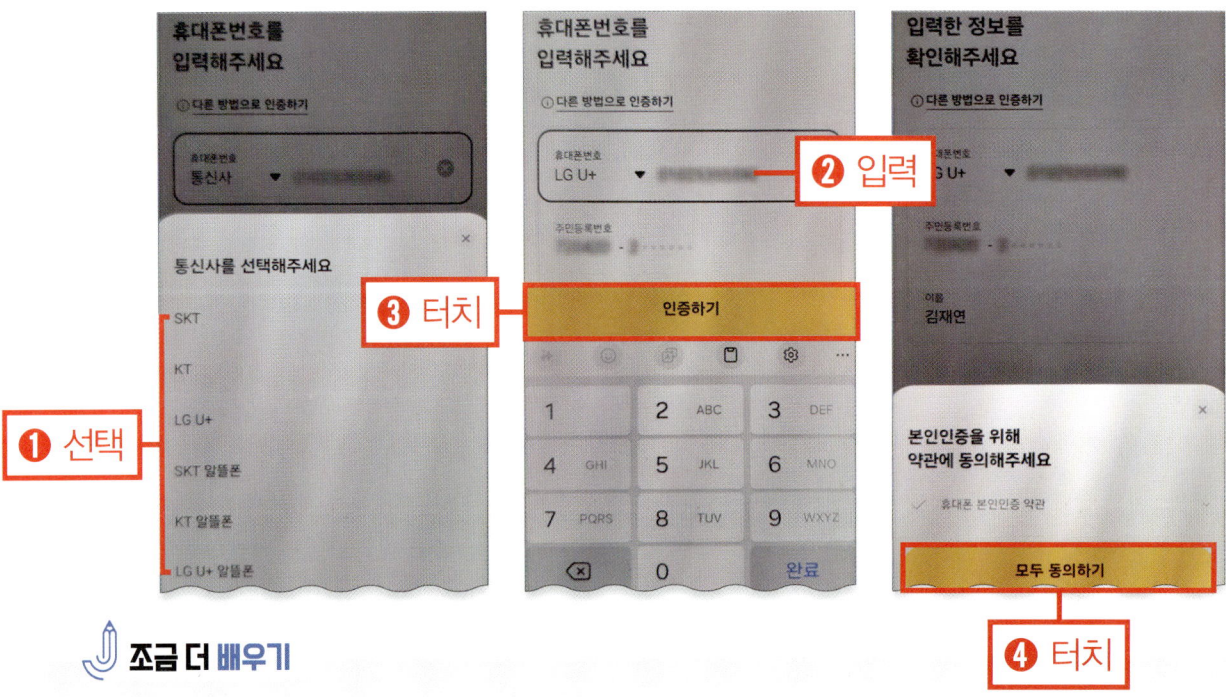

조금 더 배우기

스마트폰을 사용하고 있기 때문에 휴대폰번호는 입력되어 있습니다.

03 입력한 정보를 확인하여 인증 화면이 넘어갑니다. 발송된 '인증번호'를 입력합니다. '내 계좌를 선택' 화면에서 [은행/증권사]를 터치합니다.

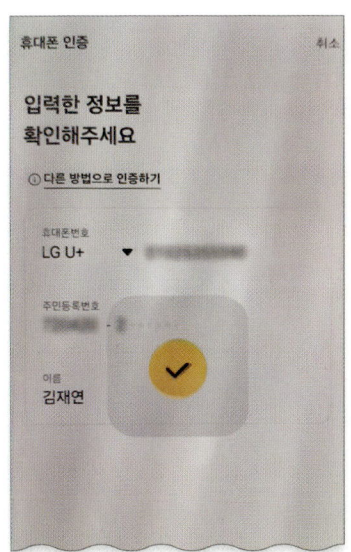 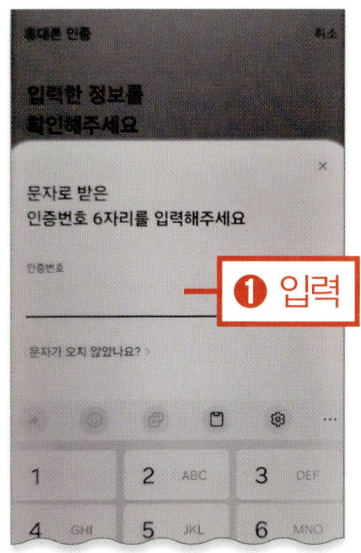 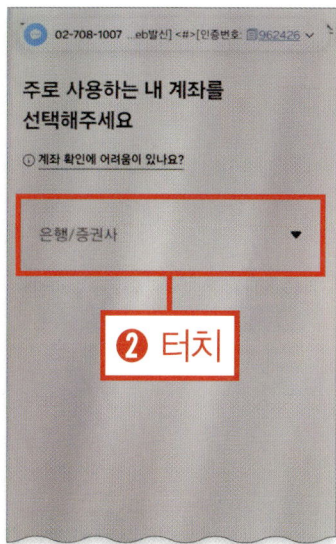

04 해당하는 은행을 선택합니다. '계좌번호'를 입력하고 [1원 보내기]를 터치합니다. 입력한 은행 계좌에서 '보낸 사람' 내역을 확인합니다.

 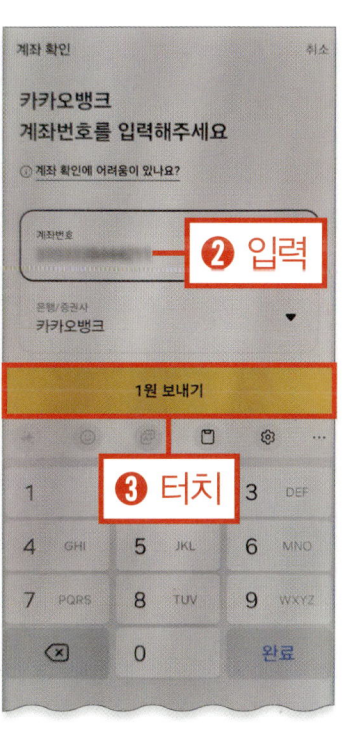 

컴퓨터 또는 스마트폰으로 해당하는 은행에 로그인하여 계좌를 조회하면 됩니다. 6강을 참고합니다.

STEP 03 카카오페이 비밀번호 등록하기

01 보낸 사람 내역의 숫자를 입력합니다. 카카오페이에서 사용할 '비밀번호' 6자리를 입력합니다. '비밀번호' 6자리를 한 번 더 입력합니다.

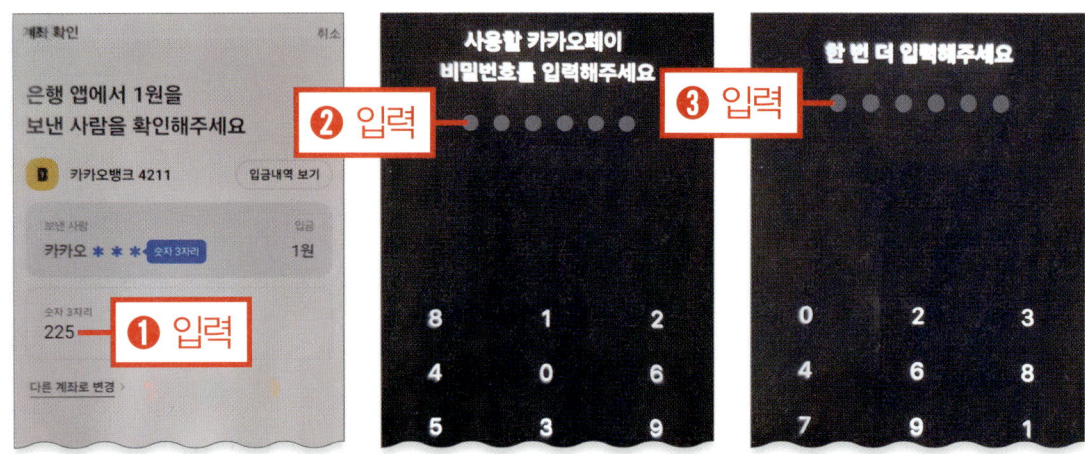

STEP 04 카카오페이 충전 계좌 연결하기

01 [홈](pay)을 터치합니다. [충전]을 터치한 후 '계좌를 연결해주세요' 메시지에서 [연결하기]를 터치합니다. '충전계좌 연결' 화면에서 [은행/증권사]를 선택하고 '계좌번호'를 입력합니다. 연결할 계좌에 1원이 입금된 내역을 확인합니다.

 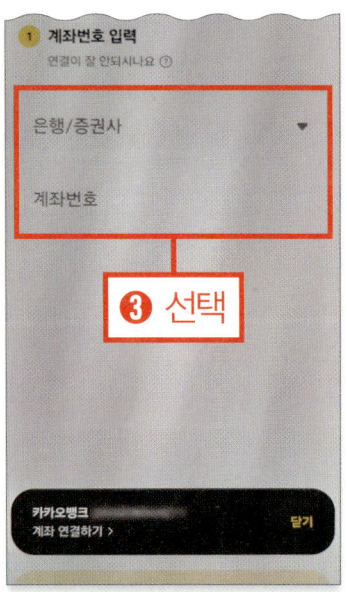 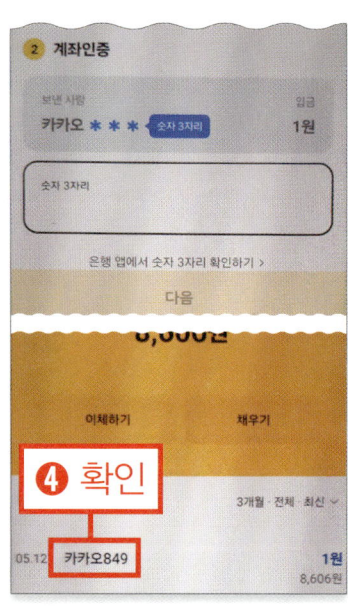

 조금 더 배우기

이전에 '인증하기'를 진행했던 계좌가 아래에 나타납니다. 변경이 없다면 그대로 [계좌 연결하기]를 사용합니다.

02 보낸 사람 내역의 숫자를 입력하고 [다음]을 터치합니다. [통화](📞)를 터치합니다. [키패드](🔢)를 터치하여 인증번호를 입력합니다. 통화가 종료됩니다.

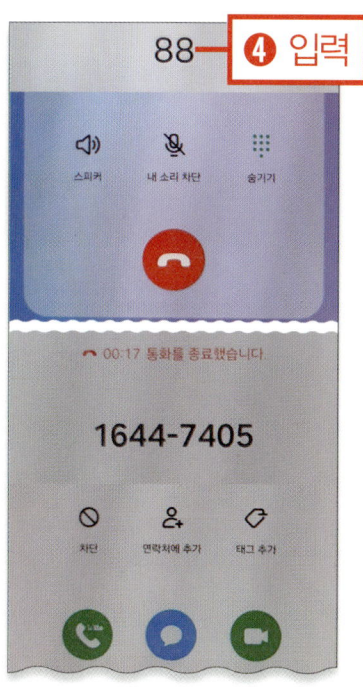

 **조금 더 배우기**

인증 후 자동으로 종료되지 않으면 [종료](📞)를 터치합니다.

03 [인증 완료]를 터치합니다. '약관 동의'에서 [확인]을 터치합니다. '계좌 연결이 완료되었어요' 화면에서 [확인]을 터치합니다.

STEP 05 카카오페이에 충전하기

01 '얼마를 충전할까요?'에서 [직접 입력하기]를 터치합니다. 금액을 입력하고 [충전하기]를 터치합니다. 카카오페이 비밀번호를 입력합니다.

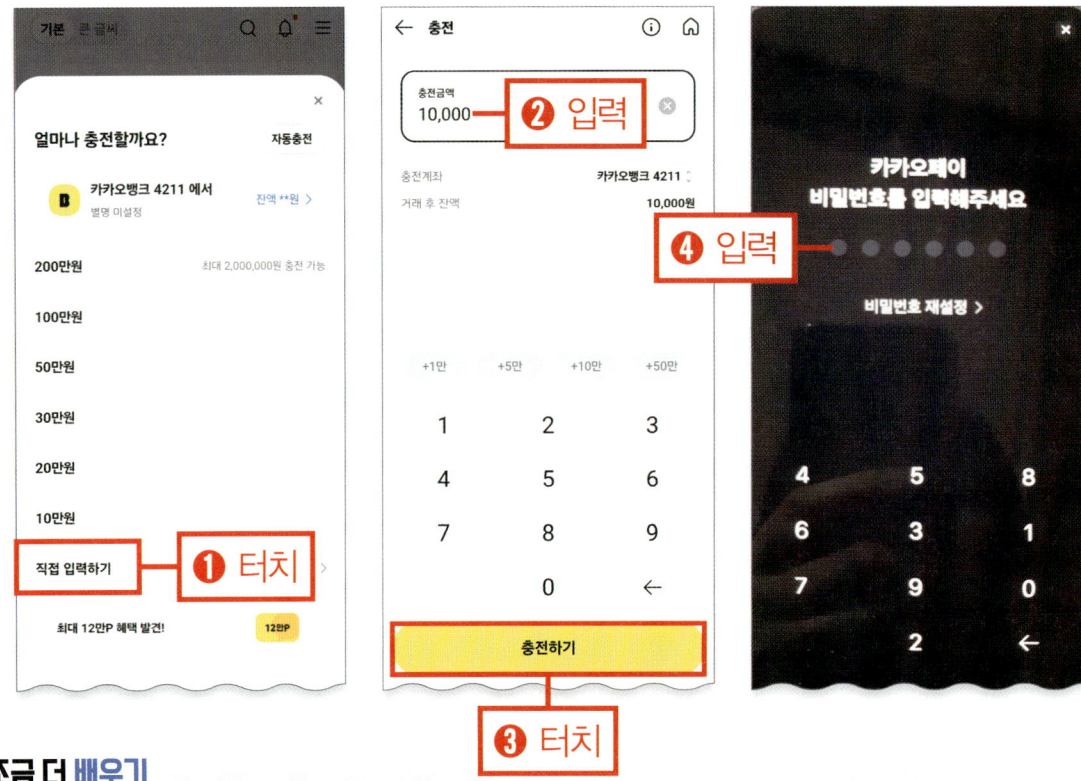

조금 더 배우기

비밀번호가 기억나지 않는다면? 5번 오류가 되었다면?

1. [카카오페이]의 [메뉴]를 터치합니다. [설정]-[비밀번호]를 차례대로 터치합니다.
2. [비밀번호가 기억나지 않아요]를 터치합니다. 새 비밀번호를 입력합니다.

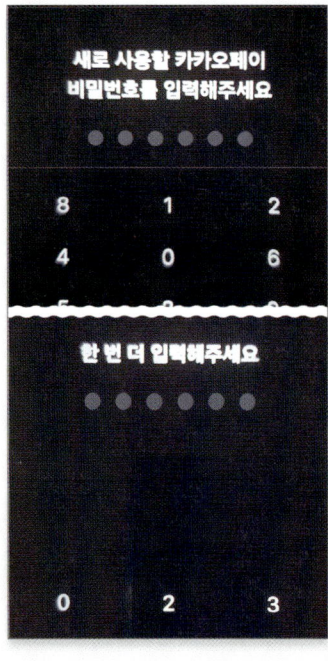

02 충전된 금액을 확인하고 [확인]을 터치합니다. [홈](pay) 화면 또는 [더보기]에서 충전된 금액을 확인합니다.

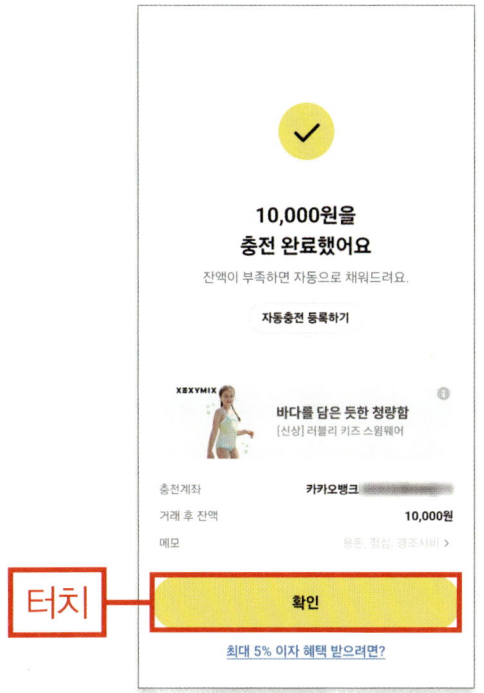

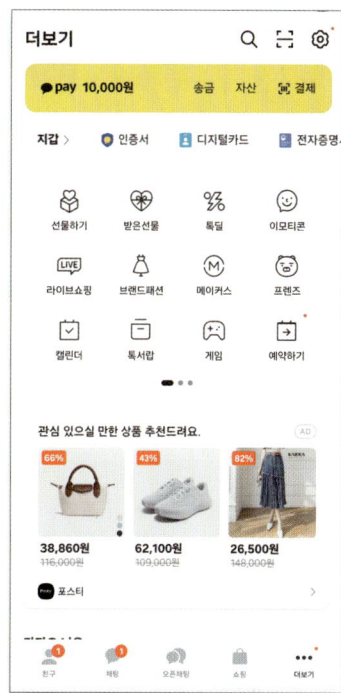

CHAPTER 09 카카오톡에서 쇼핑하기

> **POINT**
>
> 카카오톡으로 친구에게 선물도 하고, 저렴한 가격에 물건도 살 수 있습니다. 카카오톡의 쇼핑 기능을 활용하여 상품 검색, 톡딜 공동구매, 장바구니 및 결제 기능을 배웁니다.

▍완성 화면 미리 보기

▍여기서 배워요!

카카오톡 쇼핑에서 상품 검색하기 / 상품 장바구니에 담기 / 카카오페이로 결제하기 / 카카오톡 친구에게 커피 쿠폰 선물하기

STEP 01 카카오톡 쇼핑에서 상품 검색하기

01 [카카오톡] 앱을 터치합니다. 아래쪽의 [쇼핑]을 터치한 후 [톡딜]을 터치합니다. 화면을 드래그하여 구매할 상품 목록을 살펴봅니다. 상품을 터치합니다.

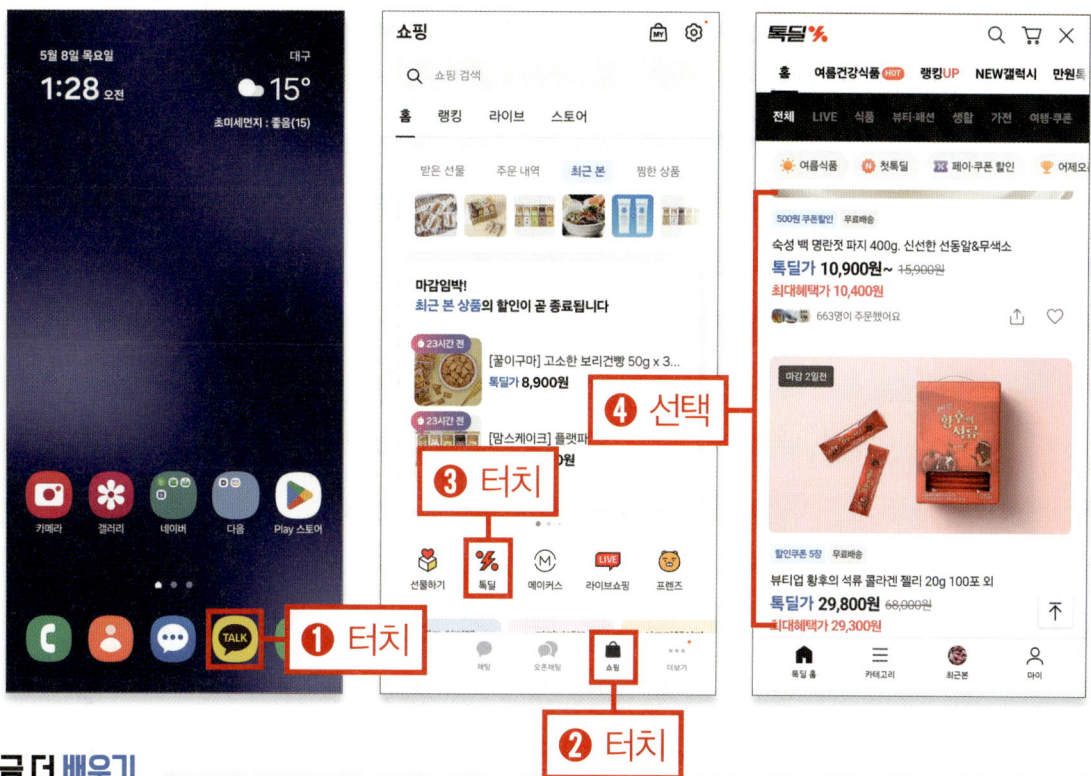

조금 더 배우기

다양한 카카오톡 쇼핑을 알아봅니다.

❤️	선물하기	친구, 지인에게 모바일 상품권이나 실물 상품을 선물하는 서비스입니다. 기념일이나 특별한 날에 간편하게 마음을 전할 수 있습니다
⚡	톡딜	여러 명이 함께 구매하여 할인 혜택을 받는 공동구매 서비스입니다. 친구들과 함께 상품을 저렴하게 구매할 수 있습니다.
Ⓜ	메이커스	생산자와 소비자를 직접 연결하여 새로운 상품을 제안하고 구매하는 플랫폼입니다. 차별화된 상품을 경험할 수 있습니다.
LIVE	라이브쇼핑	라이브 방송을 통해 상품을 소개하고 판매하는 플랫폼입니다. 실시간으로 상품 정보를 확인하고 구매할 수 있습니다.
🐻	프렌즈	전국민의 감정을 대변하는 카카오톡 이모티콘에 스토리를 더하여 다양한 콘텐츠와 상품을 확인하고 구매할 수 있습니다.

02 [쿠폰 받기]를 터치한 후 [쿠폰 한번에 받기]를 터치합니다. [추가하고 받기]를 터치합니다.

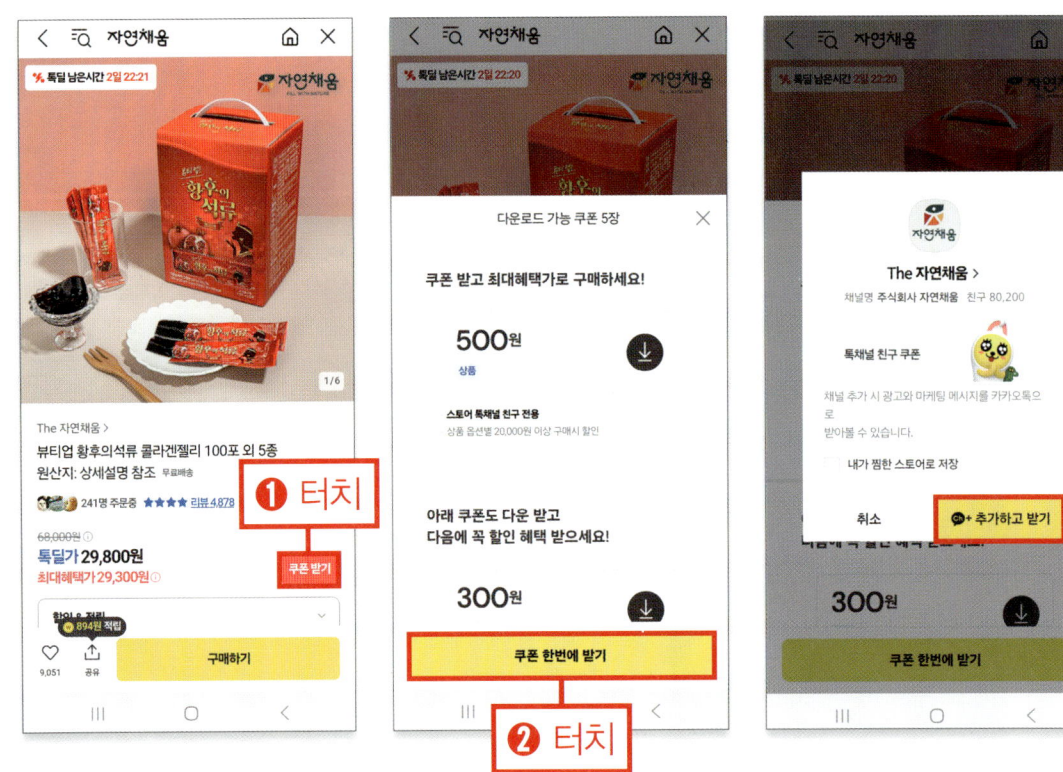

조금 더 배우기

[채널 추가](Ch+)란 카카오톡 사용자들에게 다양한 브랜드나 서비스의 소식을 받아볼 수 있는 기능입니다. 채널 추가 후 취소(해제)도 가능합니다.

STEP 02 상품 장바구니에 담기

01 다운로드 완료한 화면을 [닫기](X)합니다. [구매하기]를 터치합니다. 해당하는 옵션을 선택한 후 [장바구니]를 터치합니다. 스마트폰의 [뒤로](<) 버튼을 터치합니다. 다른 상품도 같은 방법으로 장바구니에 담습니다.

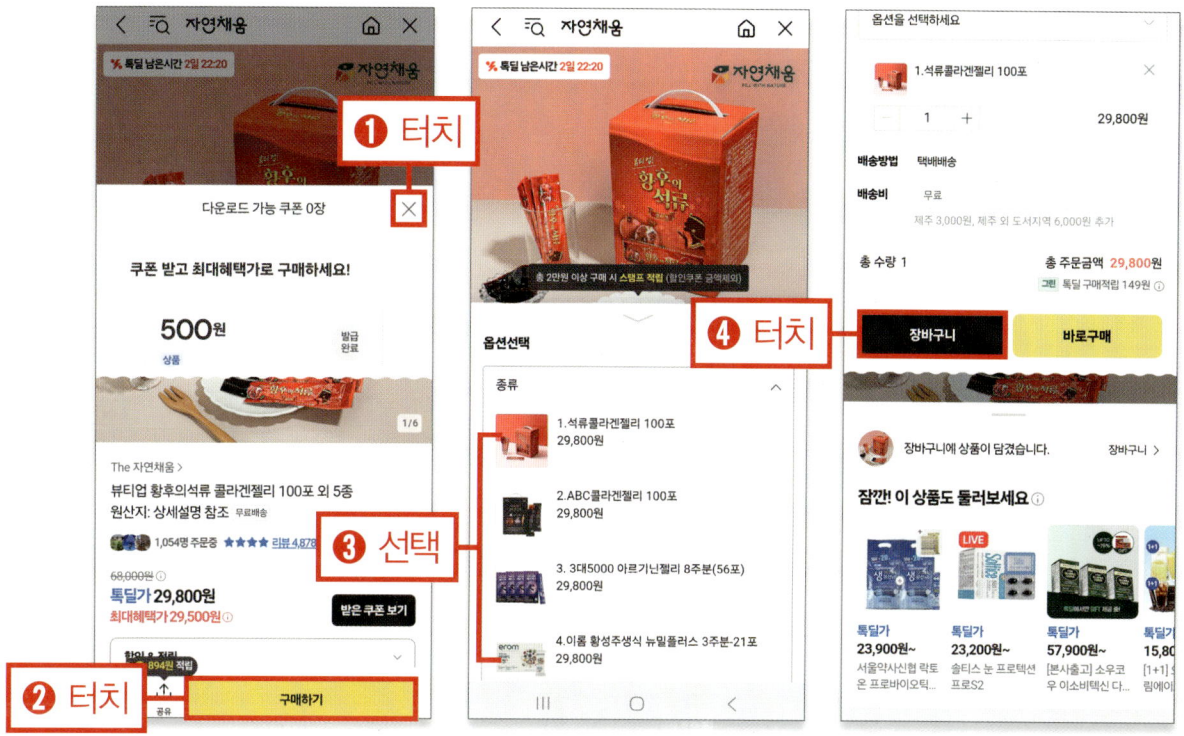

조금 더 배우기

한 개만 구매한다면 [바로구매]를 터치합니다. 더이상 구매할 상품이 없다면 (장바구니에 상품이 담겼습니다. 장바구니 >)를 터치합니다.

STEP 03 **장바구니 상품 주문하기**

01 카카오톡 쇼핑 화면에서 [톡딜]을 터치합니다. [장바구니](🛒)를 터치합니다. 구매할 상품을 선택한 후 [○건 주문하기]를 터치합니다. '배송지'와 '주문상품 정보'를 확인하고 화면을 위로 드래그합니다.

STEP 04 **카카오페이로 결제하기**

01 '결제수단'에서 [카카오페이 결제]를 선택하고 [○○○원 결제하기]를 터치합니다. 카카오페이 비밀번호를 입력합니다.

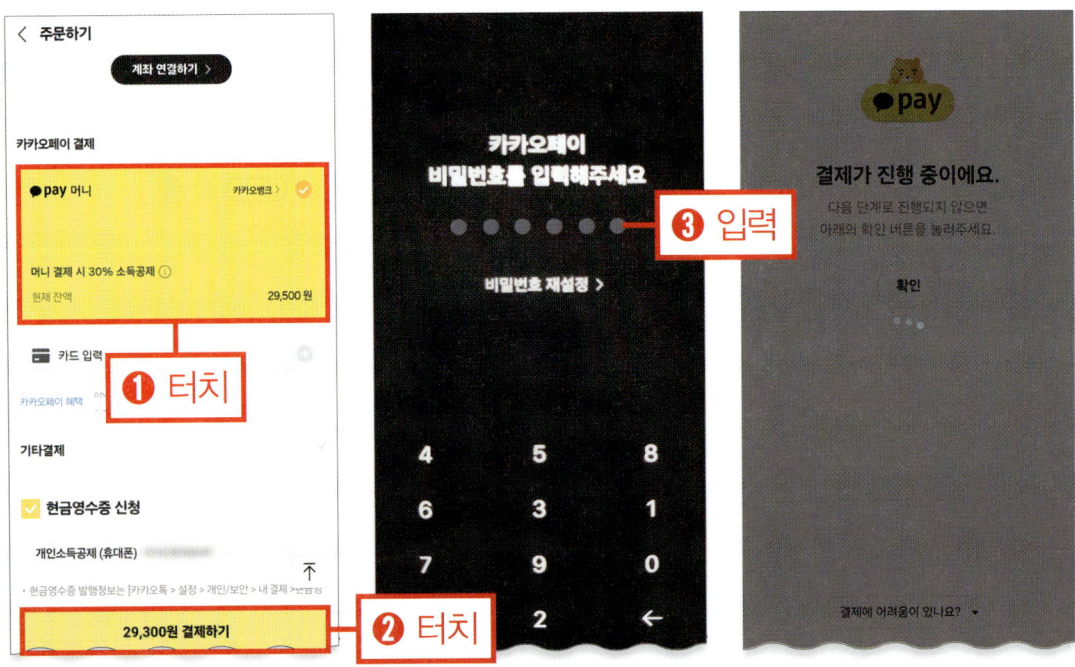

02 '구매완료!' 화면에서 [전체 주문 내역]을 터치하여 주문 목록을 확인합니다. 아래쪽 [마이] 메뉴를 터치하여 진행중인 주문 내역을 확인합니다. [닫기](☒)를 터치하여 톡딜을 종료합니다.

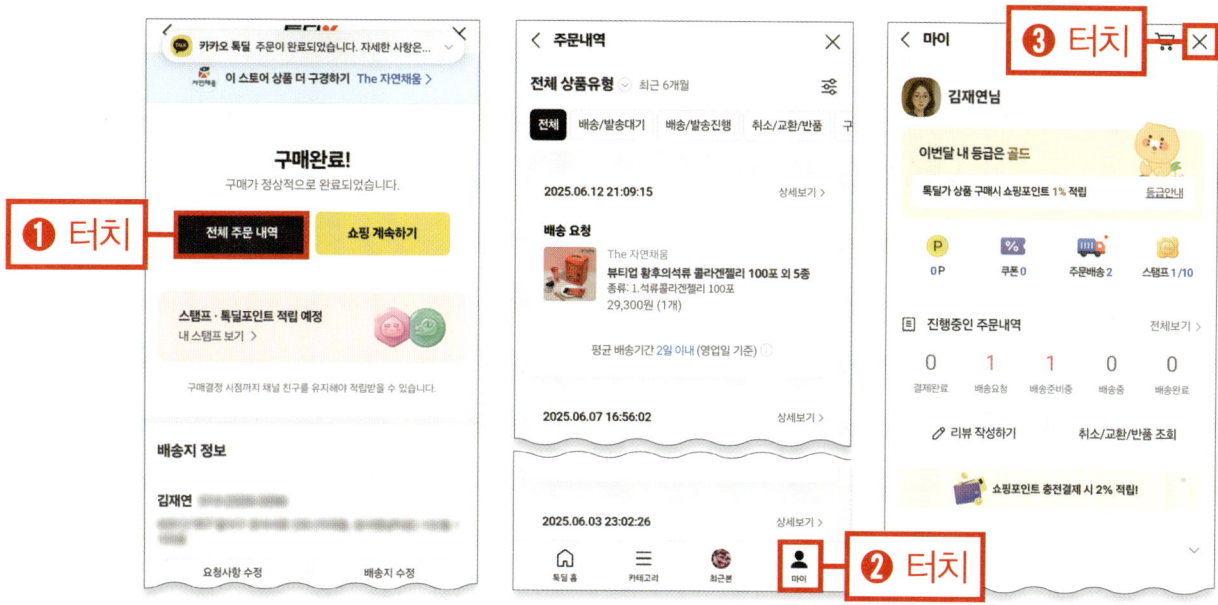

STEP 05 카카오톡 친구에게 커피 쿠폰 선물하기

01 카카오톡 쇼핑에서 [선물하기]를 터치합니다. [검색](🔍)을 터치하여 선물할 내용을 입력한 후 검색합니다. 선물할 상품을 터치합니다. [선물하기]를 터치한 후 수량을 선택합니다. [선물하기]를 다시 터치합니다.

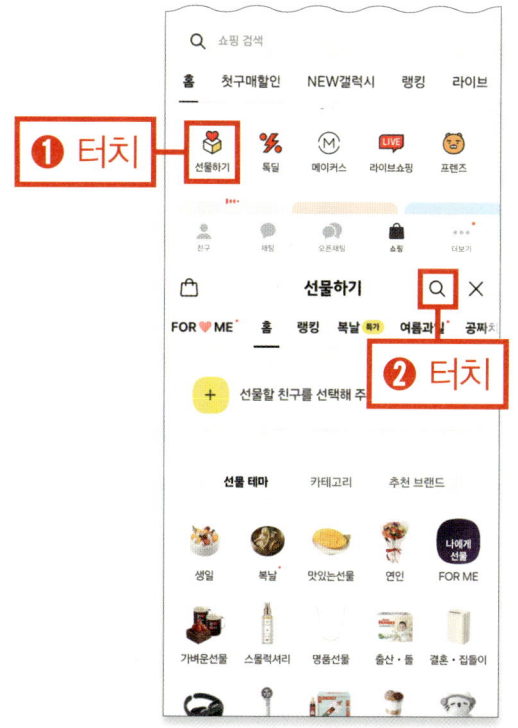
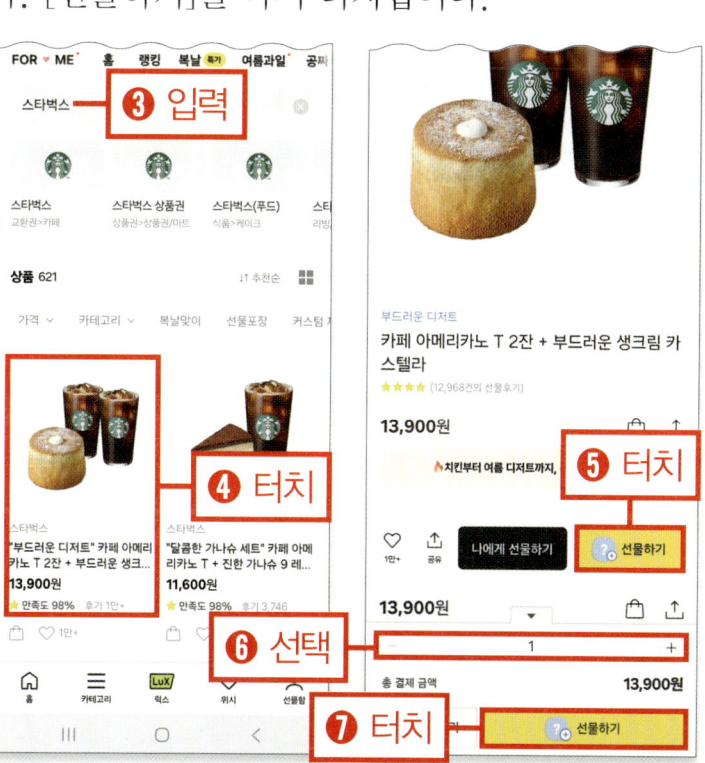

CHAPTER 09 카카오톡에서 쇼핑하기 | **69**

02 선물할 대상을 선택한 후 [○○ 선택하기]를 터치합니다. 메시지 카드 종류를 선택한 후 [○○○원 결제하기]를 터치합니다. 카카오페이 비밀번호를 입력합니다.

조금 더 배우기

메시지 카드의 내용 수정 및 음성 추가도 가능합니다.

03 결제가 완료되면 선물을 보냅니다. [주문내역]을 터치하여 내용을 확인합니다.

CHAPTER 10 쿠팡 로켓배송 주문하기

POINT

쿠팡은 다양한 배송 서비스를 제공합니다. 가장 대표적인 것은 로켓배송으로, 쿠팡이 직접 물류센터에 보관·관리·배송하여 주문 다음날에 빠르게 받을 수 있는 서비스입니다. 여기서는 로켓배송으로 주문해 봅니다.

완성 화면 미리 보기

여기서 배워요!

쿠팡 앱 설치하기 / 쿠팡 회원가입하기 / 상품 검색하여 장바구니에 담기 / 장바구니에 담은 상품 구매 및 결제하기

STEP 01 쿠팡 앱 설치하기

01 [Play 스토어] 앱을 실행합니다. [검색]을 터치한 다음 검색란에 '쿠팡'을 입력하여 검색한 후 [설치]를 터치합니다. 설치가 완료되면 [열기]를 터치합니다.

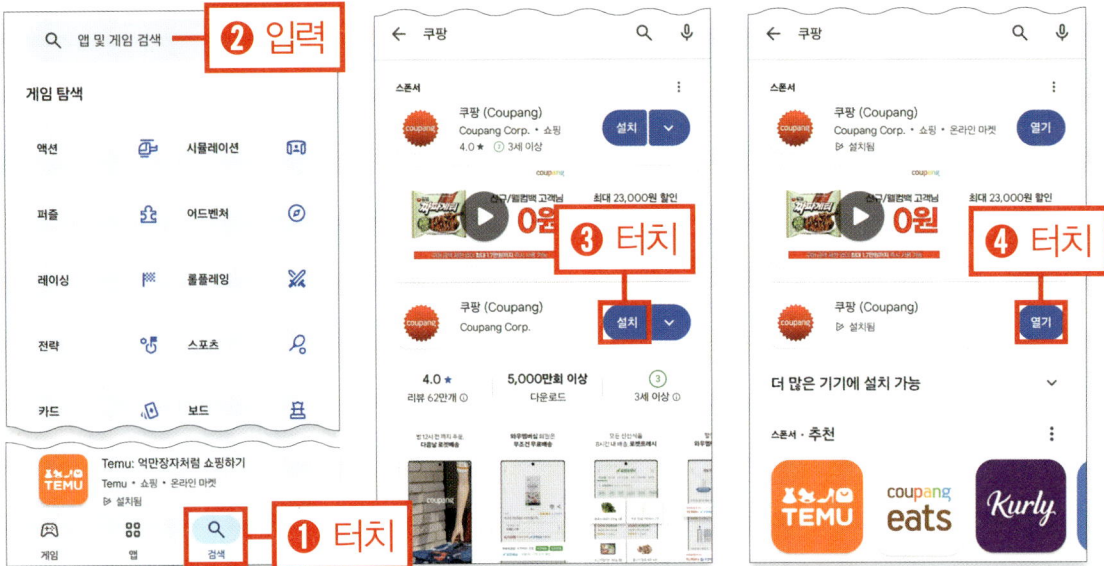

STEP 02 쿠팡 회원가입하기

01 '알림 허용' 메시지에 [허용]을 터치합니다. '쿠팡 앱 이용을 위한 권한 안내' 메시지에 [확인]을 터치합니다. [회원가입]을 터치합니다.

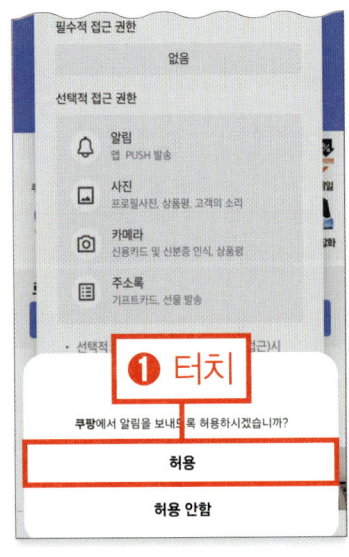  

조금 더 배우기

기존 사용자라면 '이메일 로그인'('이메일'과 '비밀번호'를 입력하여 [로그인]) 또는 '휴대폰으로 로그인'(휴대폰번호 입력 후 [인증번호 받고 로그인])을 진행합니다.

02 [필수] 항목을 선택하고 [다음]을 터치합니다. '이름'을 입력하고 [이동]을 터치합니다. '이메일'을 입력하고 [이동]을 터치합니다. '전화번호'를 입력하고 [인증 요청]을 터치합니다.

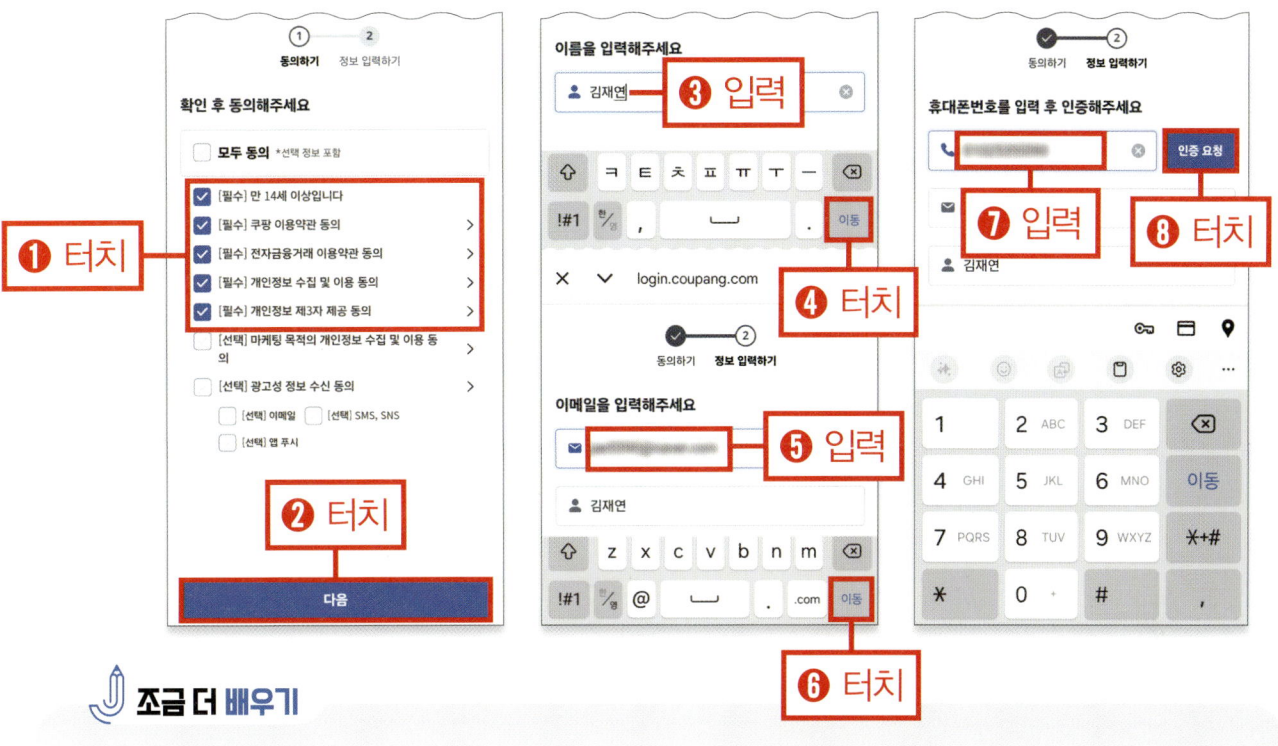

조금 더 배우기

'모두 동의'를 선택해도 됩니다. 단, 마케팅 관련 문자, 이메일 등이 수신됩니다.

03 인증번호가 나타나면 숫자를 터치하거나 입력하고 [확인]을 터치합니다. 입력한 가입정보를 확인하고 [가입완료]를 터치합니다. 회원가입이 완료되었습니다. [회원가입 완료]를 터치합니다.

CHAPTER 10 쿠팡 로켓배송 주문하기 | **73**

04 광고 화면에 [닫기]를 터치하고 [프로필](👤)을 터치합니다. [설정]을 터치합니다. '내정보관리'에서 [주소록 관리]를 터치합니다.

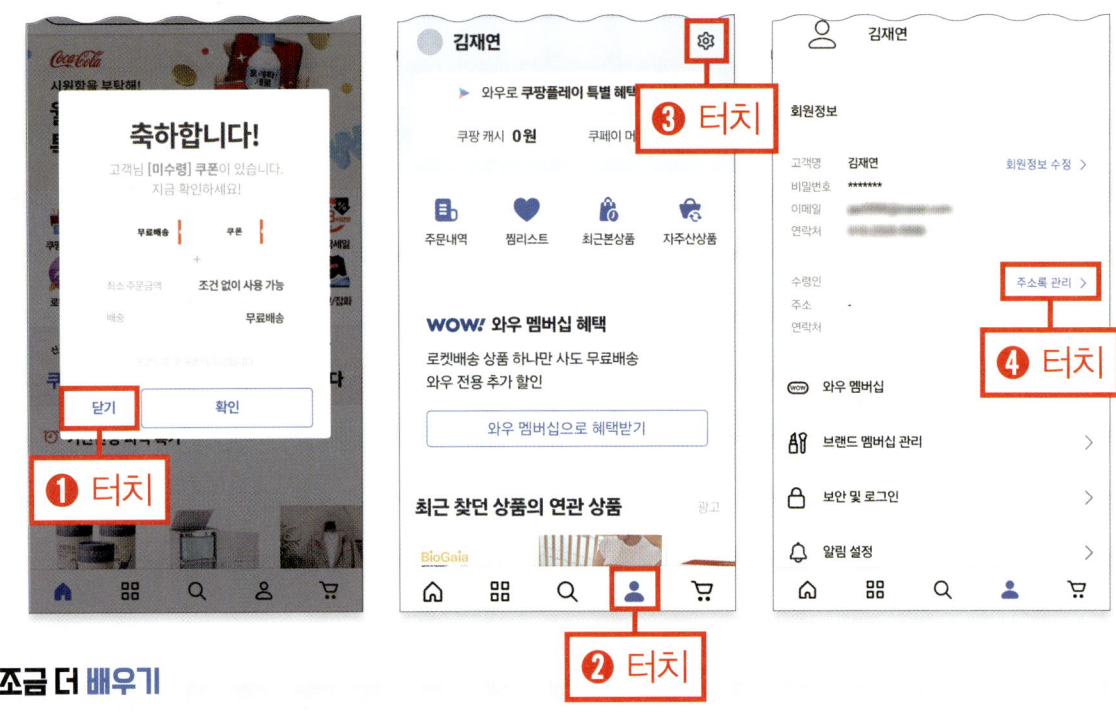

조금 더 배우기

첫 주문 시 등록해도 되지만, 미리 등록해두면 편리합니다.

05 '주소·배송지 관리'에서 [+배송지 추가]를 터치합니다. '이름'을 입력하고 [우편번호 찾기]를 터치합니다. '주소' 일부분을 입력한 후 [검색](🔍)을 터치합니다. 해당하는 '주소'를 선택하고 나머지 '주소' 및 '휴대폰 번호'를 입력합니다. [배송 요청사항]을 터치합니다.

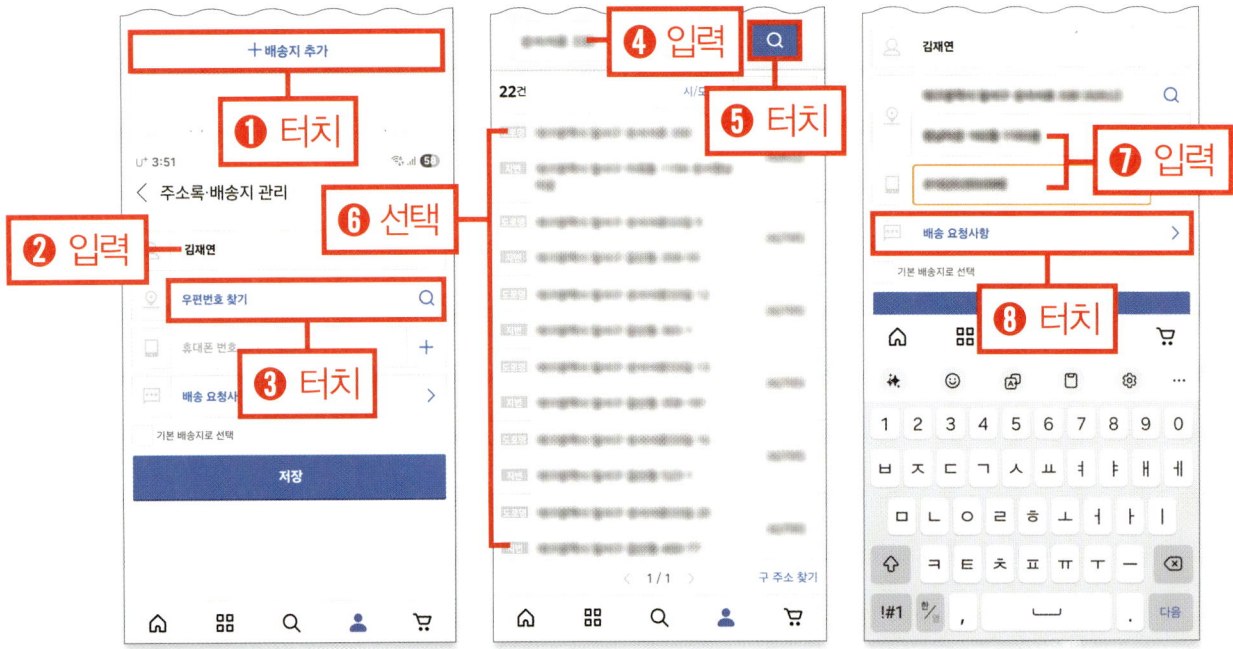

06 상품 배송 시 요청사항을 선택한 후 [동의하고 저장하기]를 터치합니다. 입력한 배송지 정보를 확인하고 [저장]을 터치합니다. 배송지 등록이 완료되었습니다. [홈](⌂)을 터치합니다.

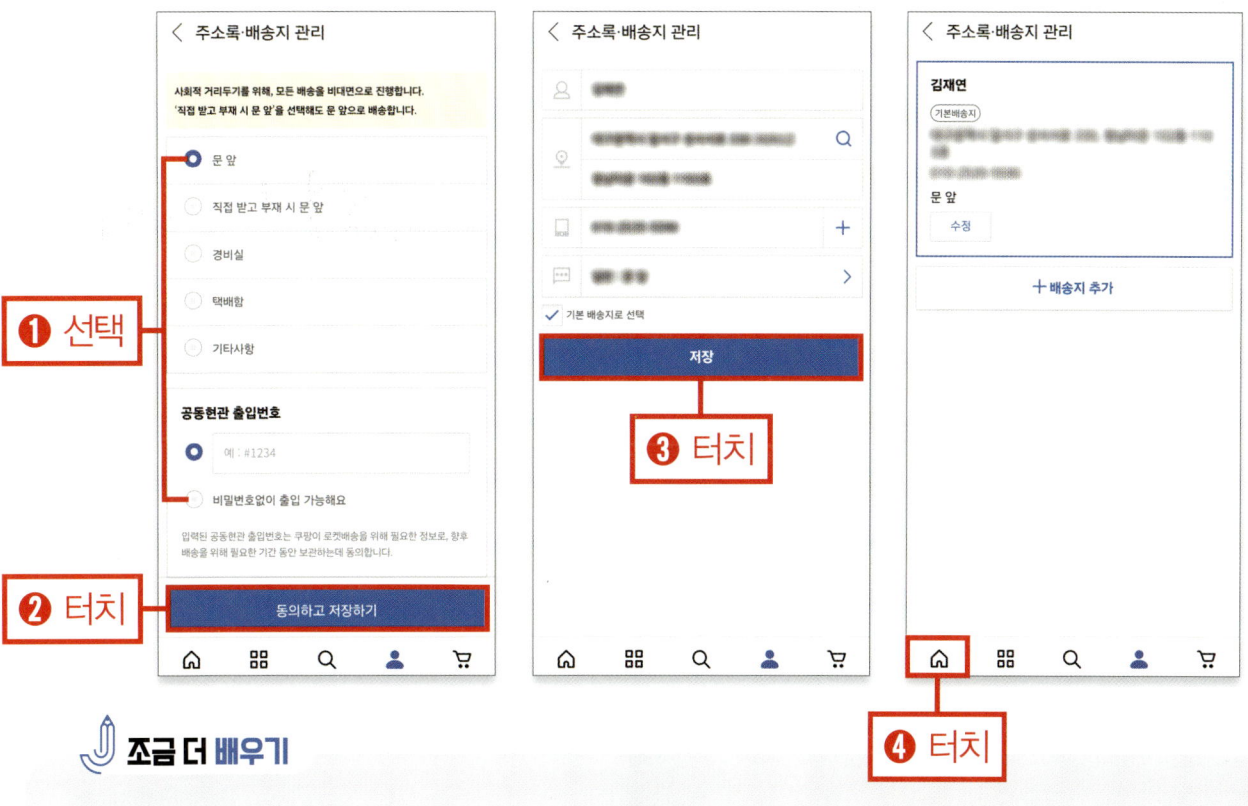

조금 더 배우기

다른 배송지가 있다면 미리 [+배송지 추가]로 등록합니다.

STEP 03 상품 검색하여 장바구니에 담기

01 쿠팡 화면에 [쿠팡에서 검색하세요!]를 터치하여 구매할 상품명을 입력한 후 해당하는 검색어가 있으면 터치합니다. 해당하는 상품을 터치한 후 [장바구니 담기]를 터치합니다.

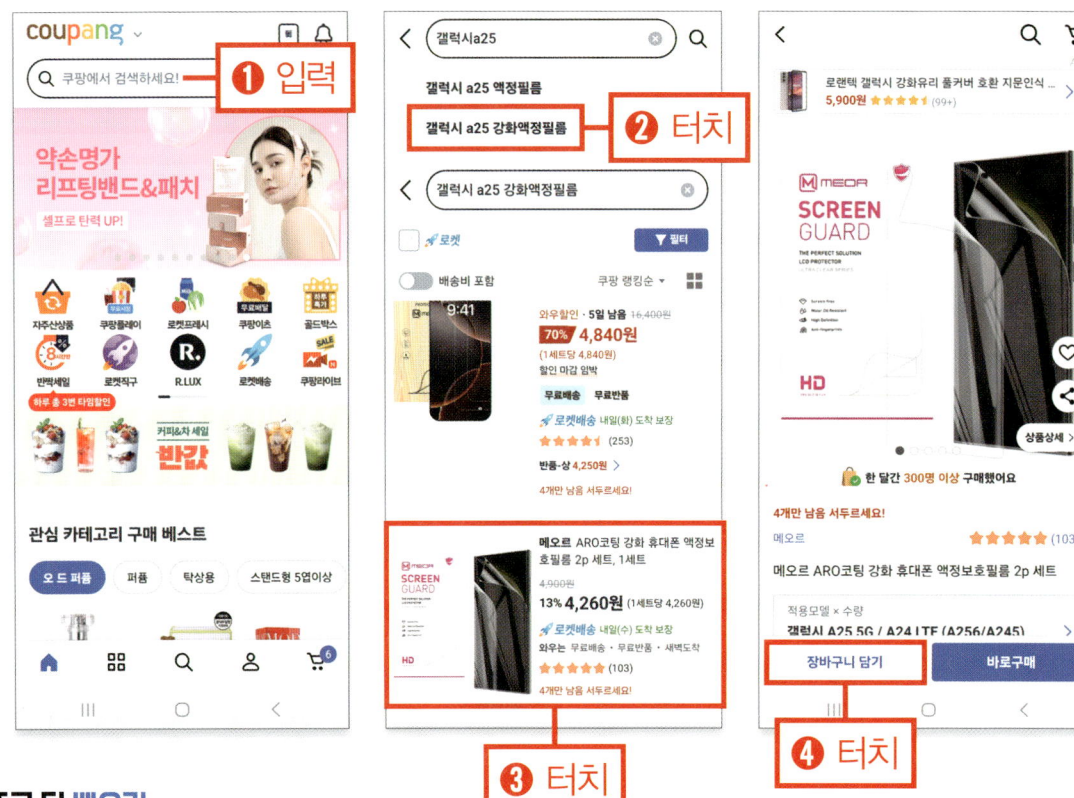

조금 더 배우기

구매할 상품명이 보이지 않으면 검색어를 모두 입력하고 [검색](🔍)을 터치합니다.

02 [내리기](∨)를 드래그합니다. [검색](🔍)을 터치하여 구매할 상품명을 입력하고 상품을 검색합니다. 구매할 상품의 [장바구니에 담기]를 터치합니다. [장바구니 가기]를 터치합니다.

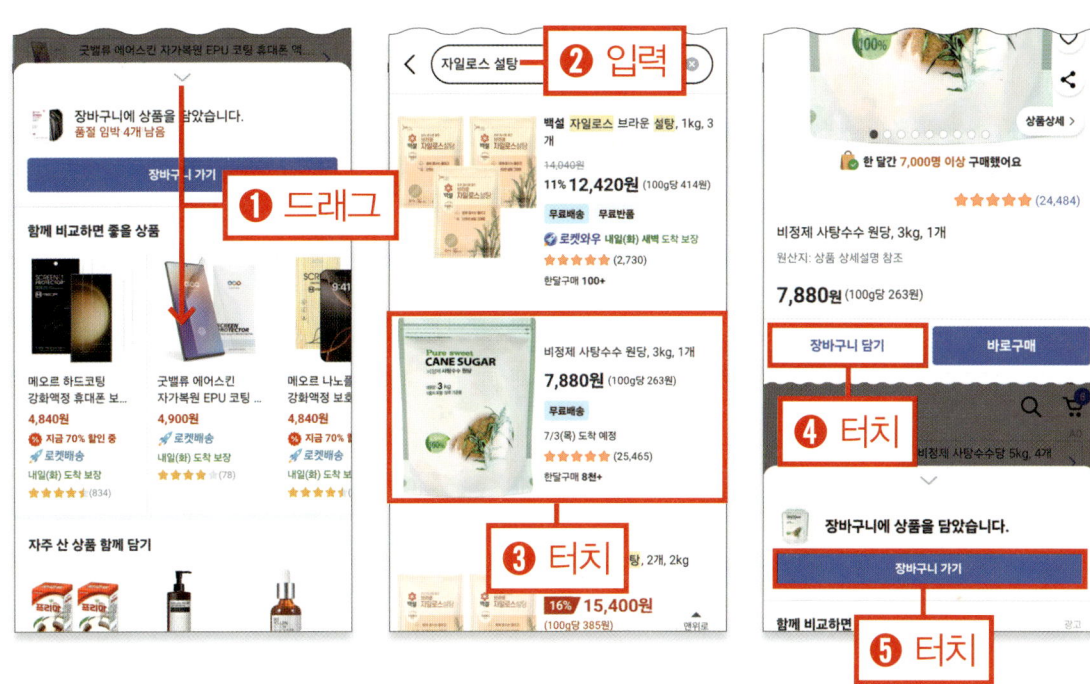

조금 더 배우기

쿠팡은 19,800원 이상만 주문하면 하루만에 무료로 배송해주는 로켓배송 서비스를 이용할 수 있습니다.

03 로켓배송 금액이 모자랍니다. 상품을 더 검색하기 위해 [뒤로](<)를 터치합니다. [검색](🔍)을 터치한 후 구매할 상품을 검색합니다. [장바구니에 담기]를 터치합니다.

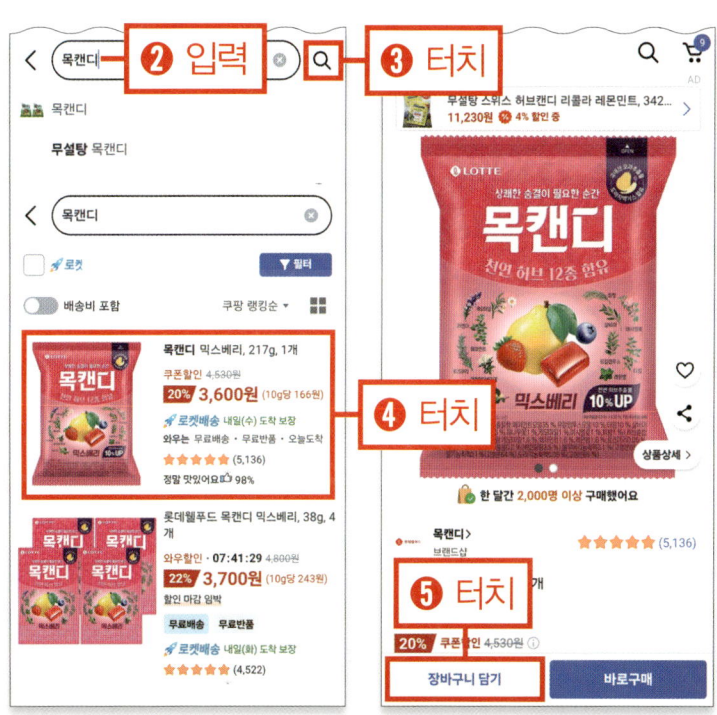

CHAPTER 10 쿠팡 로켓배송 주문하기 | **77**

STEP 04 장바구니에 담은 상품 구매, 결제하기

01 [장바구니 가기]를 터치합니다. [총 ○개 상품 구매하기]를 터치합니다. '배송지'를 확인하고 [결제수단]을 터치합니다.

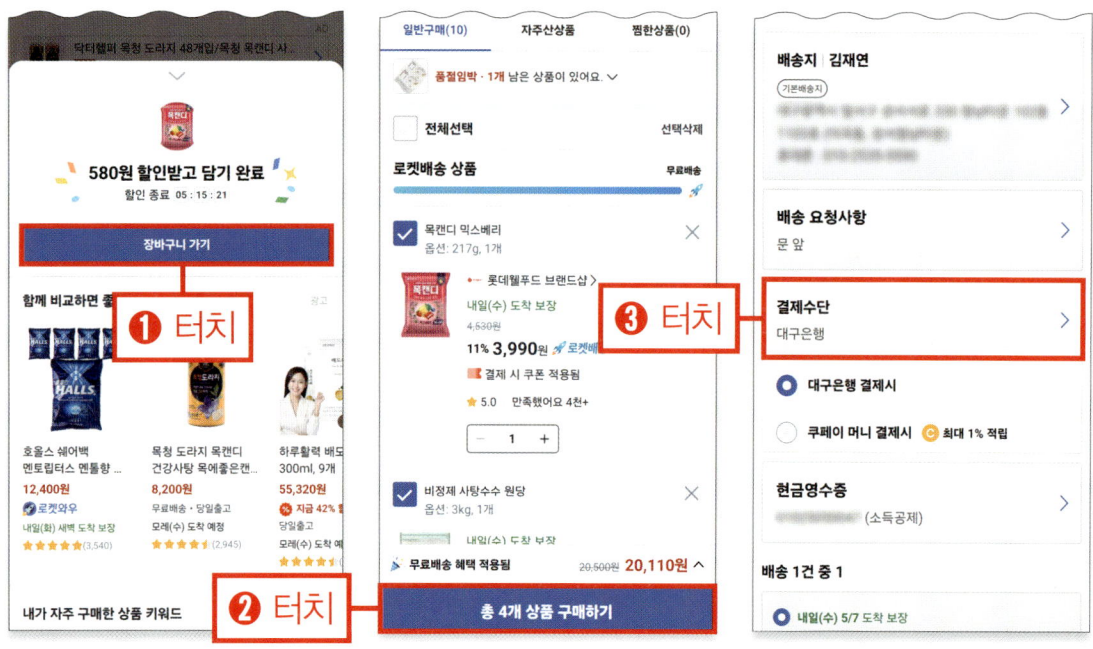

02 [계좌이체/무통장입금]을 선택하고 입금할 은행을 선택합니다. [선택완료]를 터치합니다. '주문/결제' 내용을 확인하고 [결제하기]를 터치합니다.

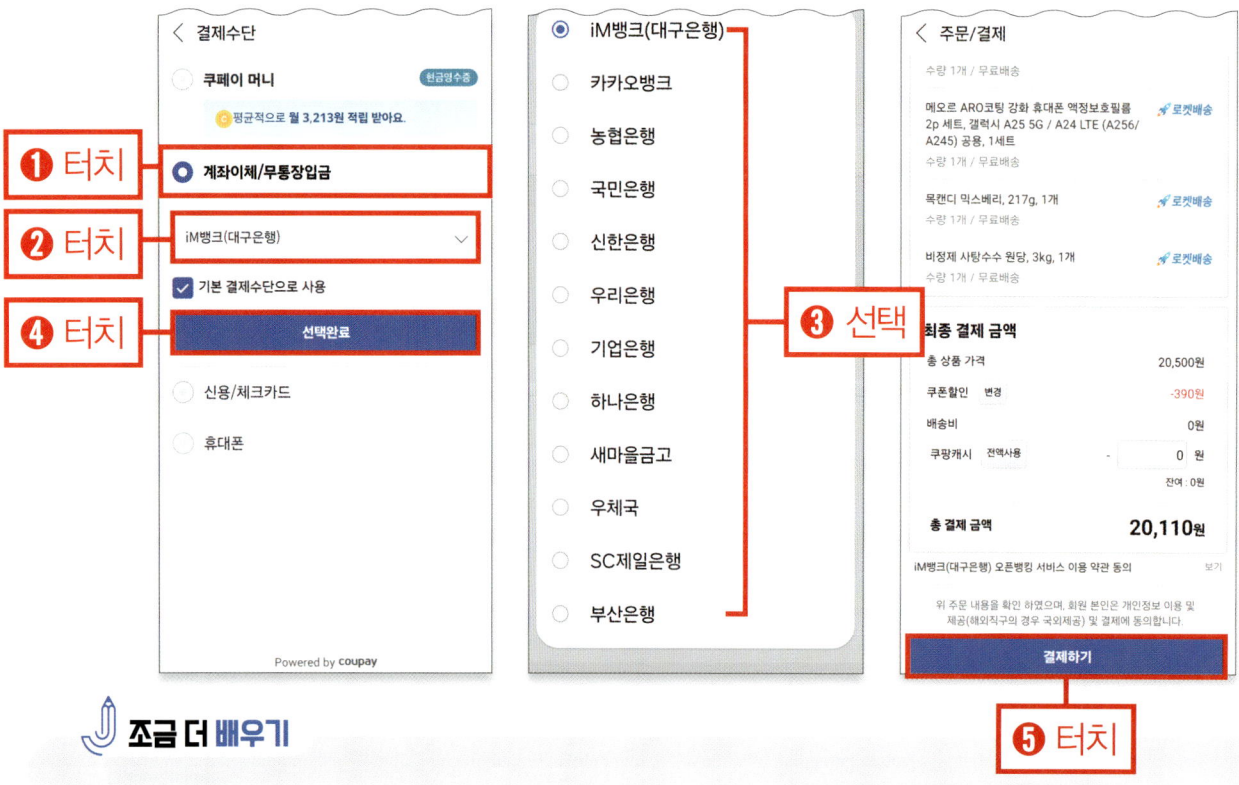

조금 더 배우기

다른 결제수단을 이용해도 됩니다. 쿠팡에서는 'LG U+' 휴대폰 소액결제를 지원하지 않습니다.

03 [무통장입금(가상계좌)으로 결제]를 터치합니다. [무통장입금]을 터치합니다. '주문 완료' 화면에 입금 계좌번호와 금액을 확인합니다.

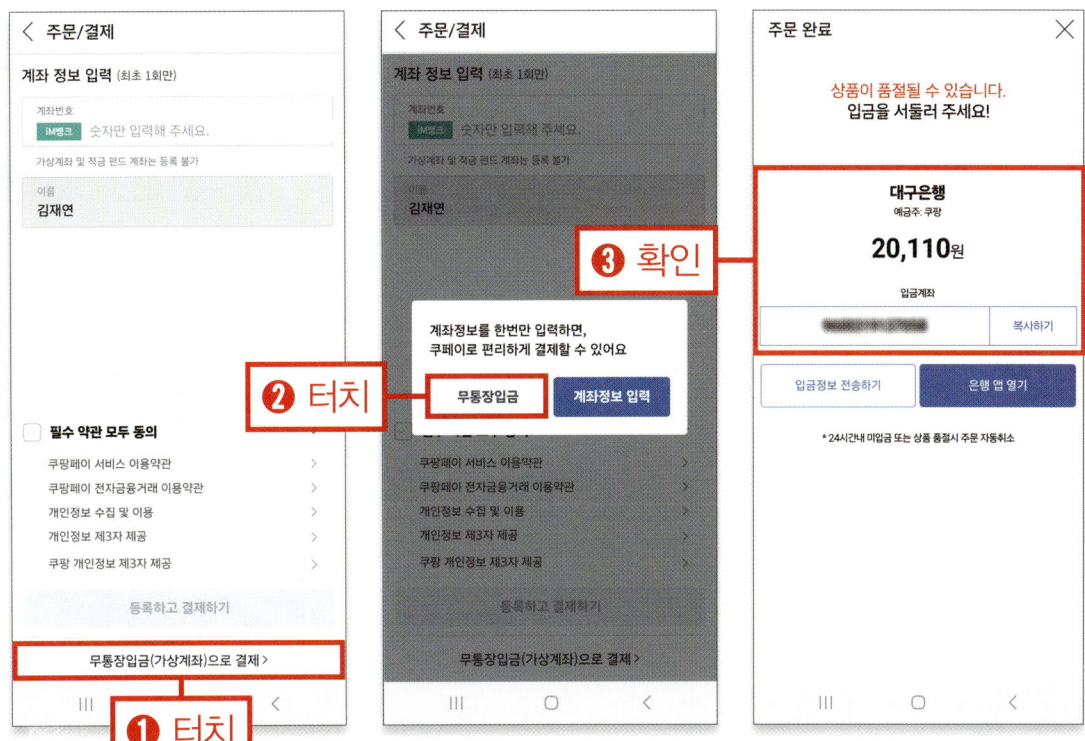

입금계좌의 [복사하기]를 터치하여 [카카오페이] 또는 본인이 사용하는 [은행] 앱 등에 바로 이용할 수 있습니다.

04 주문 건에 대한 문자가 전달됩니다. 문자에 입금계좌와 금액이 표시됩니다. 배송이 완료되면 문자로 알림이 옵니다. 배송상태를 알고 싶다면 쿠팡 화면에 [알림](🔔)을 터치합니다.

조금 더 배우기

쿠팡의 다양한 배송 서비스에 대해 알아봅니다.

서비스명	특징	배송대상	배송시간/기간	비고
로켓배송	쿠팡 대표배송, 직접 물류센터 관리	대부분 상품	주문 다음날까지	와우회원 무료, 비회원 19,800원 이상 무료
로켓와우배송	와우회원 전용, 모든 프리미엄배송 포함	로켓배송, 로켓프레시, 로켓직구 등	상품별 상이	월회비(7,890원)
로켓프레시 (새벽배송)	신선·냉장·냉동식품 새벽배송	식품, 생활용품	전날 밤 주문 → 다음날 오전 7시 전 도착	수도권/대도시 중심
당일배송	빠른 당일 저녁배송	일부 로켓상품	오전 주문 → 당일 밤 배송	지역/상품 제한
로켓직구	해외상품 빠른배송, 관부가세 포함	해외직구 상품	3~5일 내	쿠팡 직접 구매·검수·배송
마켓플레이스 배송 (일반배송)	판매자 개별발송	로켓배송 아닌 모든 상품	판매자별 상이	배송기간 상이, 로켓배송 아님

CHAPTER 11 | 로켓와우 및 로켓직구로 주문하기

> **POINT**
>
> 쿠팡의 다양한 배송 서비스 중 하나인 로켓와우 배송은 와우회원 전용으로 로켓배송, 로켓프레시(새벽배송), 로켓직구 등을 무료 또는 할인된 가격으로 이용할 수 있습니다. 여기서는 로켓와우와 로켓직구로 주문해 봅니다.

▌ 완성 화면 미리 보기

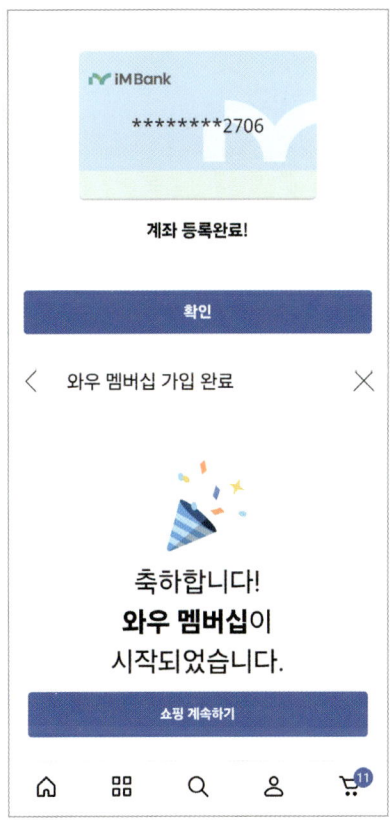
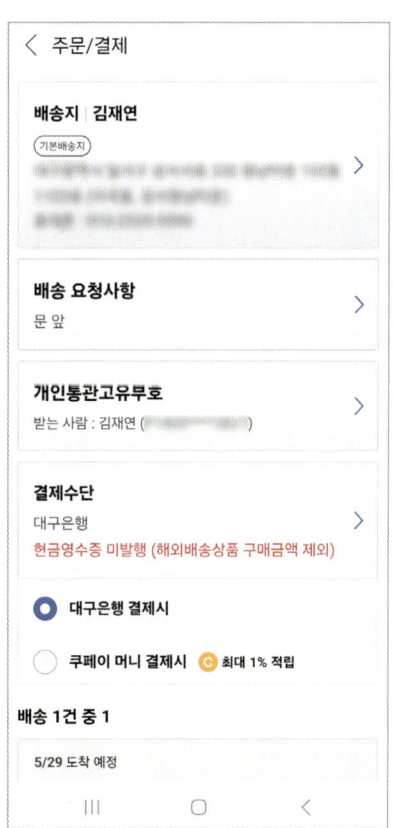

▌ 여기서 배워요!

구매 금액에 관계 없는 로켓와우 사용하기 / 외국에 있는 상품 로켓직구로 주문하기

STEP 01 구매 금액에 관계 없는 로켓와우 사용하기

■ 쿠팡 와우 멤버십 가입하기

01 [프로필]()을 터치하여 [와우 멤버십으로 혜택받기]를 터치합니다. [결제하고 시작하기]를 터치합니다.

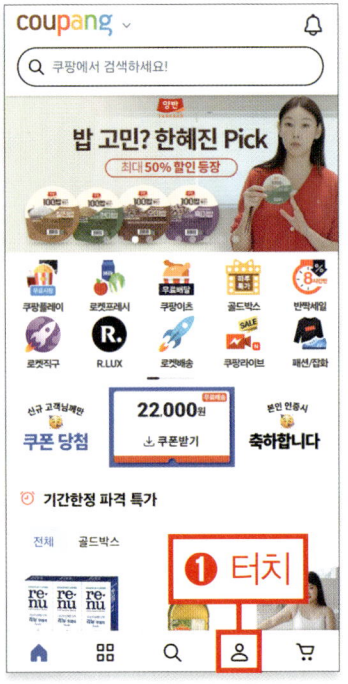

조금 더 배우기

[설정](⚙️)-[와우 멤버십]-[와우 멤버십 신청하기]를 터치하여 가입할 수도 있습니다.

02 '와우 멤버십 신청' 화면의 내용을 차례대로 터치하고 [결제정보 등록하기]를 터치합니다. '결제수단 선택'에서 [은행계좌]를 터치합니다. '본인인증' 화면에 정보를 입력합니다. [휴대폰인증을 위한 약관 동의]를 선택하고 [인증요청]을 터치합니다.

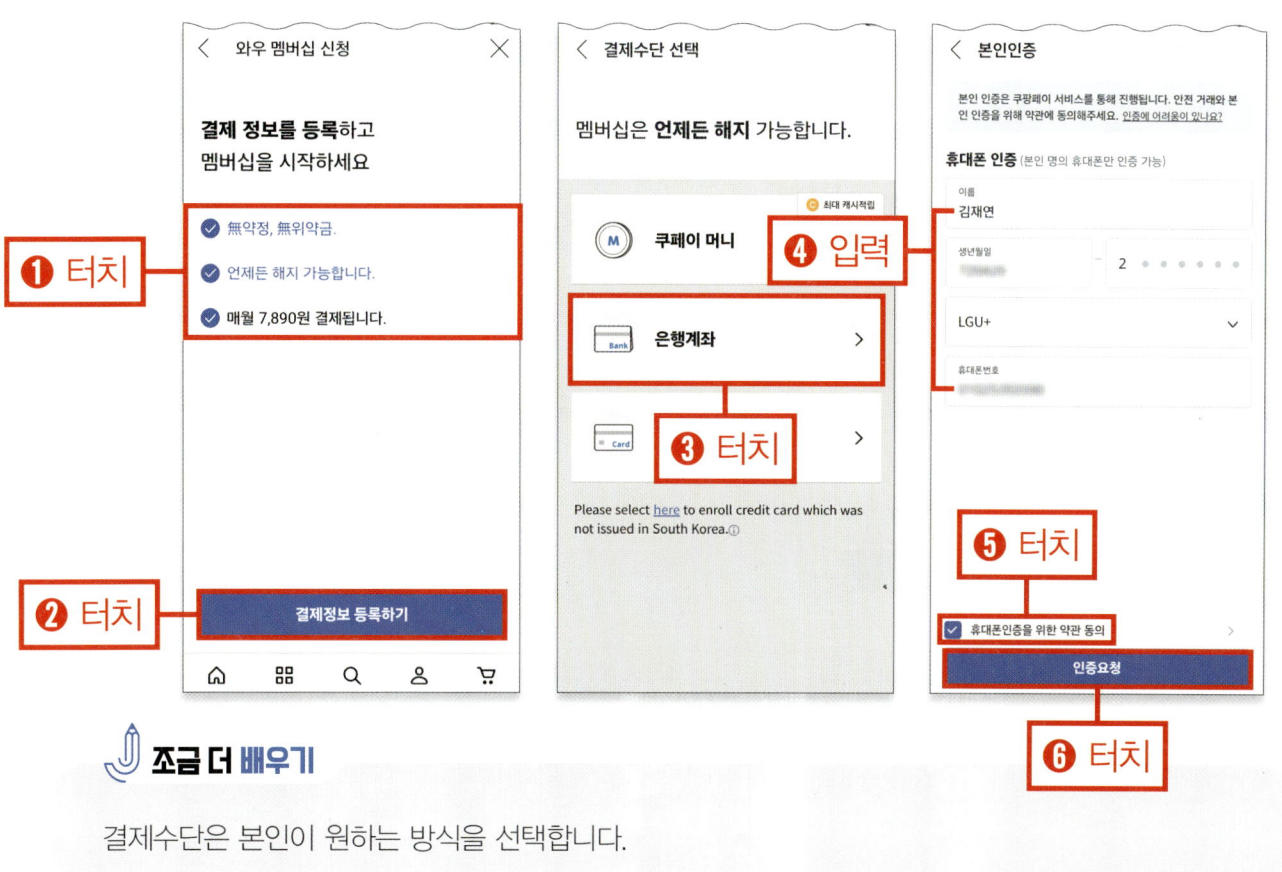

조금 더 배우기

결제수단은 본인이 원하는 방식을 선택합니다.

03 '인증번호를 발송하였습니다.' 메시지에 [확인]을 터치하고 '인증번호'를 입력합니다. [인증하기]를 터치합니다. 은행을 선택합니다.

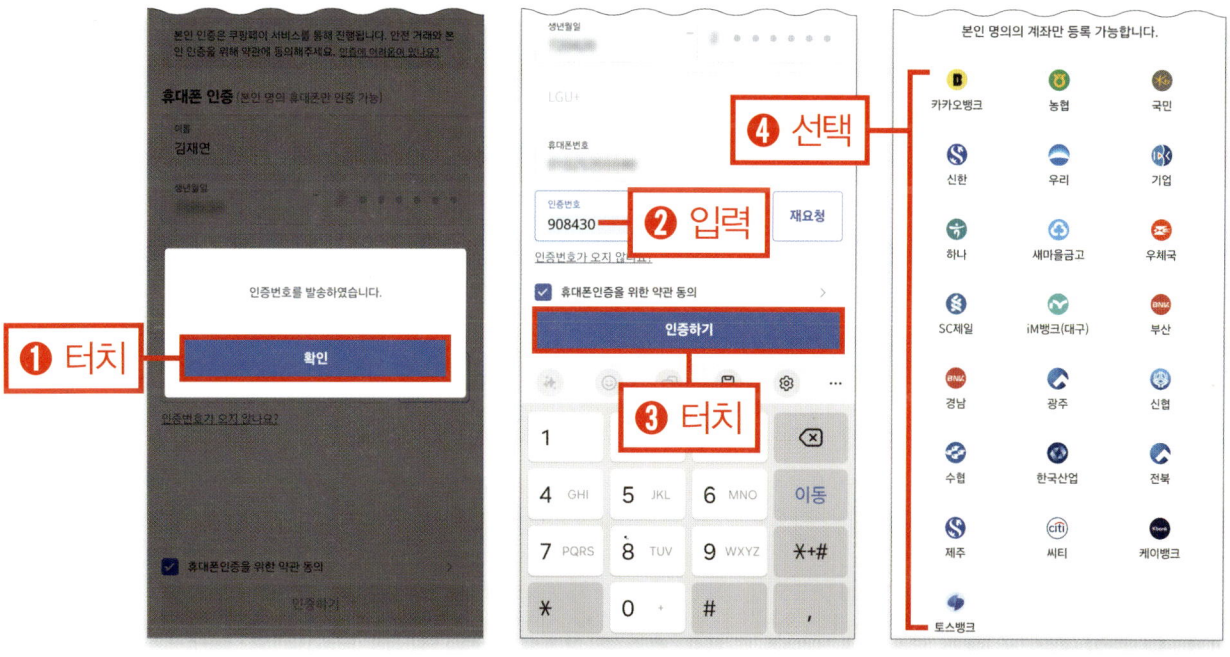

04 '계좌번호'를 입력합니다. '본인 계좌 확인'을 위해 쿠팡에서 1원을 보냅니다. 자신의 계좌에서 입금된 내역을 확인한 후 '글자(예:부산인상)'를 입력합니다. [확인]을 터치합니다.

조금 더 배우기

해당하는 은행 앱 또는 기타 계좌와 연결된 서비스를 이용합니다.

05 'ARS 인증'을 위한 정보를 입력하고 [ARS 인증 전화 받기]를 터치합니다. [통화](📞)를 터치합니다. '생년월일 6자리'를 입력하고 통화가 종료되면 [인증 완료]를 터치합니다.

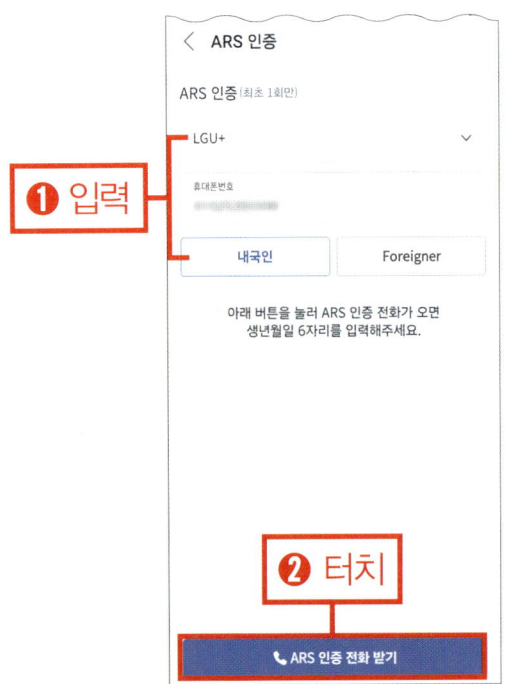

■ 상품 검색하여 구매하기

01 '등록완료' 메시지에 [확인]을 터치합니다. 와우 멤버십에 가입이 완료되었습니다. [쇼핑 계속하기]를 터치한 후 구매할 상품을 검색합니다. [바로구매]를 터치합니다. [결제수단]을 터치합니다.

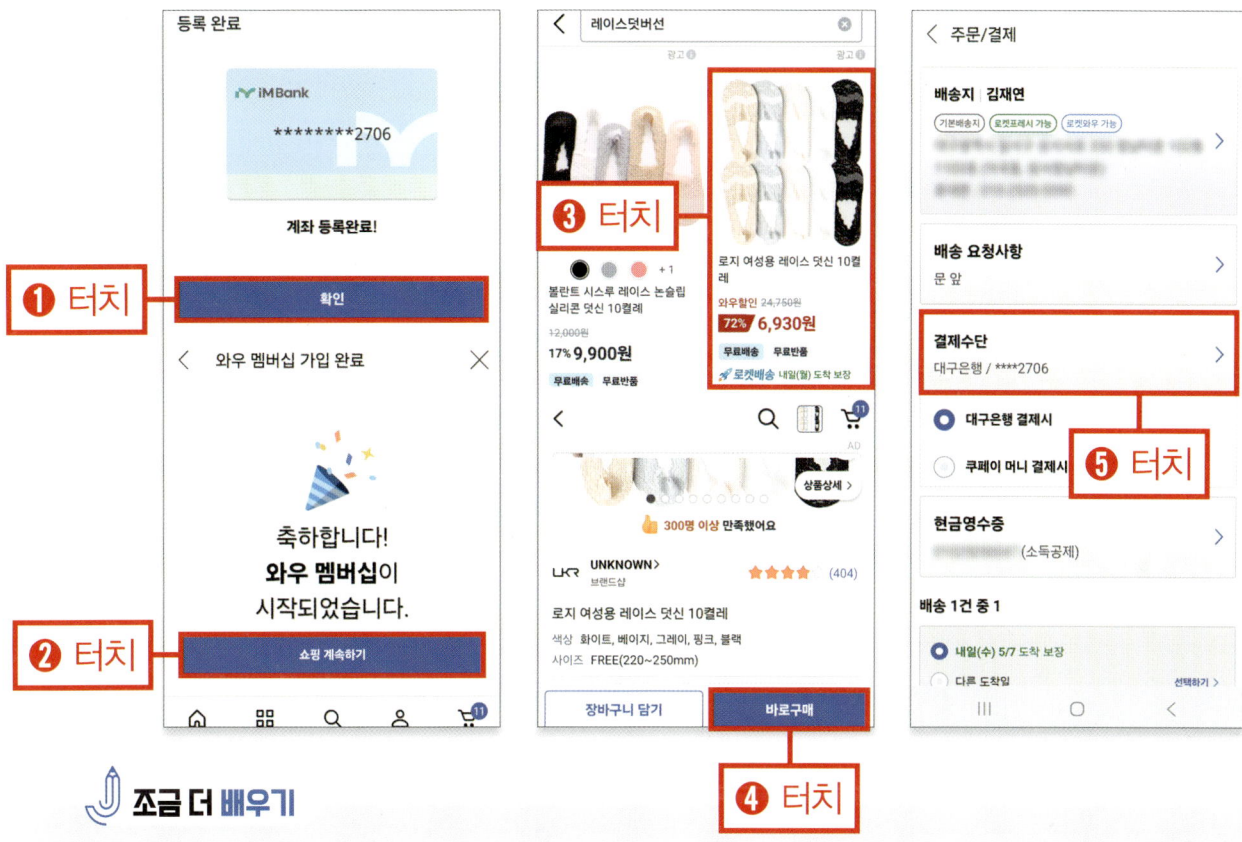

조금 더 배우기

로켓와우는 금액과 관계없이 무료 배송됩니다.

■ 휴대폰 소액결제 사용 등록하기

01 '결제수단'에서 [휴대폰]을 터치한 후 해당하는 [통신사(예:SKT)]를 선택하고 [선택완료]를 터치합니다. '휴대폰 결제 정보 입력' 화면에서 해당하는 내용을 입력하고 [승인번호 요청]을 터치합니다. '소액결제 이용 동의를 하지 않은 번호입니다.' 메시지에 [확인]을 터치합니다.

조금 더 배우기

휴대폰 소액 결제 사용자는 이 화면이 나타나지 않습니다. 첫 사용자를 위한 화면입니다.

02 '휴대폰결제 이용동의' 화면에서 [다음]을 터치합니다. 문자의 [모두 보기]를 터치한 후 아래쪽의 [▶T world 바로가기]의 [URL]을 터치합니다. '보안 위협 경고' 메시지의 [확인]을 터치합니다.

조금 더 배우기

'https://'로 시작하는 인터넷 주소 링크는 꼭 필요할 때 인증된 경우만 터치합니다.

03 'T world 접근 권한 안내' 화면에서 [다음]을 터치합니다. '전화 허용'과 '알림 허용' 메시지에 각각 [허용]을 터치합니다. 'T ID' 또는 '휴대폰인증'으로 로그인을 합니다.

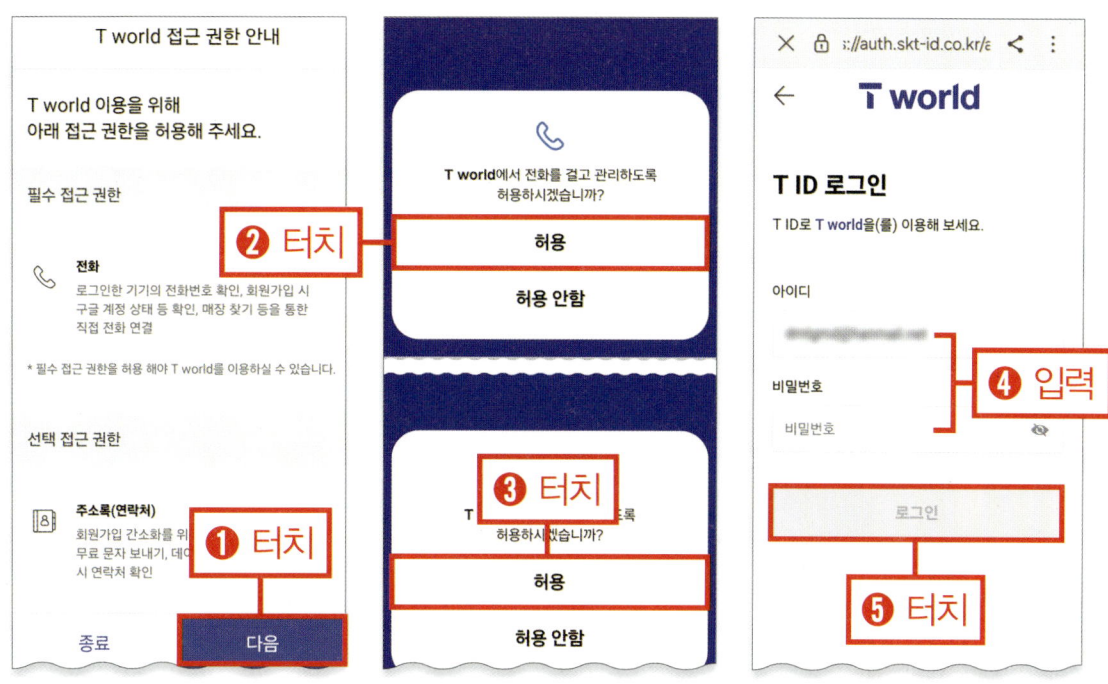

04 '휴대폰결제 이용동의' 화면에서 [가입]을 터치합니다. '휴대폰결제 이용동의 상품 신청' 화면의 내용을 확인하고 [통신과금서비스 이용약관(필수)]를 터치합니다. [가입하기]를 터치합니다. '상품 가입' 메시지에서 [가입하기]를 터치합니다.

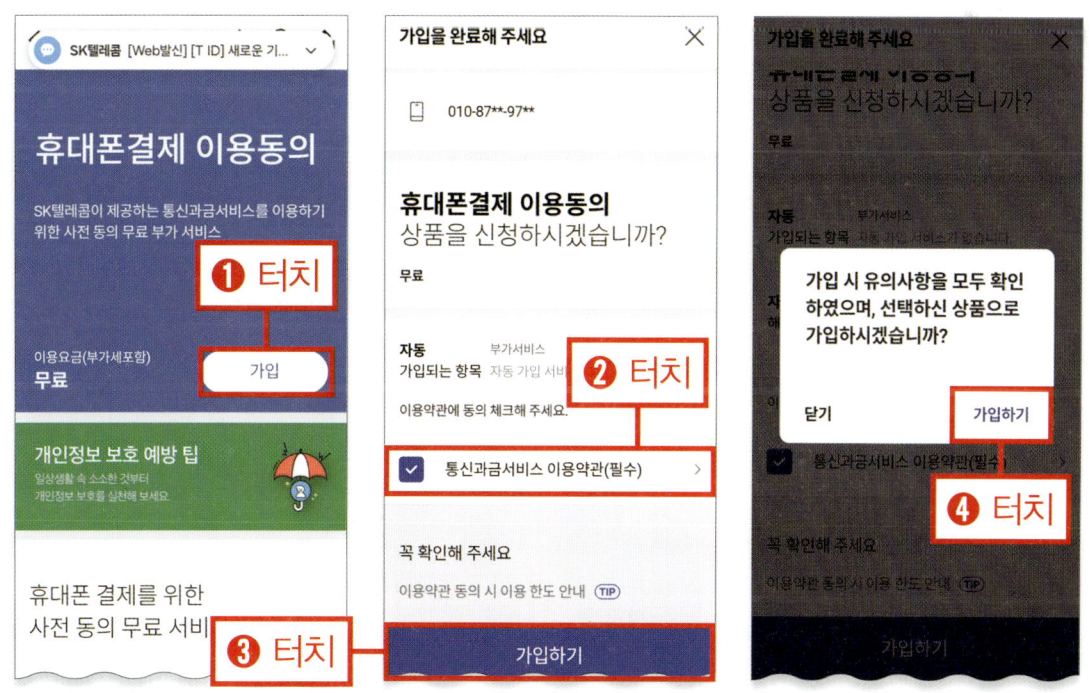

조금 더 배우기

휴대폰 소액결제 서비스는 무료이며, 기본 사용할 수 있는 한도는 통신사마다 차이가 있습니다.

05 '휴대폰 인증번호 요청'에서 [인증번호 요청하기]를 터치합니다. 인증번호를 입력하고 [인증하기]를 터치합니다. '부가서비스 가입 완료' 화면에서 [확인]을 터치합니다. 스마트폰의 [뒤로]([<])를 터치합니다.

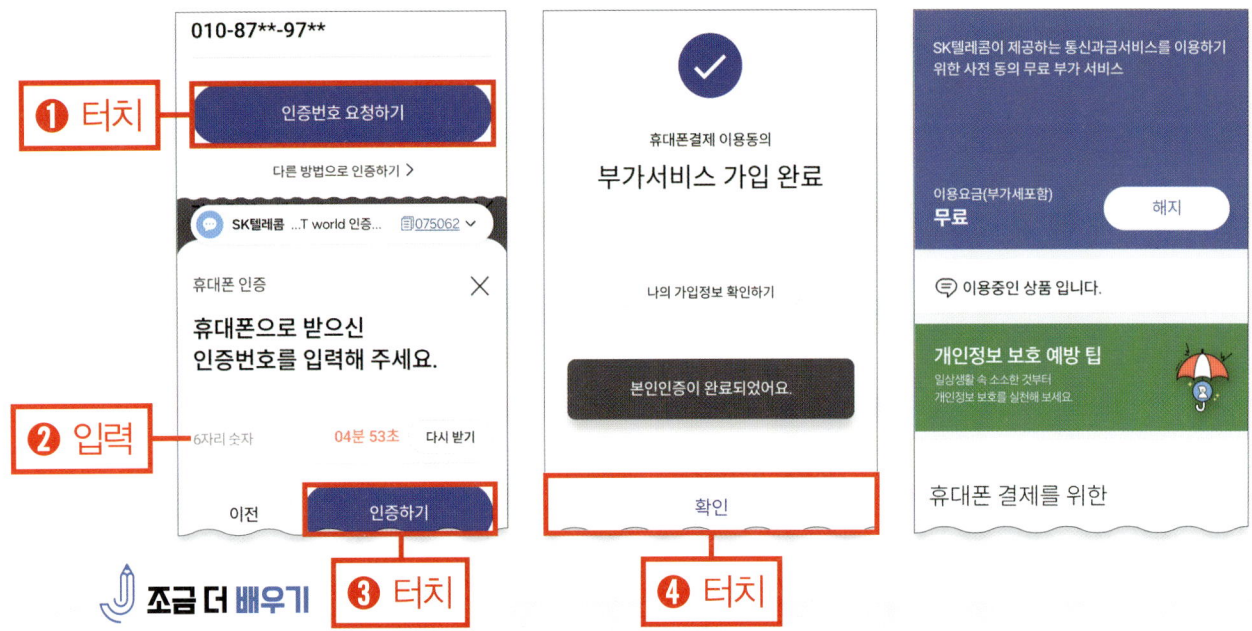

휴대폰은 본인을 인증하는 수단으로도 많이 이용됩니다.

■ 상품 결제하기

01 '주문/결제' 화면이 나타납니다. 문자 메시지의 '인증번호'를 확인합니다. 인증번호를 입력한 후 [결제하기]를 터치합니다. 주문이 완료되었습니다.

인증번호가 도착하지 않으면 인증번호 [재요청]을 터치합니다. 인증번호가 도착하는 데에는 몇 초의 시간이 소요됩니다.

> **STEP 02** 외국에 있는 상품 로켓 직구로 주문하기

■ 상품 검색하여 구매하기

01 쿠팡 화면에서 [쿠팡에서 검색하세요!]를 터치하여 구매할 상품명을 입력하여 검색합니다. 구매할 상품을 터치한 후 [바로구매]를 터치합니다.

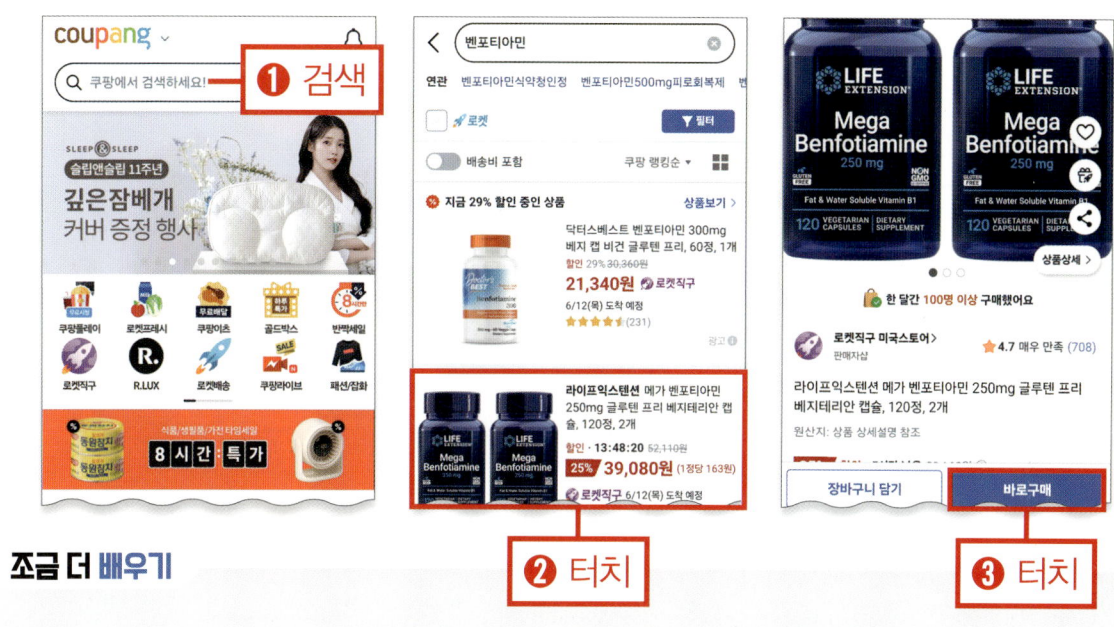

조금 더 배우기

로켓직구 이용 시 무료 배송 여부를 꼼꼼하게 확인하고 [바로구매]를 이용합니다.

■ 개인통관고유부호 등록하기

01 '주문/결제' 화면에서 [개인통관고유부호]를 터치합니다. [동의하고 조회하기]를 터치합니다. 조회된 결과가 입력되고 [등록하기]를 터치합니다.

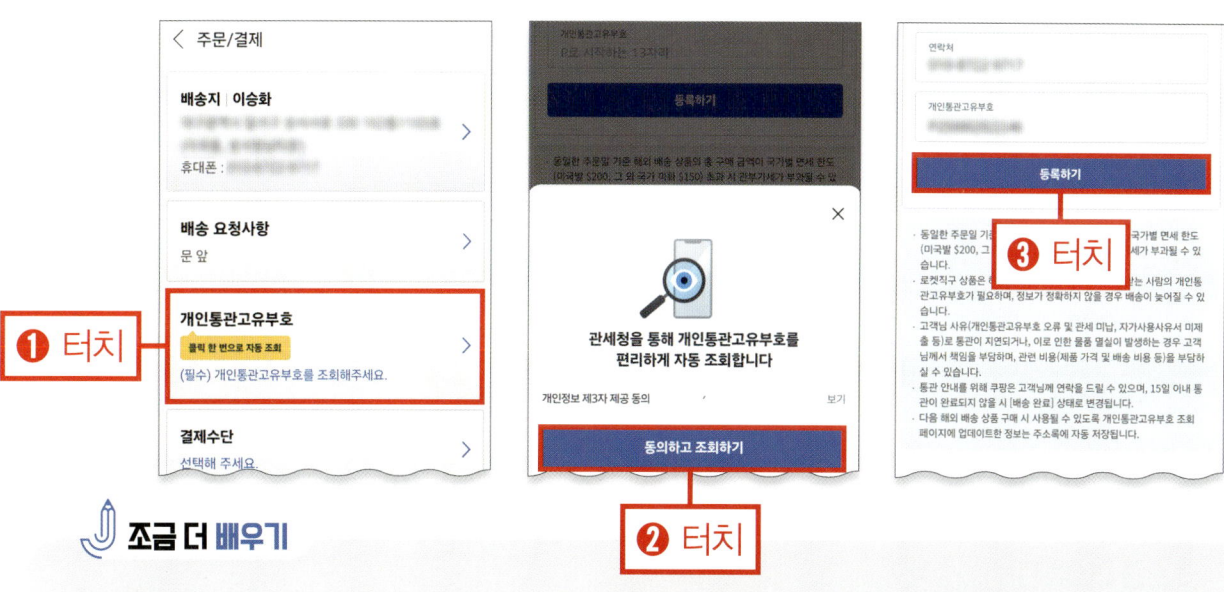

조금 더 배우기

'개인통관고유부호'란 관세청에서 개인의 해외 직구 및 수입 통관 시 주민등록번호를 대신하여 개인을 식별하기 위해 발급하는 고유한 번호입니다.

 **조금 더 배우기**

개인통관고유부호가 없다면 이렇게 발급받으세요!

1. 네이버 앱에서 '개인통관고유번호'를 입력하여 검색합니다. [국가관세종합정보시스템 서비스(유니패스)]를 터치합니다.
2. [신규발급]을 터치합니다. 간편 본인인증 서비스에서 '휴대폰인증' 또는 '간편인증'을 선택합니다. 나머지 사항들을 입력하고 [실명인증]을 터치합니다.
3. 본인인증을 완료합니다. 개인통관고유부호가 발급됩니다.

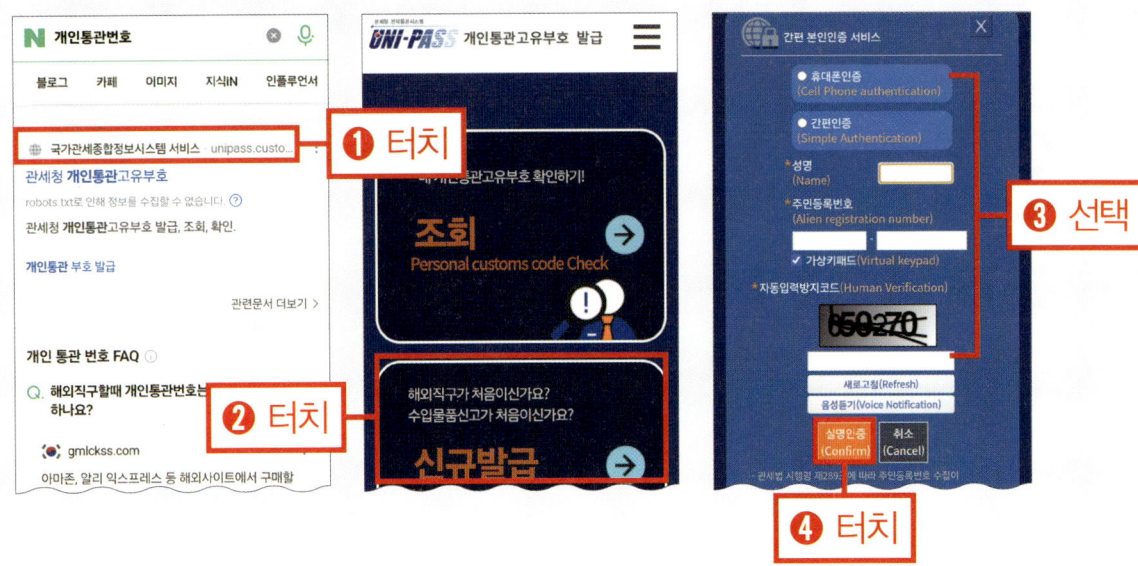

■ 상품 결제하기

01 입력된 개인통관고유부호를 확인합니다. [결제수단]을 터치한 후 [휴대폰]을 선택합니다. 해당하는 통신사를 선택하고 [선택완료]를 터치합니다. [결제하기]를 터치합니다.

 **조금 더 배우기**

결제수단은 다른 방법을 사용해도 됩니다.

02

'휴대폰 결제 정보 입력' 화면에서 해당하는 내용을 입력하고 [승인번호 요청]을 터치합니다. 문자의 승인번호를 입력하고 [결제하기]를 터치합니다. 주문이 완료되었습니다.

조금 더 배우기

여기서는 휴대폰 소액결제 인증방식을 [일반결제]로 진행하였습니다. [소액결제비밀번호]를 등록하면 간단하게 인증할 수 있습니다.

조금 더 배우기

쿠팡 로켓직구 배송 기간은 상품 발송 국가 및 통관 상황에 따라 다르지만, 일반적으로 미국, 일본, 유럽 직구 상품은 5일 이내, 중국 직구 상품은 3일 이내에 도착하는 경우가 많습니다. 통관 과정에 따라 배송 기간이 지연될 수 있습니다.

CHAPTER 12

우리 동네 중고거래, 당근마켓 사용하기

POINT

당근마켓은 내 주변 이웃들과 직접 물건을 사고팔 수 있는 지역 기반 중고거래 앱입니다. 당근마켓을 설치하고, 상품 등록, 채팅, 거래 방법 등을 익혀보며 안전하고 편리한 중고거래 방법을 배워봅니다.

▌완성 화면 미리 보기

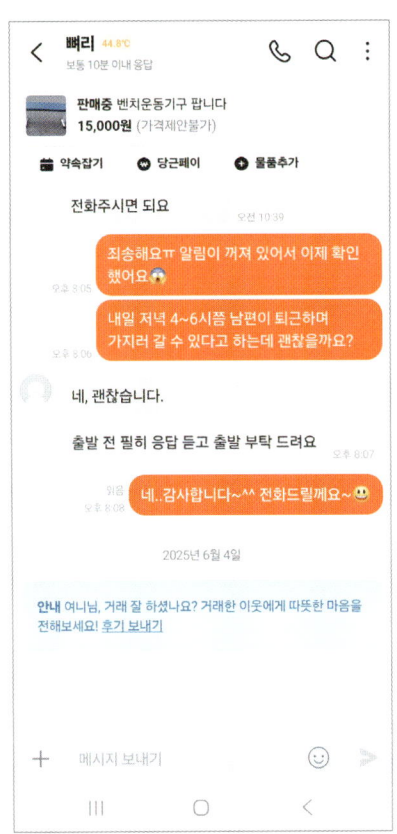

▌여기서 배워요!

당근마켓 앱 설치하기 / 내 위치 및 정보 등록하기 / 내 물건 판매하기 / 물건 구매하기

STEP 01 당근마켓 앱 설치하기

01 [Play 스토어] 앱을 실행합니다. [검색]을 터치한 다음 검색란에 '당근마켓'을 입력하여 검색한 후 [설치]를 터치합니다. 설치가 완료되면 [열기]를 터치합니다.

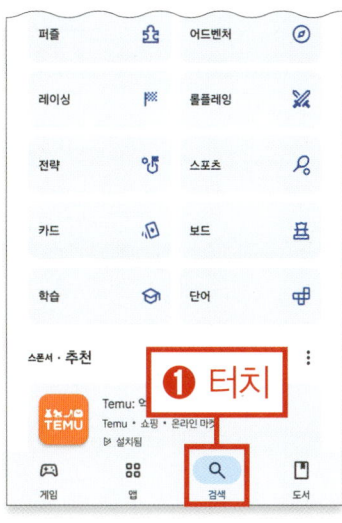  

STEP 02 내 위치 및 정보 등록하기

01 나의 위치를 등록하기 위해 [시작하기]를 터치합니다. '위치 정보 액세스' 메시지에서 [앱 사용중에만 허용]을 터치합니다. 해당하는 본인 동네(예:대구 달서구 이곡2동)를 터치합니다.

조금 더 배우기

내 동네 이름을 '읍,면,동'으로 직접 입력하여 검색해도 됩니다.

02 [30초 만에 인증하기]를 터치합니다. '전화 접근 허용' 메시지에 '허용'을 터치합니다. '휴대폰 정보 입력' 화면에 휴대폰 번호를 입력하고 [다음]을 터치합니다.

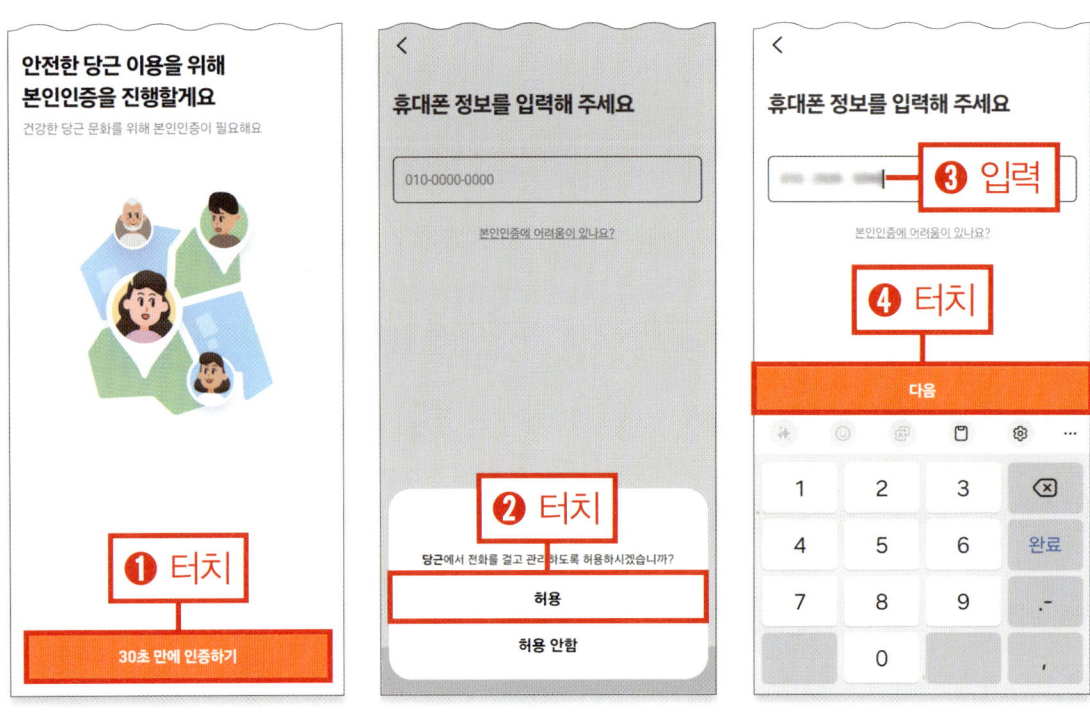

03 [통신사 선택]을 터치한 후 자신의 통신사를 선택합니다. '이름'을 입력하고 [다음]을 터치합니다. '생년월일/성별'을 입력하면 '당근 이용을 위해 동의가 필요해요' 메시지가 나타납니다. [필수] 항목만 선택하고 [확인]을 터치합니다.

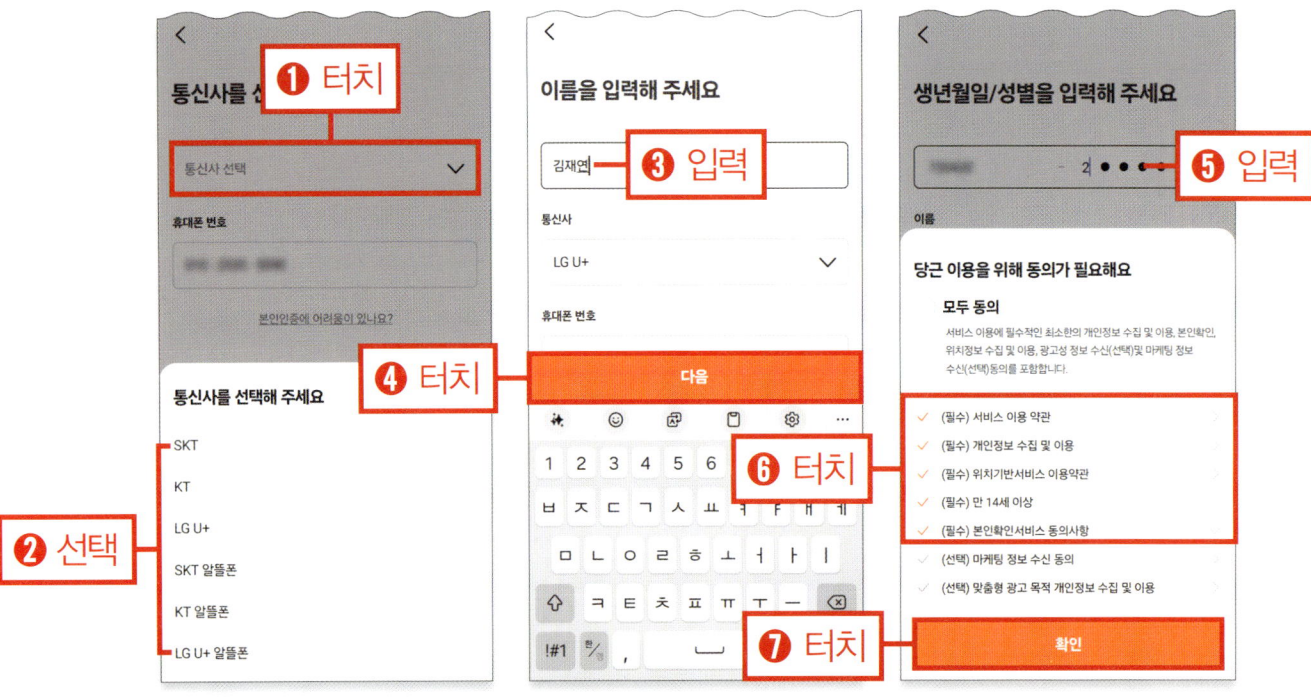

04 문자로 온 인증번호를 입력하고 [확인]을 터치합니다. 프로필에 사용할 닉네임(이름)을 입력한 후 [가입 완료]를 터치합니다. '맞춤형 광고 제공' 메시지를 [닫기](X)합니다.

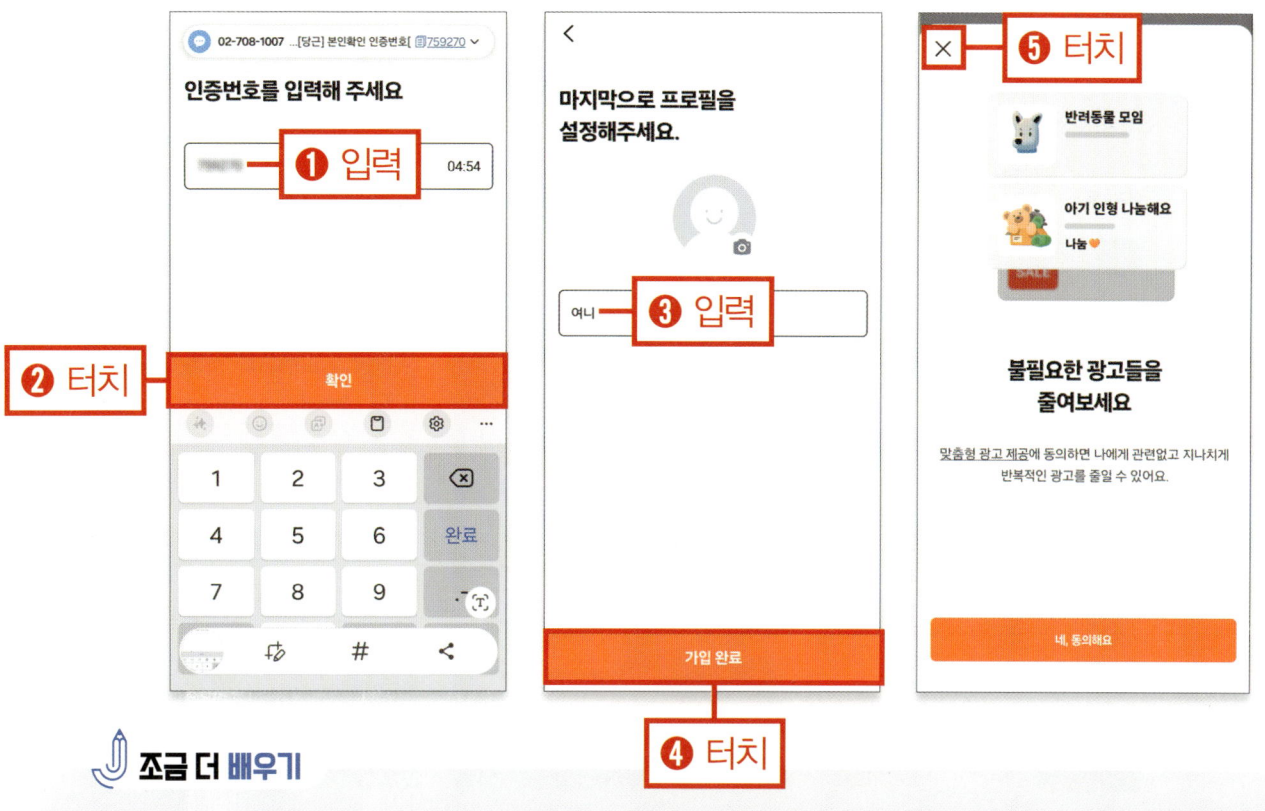

조금 더 배우기

불필요한 광고들을 줄이기 위해 [네, 동의해요]를 터치해도 됩니다.

STEP 03 내 물건 판매하기

01 동네가 설정되고 주변 중고 거래 내용들이 보입니다. [+글쓰기]를 터치합니다. [내 물건 팔기]를 터치합니다. '동네인증' 메시지에서 [동네인증하기]를 터치합니다.

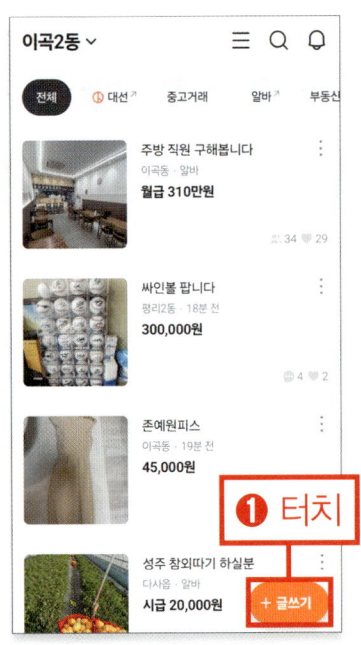
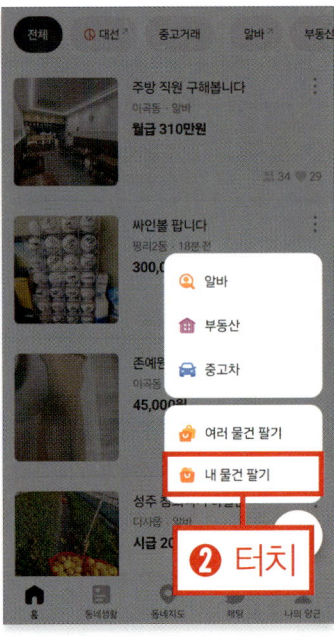
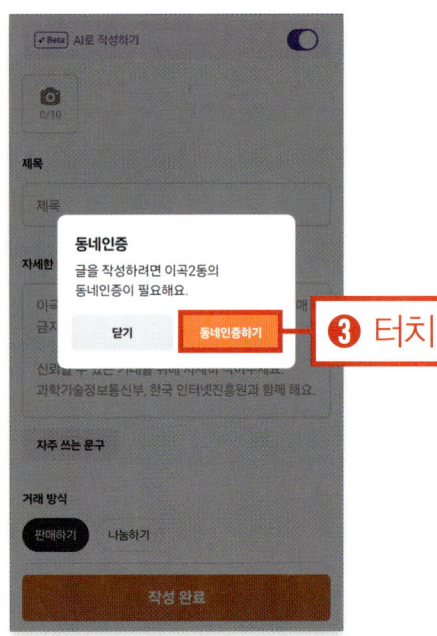

조금 더 배우기

내 동네 등록은 2군데까지 가능합니다.

1. [내 동네(예:이곡2동)]를 터치하거나 [나의 당근]-[내 동네 설정]을 터치합니다.
2. 가까운 동네 → 먼 동네의 ()을 선택하면 동네 범위가 넓어집니다.
   (보여지는 게시글의 범위 또한 함께 넓어지며, 판매와 구매 활동이 모두 해당합니다.)
3. [추가](+)를 터치하여 동네를 추가할 수 있습니다.

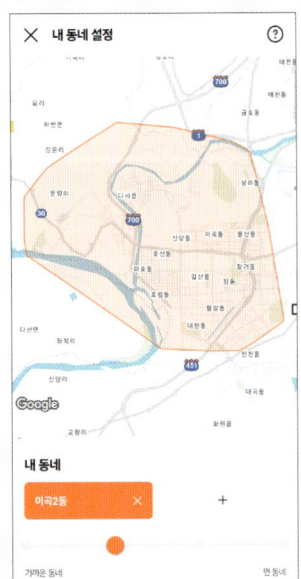
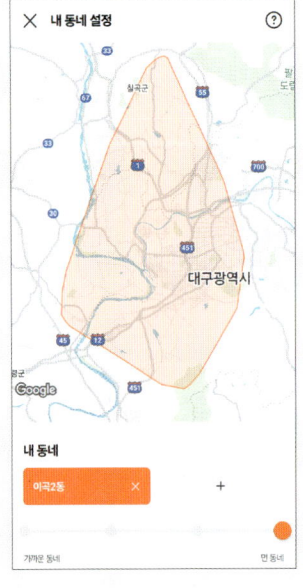
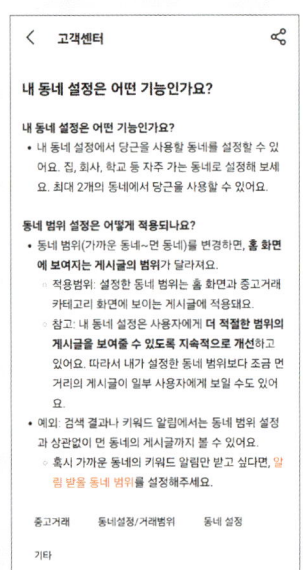

02

판매할 상품 사진을 선택하고 [완료]를 터치합니다. '어떤 물건을 판매하나요?' 화면에 [AI 작성 시작하기]를 터치합니다. 작성된 내용에 수정사항이 있으면 수정한 후 [작성 완료]를 터치합니다.

조금 더 배우기

사진은 다양한 각도로 여러 장을 등록하면 구매자들에게 도움이 됩니다. 글쓰기를 직접 입력해도 됩니다.

03 거래할 장소를 선택하고 [선택 완료]를 터치합니다. 장소를 입력하고 [거래 장소 등록]을 터치합니다. 판매할 상품이 등록되었습니다.

 조금 더 배우기

내가 올린 판매 게시글 관리 이렇게 합니다.

1. [나의 당근]-[판매내역]을 차례대로 터치합니다.
2. [더보기](...)를 터치하여 해당하는 메뉴를 터치합니다.

 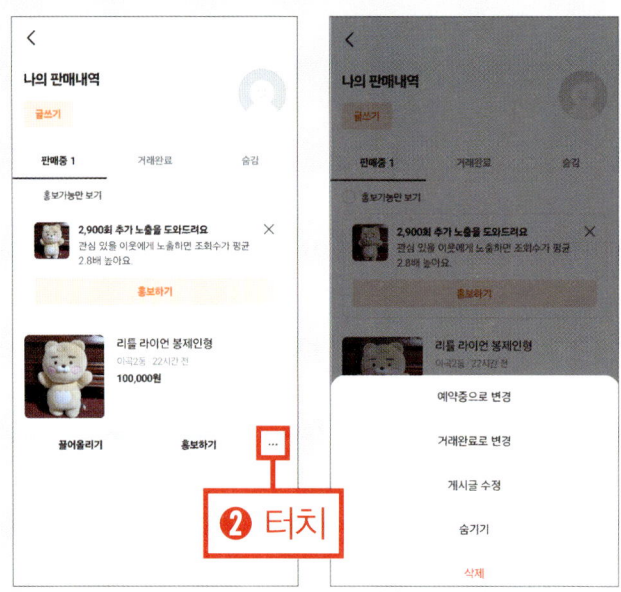

STEP 04 물건 구매하기

01 당근 마켓 홈 화면 상단의 [검색](🔍)을 터치합니다. 구매하고 싶은 상품명을 입력한 후 목록을 살펴봅니다. 구매하고 싶은 상품을 터치합니다. [채팅하기]를 터치합니다.

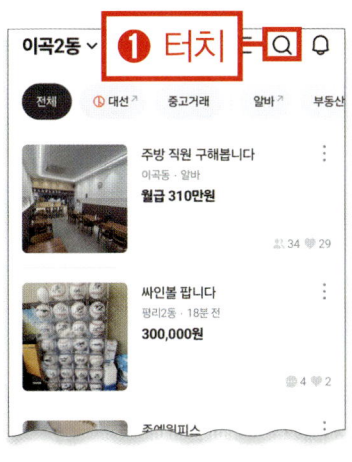  

조금 더 배우기

지금 마음에 드는 물건이 없다면 '알림 받기'를 등록하여 새로운 글이 올라오는 소식을 빠르게 받을 수 있습니다.

02 '구매가능 여부' 및 '기타 궁금한 사항'을 문의합니다. '거래장소' 및 '시간'을 약속합니다. 거래가 완료되었습니다. 거래선호도를 체크합니다.

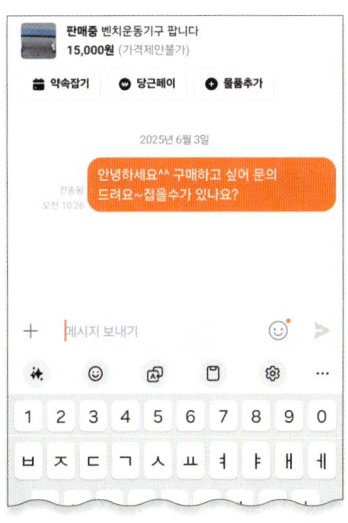 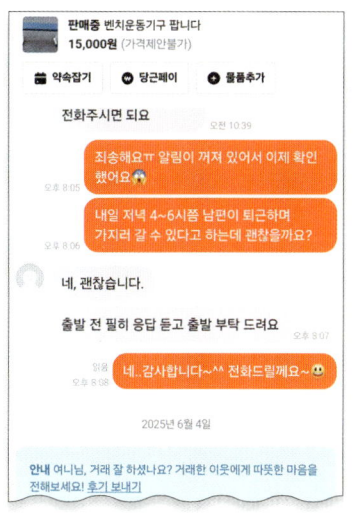 

조금 더 배우기

중고거래는 물건을 직접 확인하고 구매하는 것을 추천합니다. 부득이하게 거리나 시간이 맞지 않다면 택배로도 거래가 가능한지 판매자와 상의를 하여 구매합니다.

CHAPTER 13
체험단 선정..조심하세요!

POINT

요즘 SNS나 문자, 메신저를 통해 '체험단에 선정됐다'며 개인정보나 돈을 요구하는 사기 사례가 늘고 있습니다. 실제 저자가 겪은 체험단 사기 수법을 알아보고, 예방하는 방법에 대해 배워봅니다.

▌완성 화면 미리 보기

 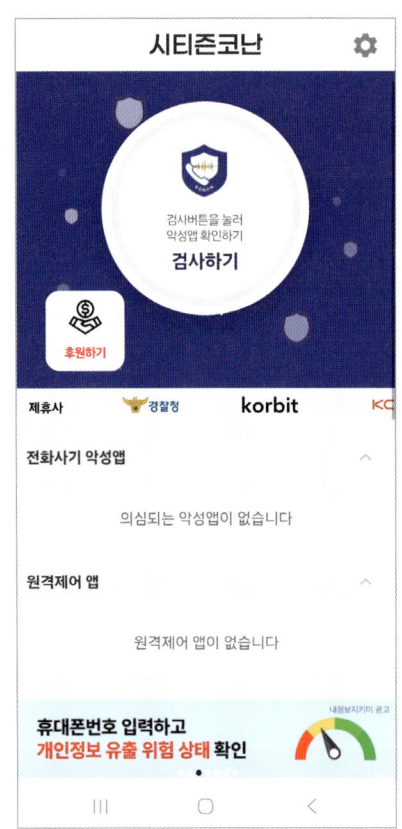

▌여기서 배워요!

당신도 당할 수 있어요! 조심하세요 / 이렇게 사건이 시작되었어요 /
경찰청에서 권장하는 시티즌코난 앱 설치하기

STEP 01 당신도 당할 수 있어요! 조심하세요

■ 이런 문자, 메신저 조심하세요!

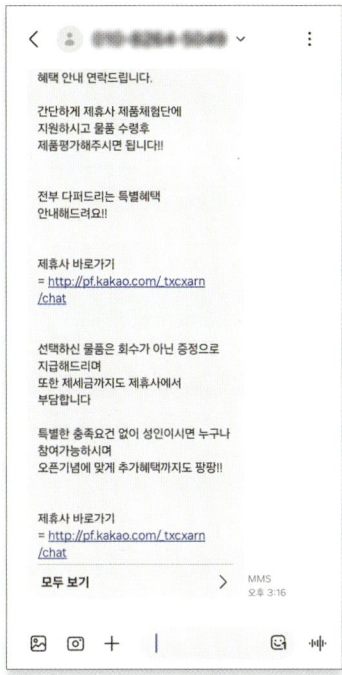
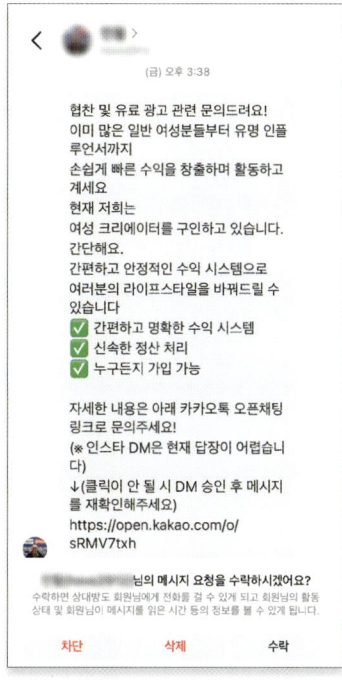
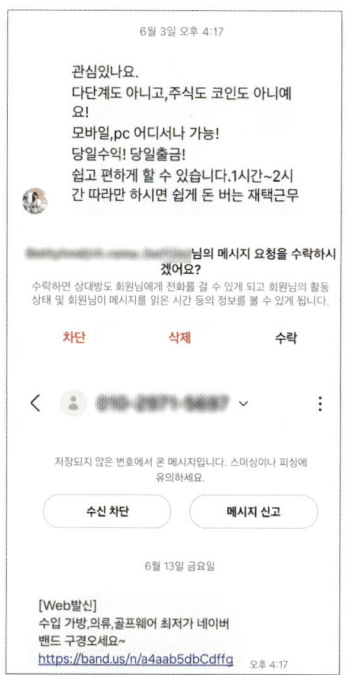

■ 진짜처럼 보여요. 확인 또 확인하세요!

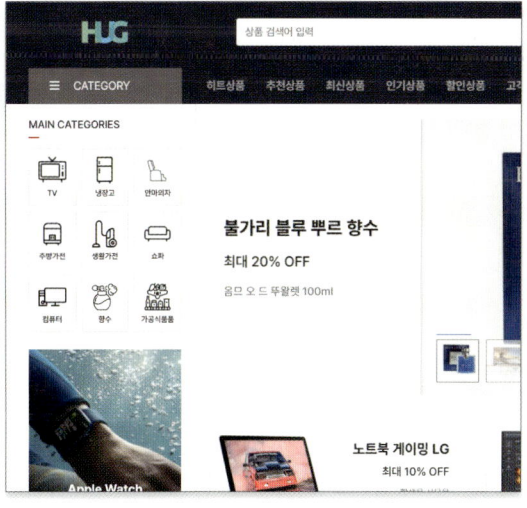

STEP 02 이렇게 사건이 시작되었어요

01 문자로 온 메시지에 [제휴사 바로가기]를 터치했더니 카톡의 친구처럼 추가가 되어 안내 메시지가 보였습니다.

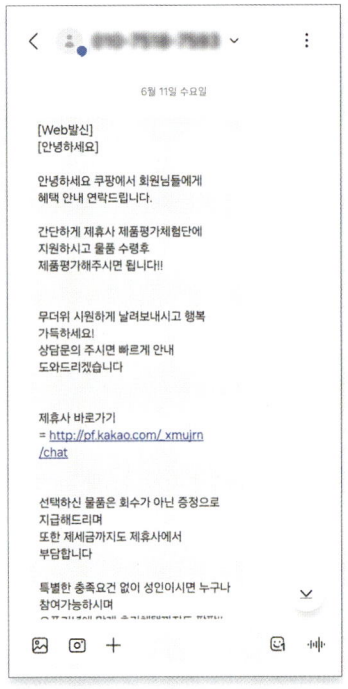 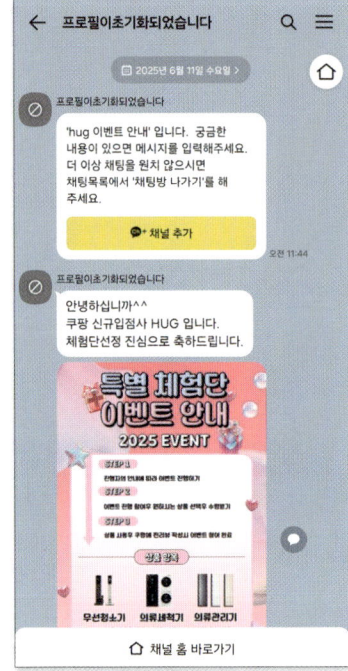 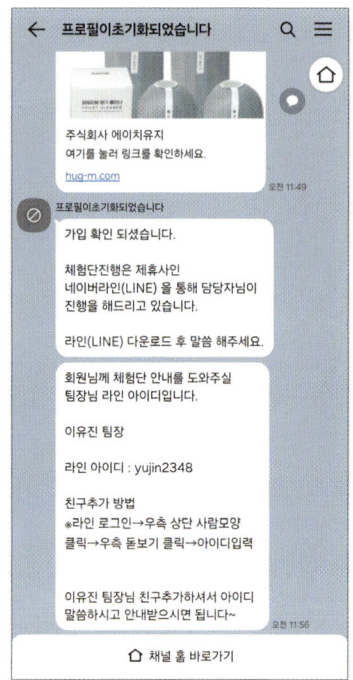

 조금 더 배우기

문자 메시지에 'https://~'로 시작하는 링크는 함부로 터치하지 않습니다. 업체 이름의 프로필로 나왔다가 시간이 지나니 이렇게 프로필을 삭제했습니다.

02 '네이버 라인' 앱을 설치해 친구 추가하라고 하여 친구로 추가했습니다. 친구 추가 후 알려준 홈페이지에 로그인하여 주문대행 작업을 했습니다. 처음에는 포인트로 주문을 했고, 몇 번을 하고나니 포인트가 모자라 결제를 할 수 없었습니다. 제 돈을 보충하여 주문대행을 하라고 했고, 포기하겠다고 했지만 안된다고 하며 계속 입금을 요구했습니다. 모르쇠로 무시했습니다.

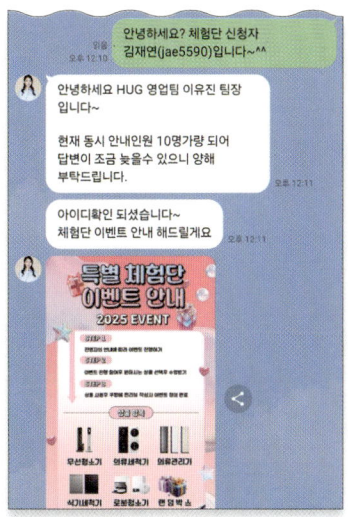 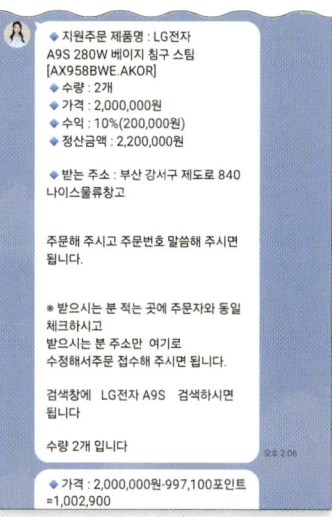 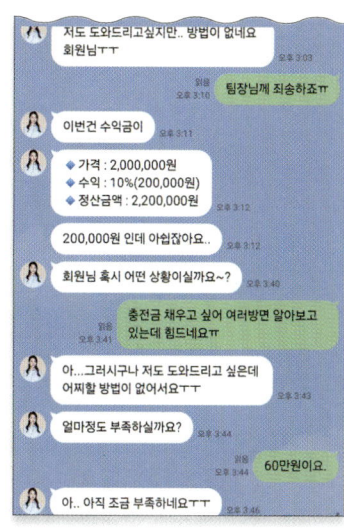

나중에 경찰서를 방문하여 수사관님과 얘기했더니 '네이버 라인' 또는 '텔레그램'을 설치하라고 한다면 의심부터 해봐야 한다고 합니다.

03 걱정되는 마음에 '사이버범죄신고시스템'에서 '상담하기'를 통해 상담을 했습니다. 경찰서를 방문해 보는 게 좋겠다는 회신이 와서 다음날 경찰서도 다녀왔습니다. 정말 이런 일로 많은 분들이 경찰서를 방문한다고 합니다.

상대방 정보를 정확하게 알고 있을 때는 '고소장'을 쓰고, 상대방 정보를 제대로 알지 못하면 '진정서'를 씁니다.

STEP 03 경찰청에서 설치 권장하는 시티즌코난 앱 설치하기

01 [Play 스토어] 앱을 실행합니다. [검색]을 터치한 다음 검색란에 '시티즌코난'을 입력하여 검색한 후 [설치]를 터치합니다. 설치가 완료되면 [열기]를 터치합니다. '권한설정안내'에서 [확인]을 터치합니다.

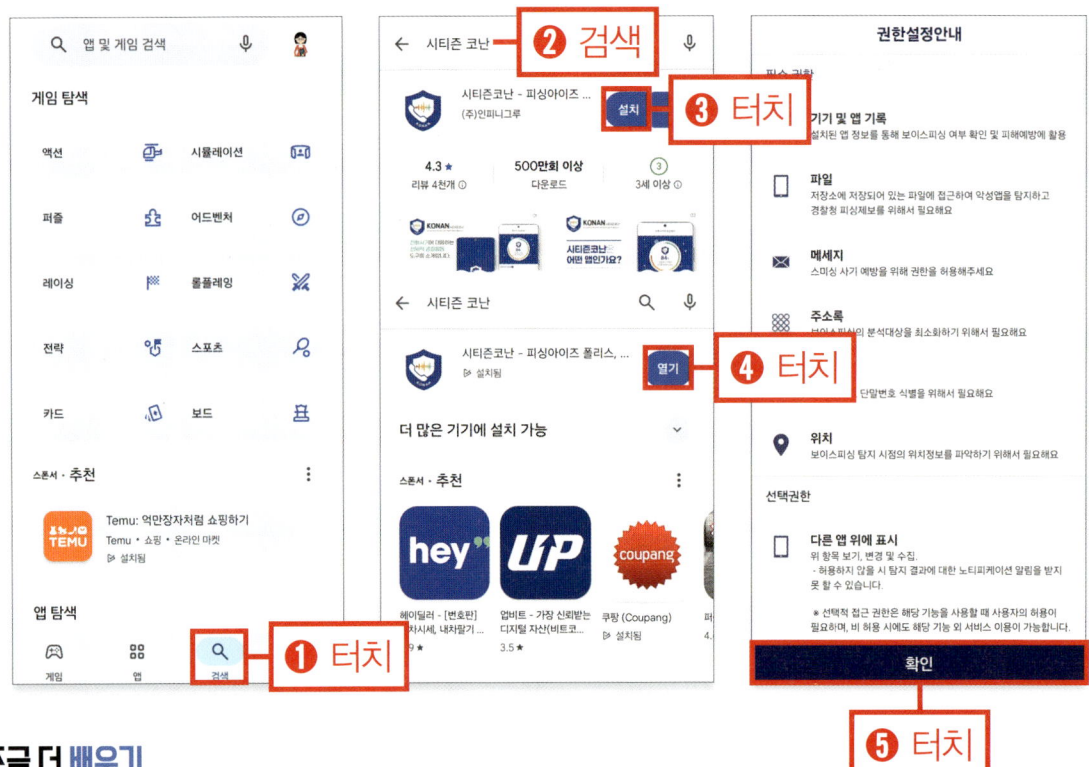

조금 더 배우기

'시티즌 코난'은 악성 보이스피싱, 원격제어 앱, 스미싱 등을 탐지하기 위한 보이스피싱 순간 탐지기이며 안티 바이러스 앱입니다.

02 '전화 허용'에서 [허용]을 터치하고, '모든 파일에 대한 접근'의 권한 허용을 [ON](🔘)으로 터치합니다. 'SMS 메시지 허용', '연락처 액세스', '알림 허용'에 각각 [허용]을 터치합니다. '위치 정보 액세스'에는 [앱 사용 중에만 허용]을 터치하고 '다른 앱 위에 표시'를 [ON](🔘)으로 변경합니다.

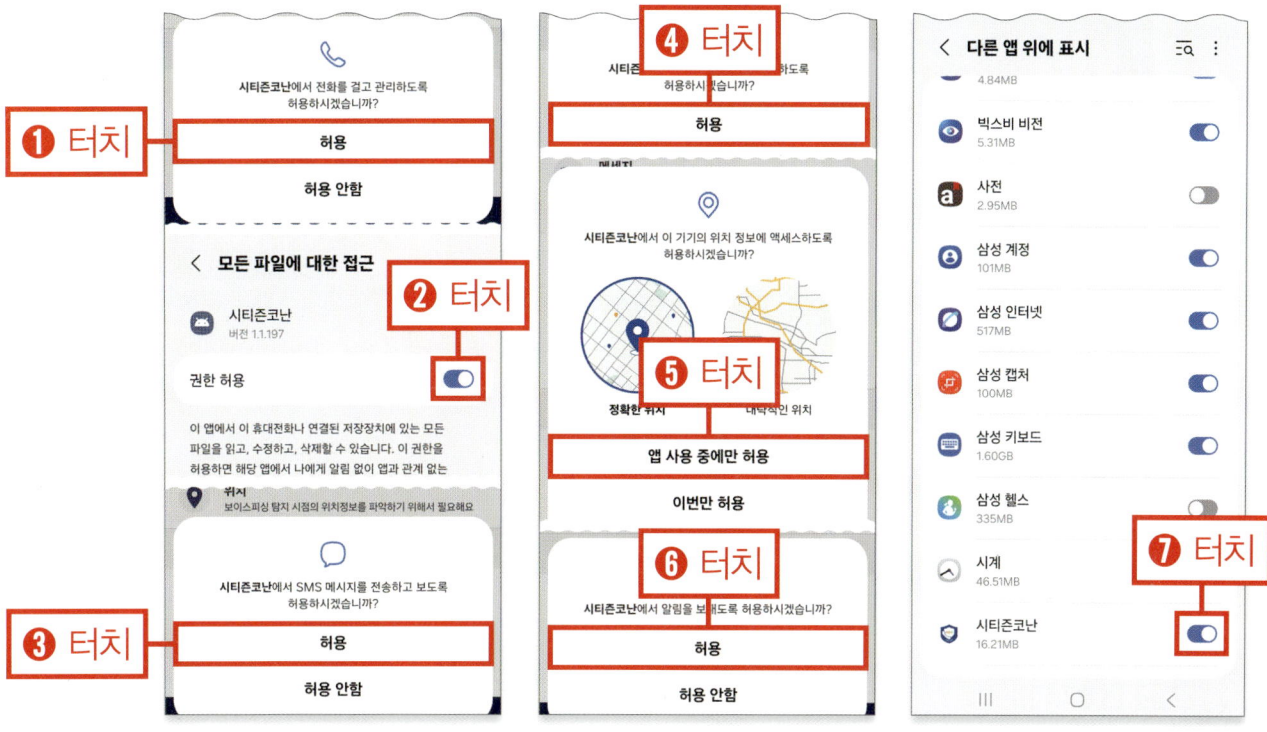

03 '이용약관 및 동의'에서 [필수] 항목한 선택하고 [다음]을 터치합니다. '회원정보 입력'에 '생년월일'을 입력하고 '성별'을 선택합니다. [저장]을 터치합니다. '개인정보 수집'에서 [동의]를 터치합니다.

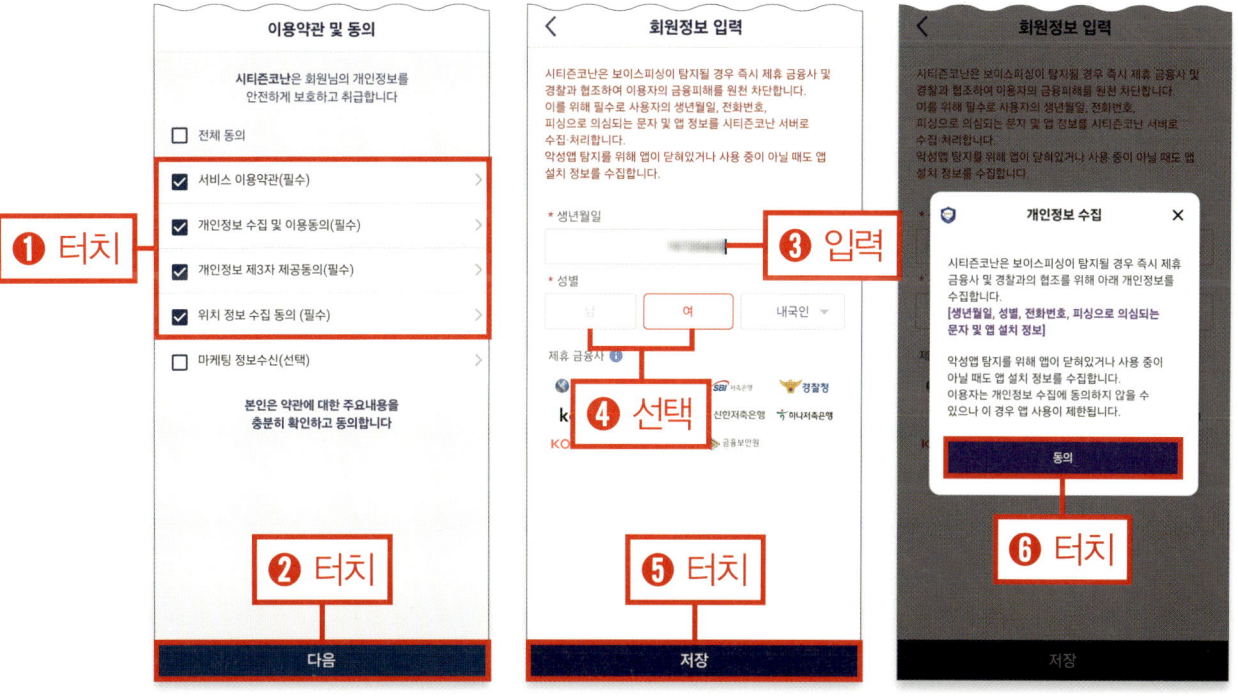

04

설치가 완료되었습니다. 유료광고가 뜨면 [닫기]를 터치합니다. [검사하기]를 터치합니다. 검사가 완료됩니다.

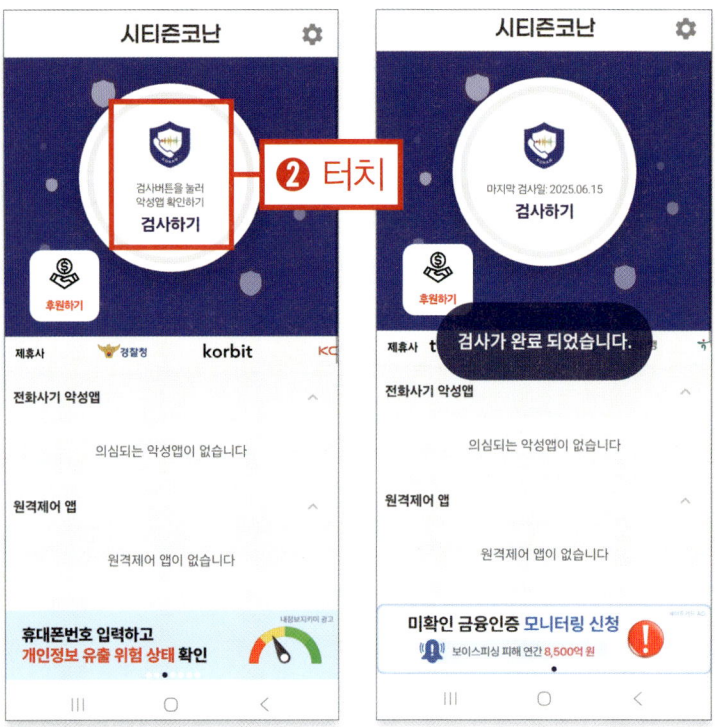

조금 더 배우기

스마트폰의 특이사항(예: 문자, 앱 설치 등)에 대해 알려줍니다. 백신 앱으로 [알약](🔖), [V3](🛡)가 있습니다.

CHAPTER 14 배달의민족 앱으로 음식 주문하기

POINT

요즘은 전화 없이 스마트폰으로 음식을 주문할 수 있습니다. 배달의민족 앱을 사용하면 메뉴를 사진으로 보고 원하는 음식을 터치 몇 번으로 쉽게 주문할 수 있습니다. 음식을 주문하는 법을 배워봅니다.

▌완성 화면 미리 보기

▌여기서 배워요!

배달의민족 앱 설치하기 / 배달의민족 앱 로그인(회원가입)하기 / 주문할 음식 검색하여 주문하기 / 주문 결제하기 / 리뷰쓰기

STEP 01 배달의민족 앱 설치하기

01 [Play 스토어] 앱을 실행합니다. [검색]을 터치한 다음 검색란에 '배달의민족'을 입력하여 검색한 후 [설치]를 터치합니다. 설치가 완료되면 [열기]를 터치합니다.

STEP 02 배달의민족 앱 로그인(회원가입)하기

01 주문 상황 등의 '알림 허용'에 [허용]을 터치합니다. '혜택 알림'에 [나중에 받기]를 터치한 후 '알림 거부 안내' 메시지에 [확인]을 터치합니다. [카카오로 로그인]을 터치합니다.

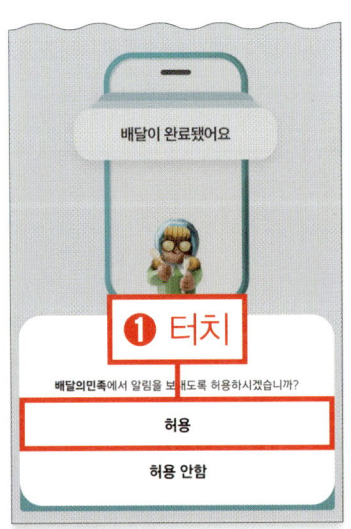 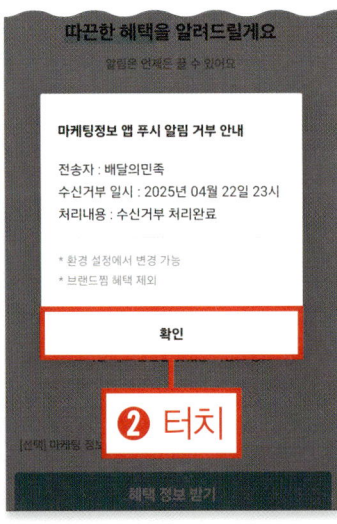 

조금 더 배우기

로그인은 다른 방식을 이용해도 됩니다.

02

사용자 이름을 입력한 후 [이동]을 터치합니다. 나머지 내용들을 입력한 후 [본인 인증하기]를 터치합니다. '서비스 이용 약관'의 [전체 동의하고 인증번호 받기]를 터치하여 인증번호를 입력합니다. '회원가입 약관 동의'에 [필수] 항목만 선택한 후 [다음]을 터치합니다.

조금 더 배우기

입력사항에 내용을 입력한 후 다음 화면으로 이동하지 않는다면 아래쪽에 [이동]을 터치합니다.

03

닉네임을 입력한 후 [가입 완료하기]를 터치합니다. [시작하기]를 터치합니다. '위치 정보 허용'에서 [앱 사용 중에만 허용]을 터치합니다. '지도에서 위치 확인'으로 등록 위치를 확인한 후 [이 위치로 주소 등록]을 터치합니다. 상세주소를 입력한 후 [주소 등록]을 터치합니다.

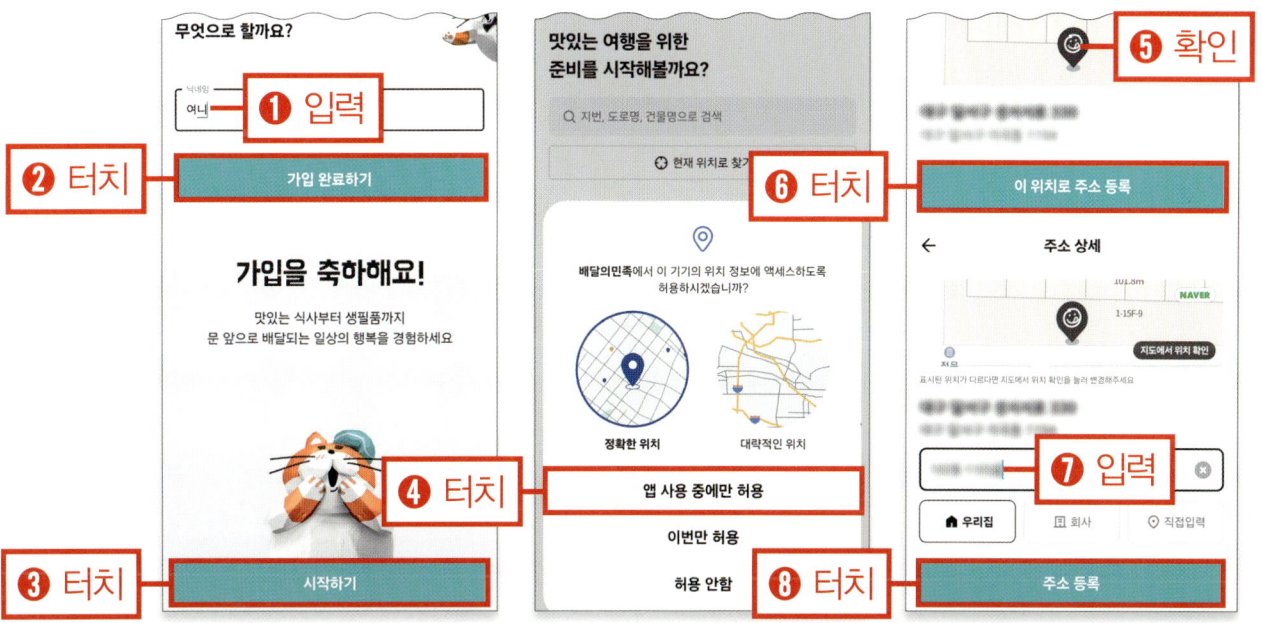

STEP 03 주문할 음식 검색하여 주문하기

01 배달의 민족 홈 화면의 검색란에 검색어를 입력하여 검색합니다. 해당하는 목록을 터치합니다. [○○○원 할인 쿠폰받기]를 터치합니다.

조금 더 배우기

주문하고 싶은 메뉴를 선택하여 검색할 수도 있습니다.

조금 더 배우기

배달의 민족 배달 형식을 알아봅니다.
1. 배민배달
   ① 한집배달: 배달의민족 라이더가 한 건만을 배송하는 방식입니다.
   ② 알뜰배달: 배달의민족 라이더가 여러 건의 배달을 묶어서 최적의 동선으로 배송하는 방식입니다.
2. 가게배달: 사장님이 직접 배달하거나, 배달 대행업체를 통해 배달하는 방식입니다. 배민 앱 내에서 가게가 직접 운영하는 배달 서비스입니다.
3. 픽업: 주문자가 직접 가지러 갑니다.

02 [모든 쿠폰 받기]를 터치합니다. 주문할 메뉴를 선택하고 [○○○원 담기]를 터치합니다. [○ 장바구니 보기]-[한집배달 주문하기]를 차례대로 터치합니다.

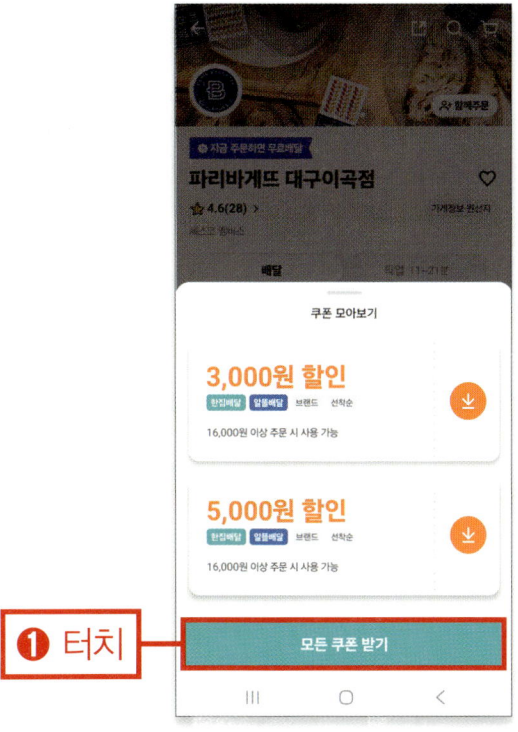
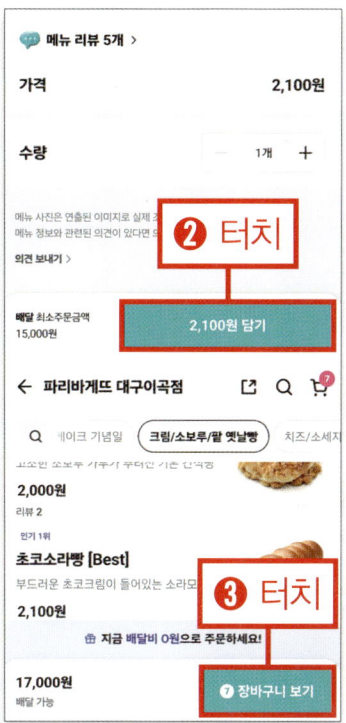

03 '주문하기' 화면에서 '배달주소'를 확인하고 '결제수단'을 선택합니다. '할인쿠폰'의 [선택 가능한 쿠폰이 ○장 있어요!]를 터치합니다. 해당하는 할인 쿠폰을 터치한 후 [사용하기]를 터치합니다. [○○○원 결제하기]를 터치합니다.

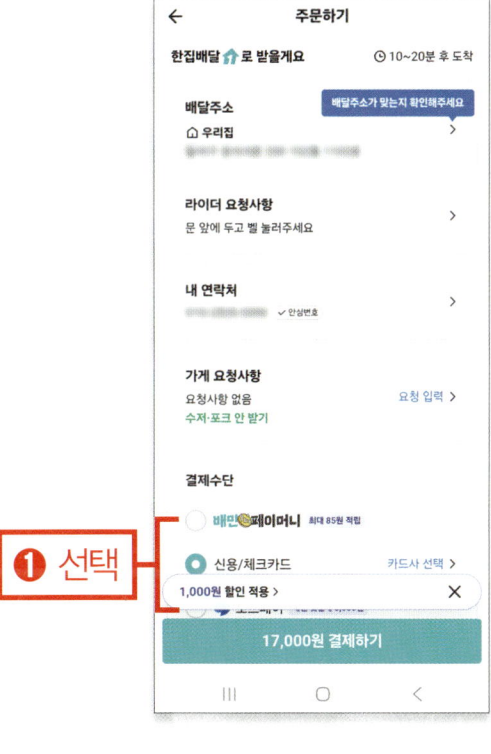

CHAPTER 14 배달의민족 앱으로 음식 주문하기 | **111**

STEP 04 주문 결제하기

01 '결제할까요?'에서 [결제하기]를 터치합니다. 해당하는 정보를 입력 및 선택한 후 [결제요청]을 터치합니다. '인증번호'를 입력하고 [상기 결제 내역을 확인하였습니다.]를 터치합니다. [결제]를 터치합니다.

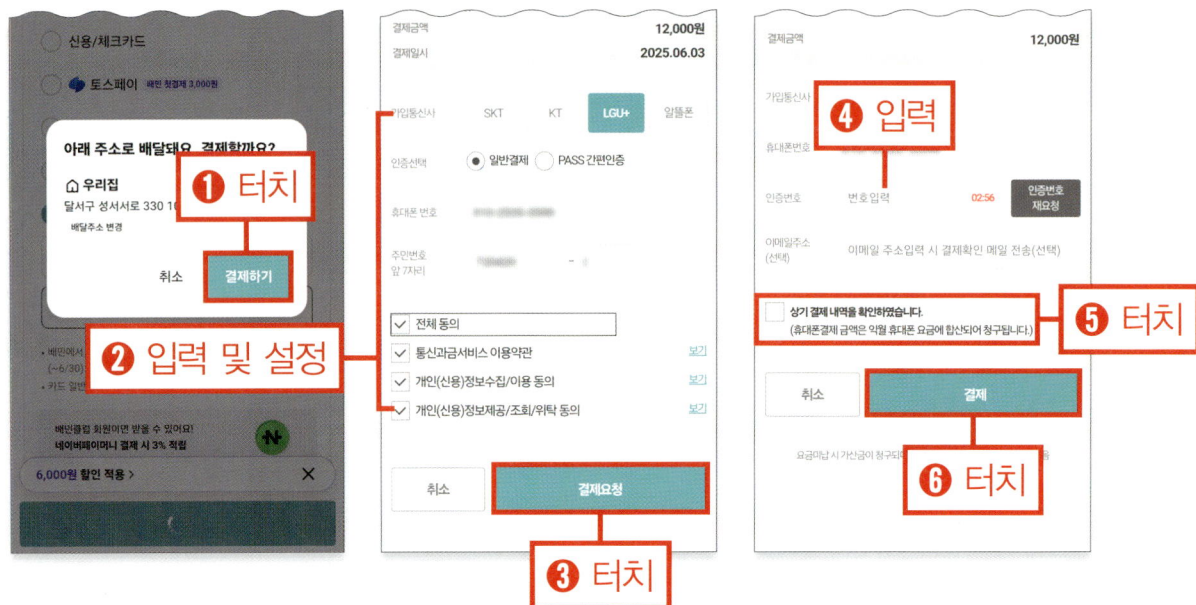

02 주문 확인 및 배달사항을 확인합니다. [확인]을 터치합니다. '주문상세'를 확인한 후 [뒤로](←)를 터치합니다.

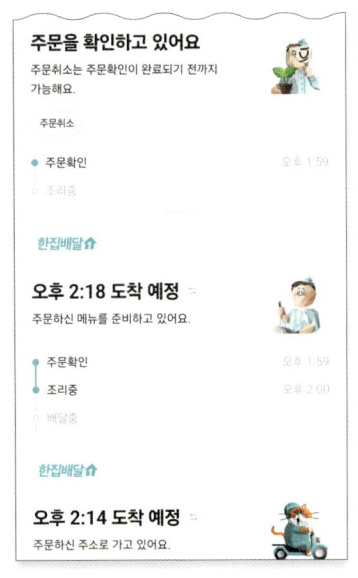

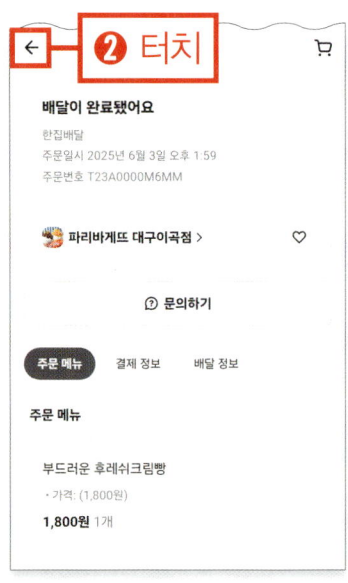

조금 더 배우기

상태바의 알림에 배달 관련 알림을 제공됩니다.

STEP 05 리뷰 작성하기

01 아래 메뉴 중 [주문내역]을 터치합니다. 주문내역 화면에서 [리뷰 쓰기]를 터치합니다. 배달과 음식에 대한 리뷰를 작성한 후 [완료]를 터치합니다.

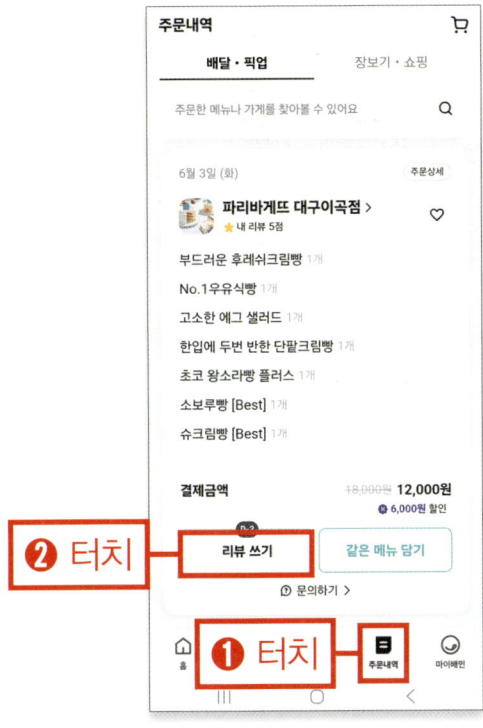
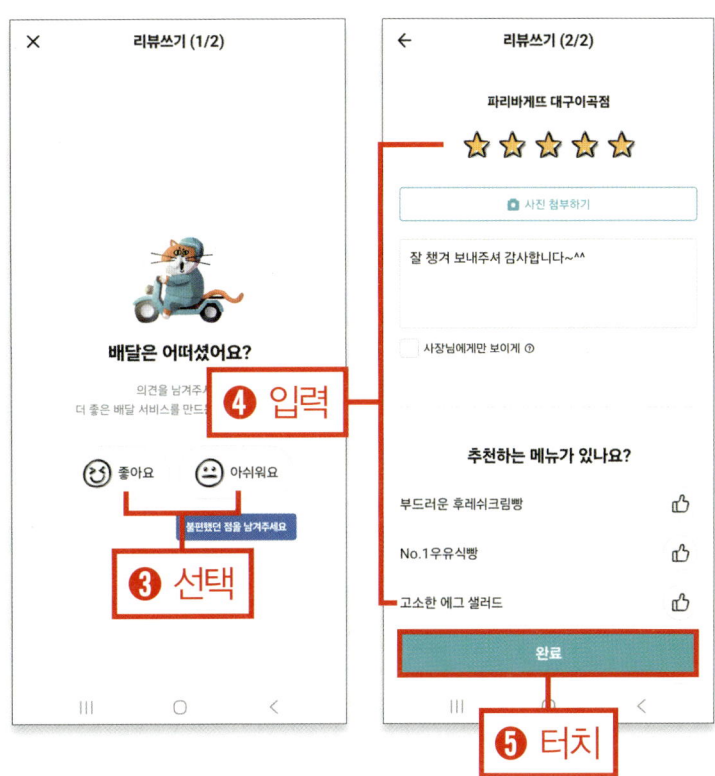

 조금 더 배우기

'리뷰 쓰기'는 당일 +2일입니다.

 조금 더 배우기

배달의 민족 외에도 다양한 배달 앱들이 있습니다.

앱 로고	앱명	특징 및 간단 설명
요기요	요기요	할인쿠폰 제공. 프랜차이즈/동네맛집 모두 가능.
coupang eats	쿠팡이츠	단건배달로 빠른 배달. 음식이 식지 않음.
(위메프오)	위메프오	포장, 테이블 주문 기능. 위메프 계정 연동.
배달특급	배달특급	경기도 공공배달앱. 수수료 낮아 소상공인 부담 적음.
띵동	띵동	서울/수도권 중심. 심부름, 생필품 배달도 운영.
먹깨비	먹깨비	일부 지자체와 제휴된 공공배달앱. 전국 확대 중.

CHAPTER 15
카페에서 키오스크로 음료 주문하기

POINT

요즘은 많은 카페, 식당에서 직원에게 주문하지 않고 키오스크(무인 주문기)를 통해 주문하는 시스템을 사용하고 있습니다. 실제 키오스크(무인 주문기) 화면처럼 구성된 예시를 보면서 주문을 연습해 봅니다. 메뉴 선택부터 옵션 고르기(아이스/핫, 사이즈), 결제 방식 선택까지, 직접 손으로 터치하며 체험해 봅니다.

▌완성 화면 미리 보기

 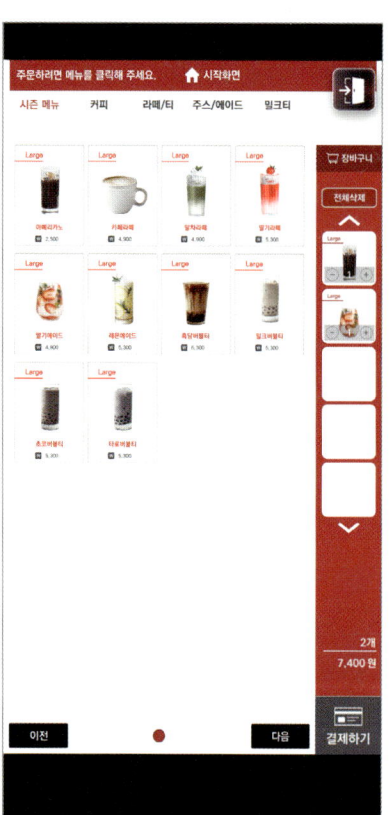

▌여기서 배워요!

효자손 앱으로 주문 연습하기 / 교육용 키오스크 앱으로 주문 연습하기

STEP 01 효자손 앱으로 주문 연습하기

■ 효자손 앱 설치하기

01 [Play 스토어] 앱을 실행합니다. [검색]을 터치한 다음 검색란에 '효자손'을 입력하여 검색한 후 [설치]를 터치합니다. 설치가 완료되면 [열기]를 터치합니다.

> **조금 더 배우기**
>
> 검색 후 [설치]가 보이지 않으면 설치할 앱을 터치합니다.

■ 포장 주문하기

01 주문할 카테고리 중 [카페]를 터치합니다. [포장해서 갈래요]를 터치합니다. [◀], [▶]를 터치하여 주문하고 싶은 메뉴를 찾아 터치합니다.

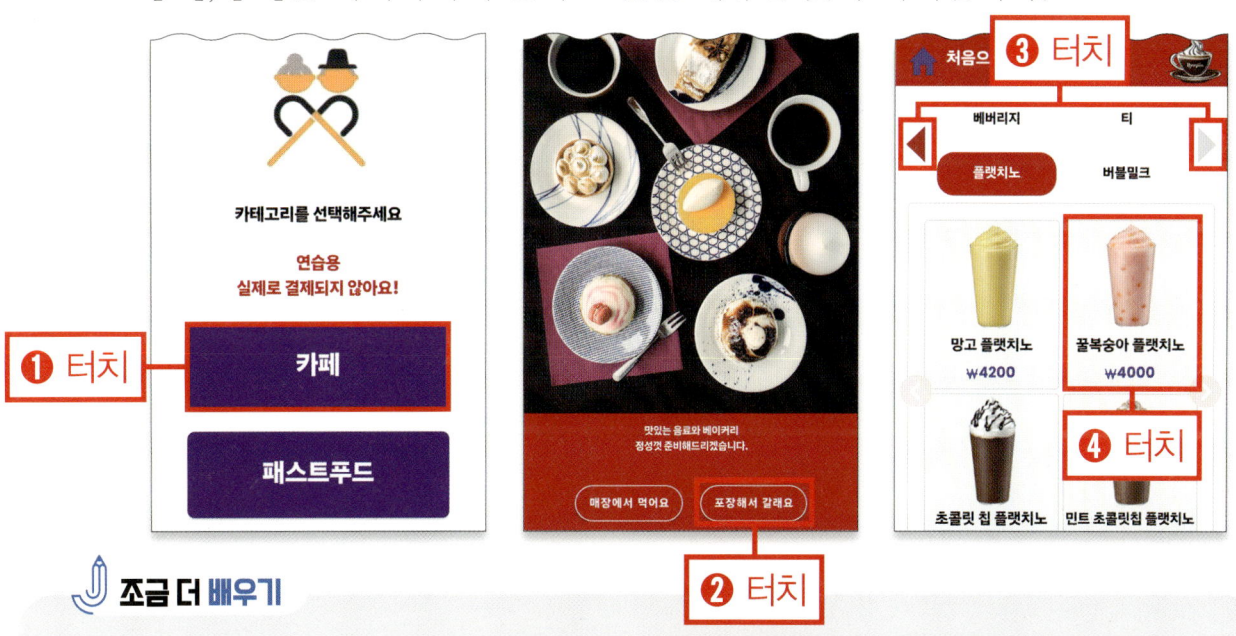

> **조금 더 배우기**
>
> 연습용으로 제작되어 실제로 주문 및 결제되지 않습니다.

02 선택한 메뉴의 '사이즈'를 선택하고 '무료옵션'의 [추가]를 터치합니다. 필요한 항목을 선택한 후 [완료]-[선택완료]-[결제]를 차례대로 터치합니다. 주문내역을 확인한 후 [다음]을 터치합니다.

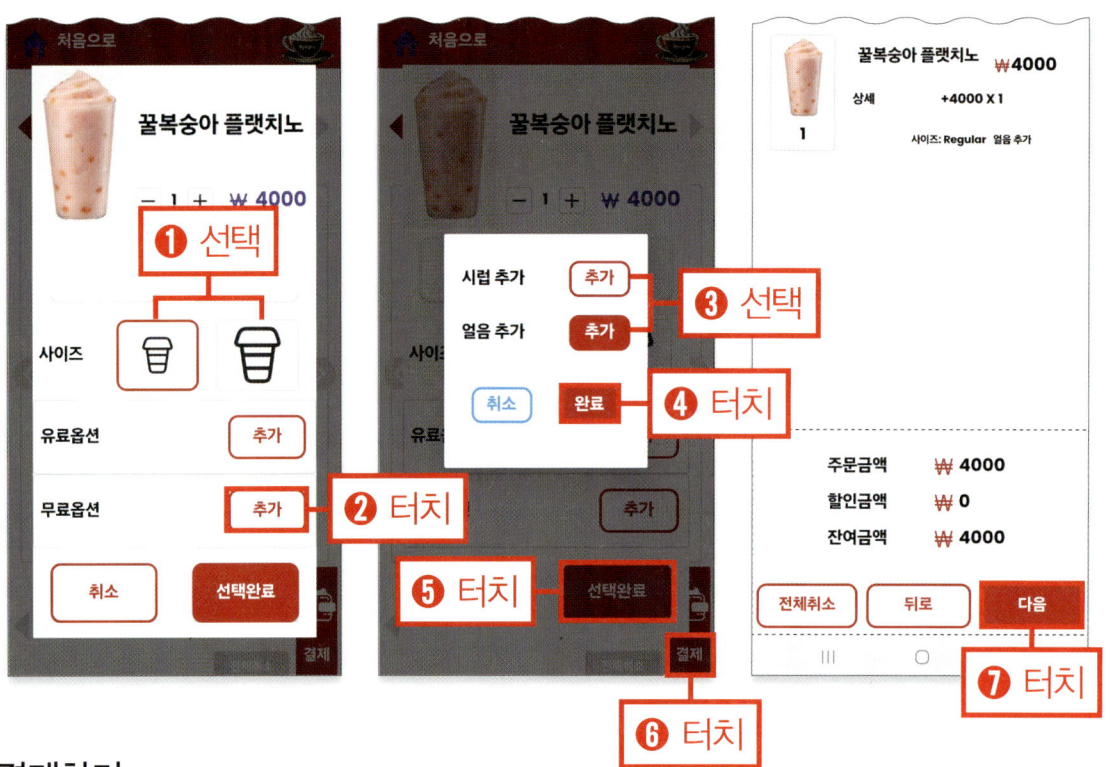

■ 주문 결제하기

01 '결제 방식을 선택해주세요!'에서 [카드결제]를 터치한 후 [다음]을 터치합니다. '카드를 넣어주세요' 화면이 나타나면 터치를 합니다. 결제완료 화면이 나타납니다.

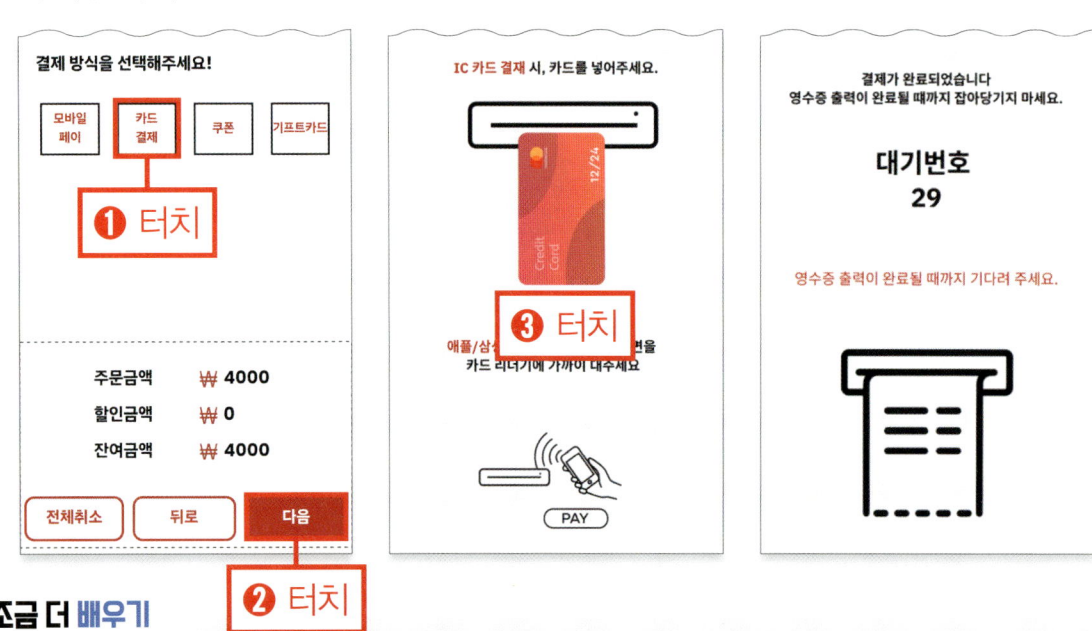

조금 더 배우기

연습용으로 '카드결제' 화면만 사용 가능합니다.

STEP 02 　교육용 키오스크 앱으로 주문 연습하기

■ 교육용 키오스크 앱 설치하기

01 [Play 스토어] 앱을 실행합니다. [검색]을 터치한 다음 검색란에 '교육용 키오스크'를 입력하여 검색합니다. [교육용 키오스크 lite]를 터치하여 [설치]를 터치합니다. 설치가 완료되면 [열기]를 터치합니다.

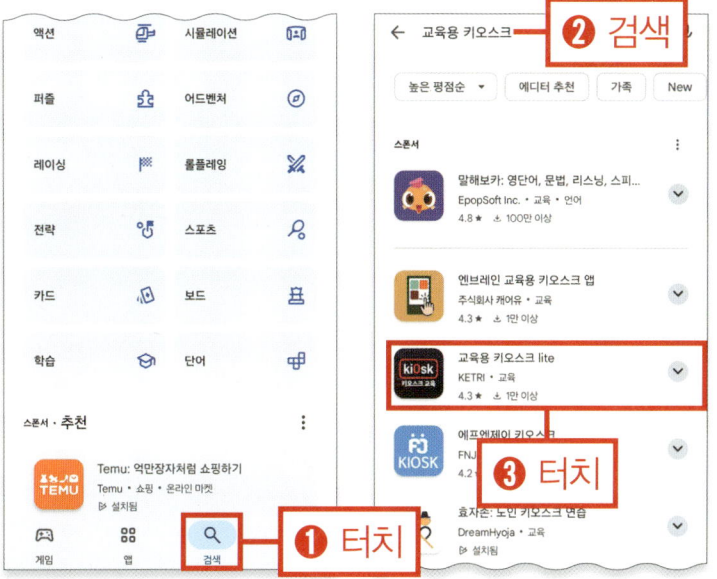

■ 게임하기

01 [게임]-[두더지 게임]을 차례대로 터치합니다. '난이도 선택'에 [초보]를 터치합니다.

02 나타나는 두더지를 터치합니다. '게임오버' 화면에서 [처음으로]를 터치합니다. [체험]-[카페]를 차례대로 터치합니다. [연습하기]를 터치합니다.

📖 **조금 더 배우기**

게임을 다시 하고 싶다면 [다시하기]를 터치합니다. '카페' 외의 체험은 사용할 수 없습니다.

■ **카페 음료 주문하기**

01 화면을 터치하여 주문할 메뉴를 선택합니다. 필요한 사항을 터치하여 선택한 후 [주문 담기]를 터치합니다.

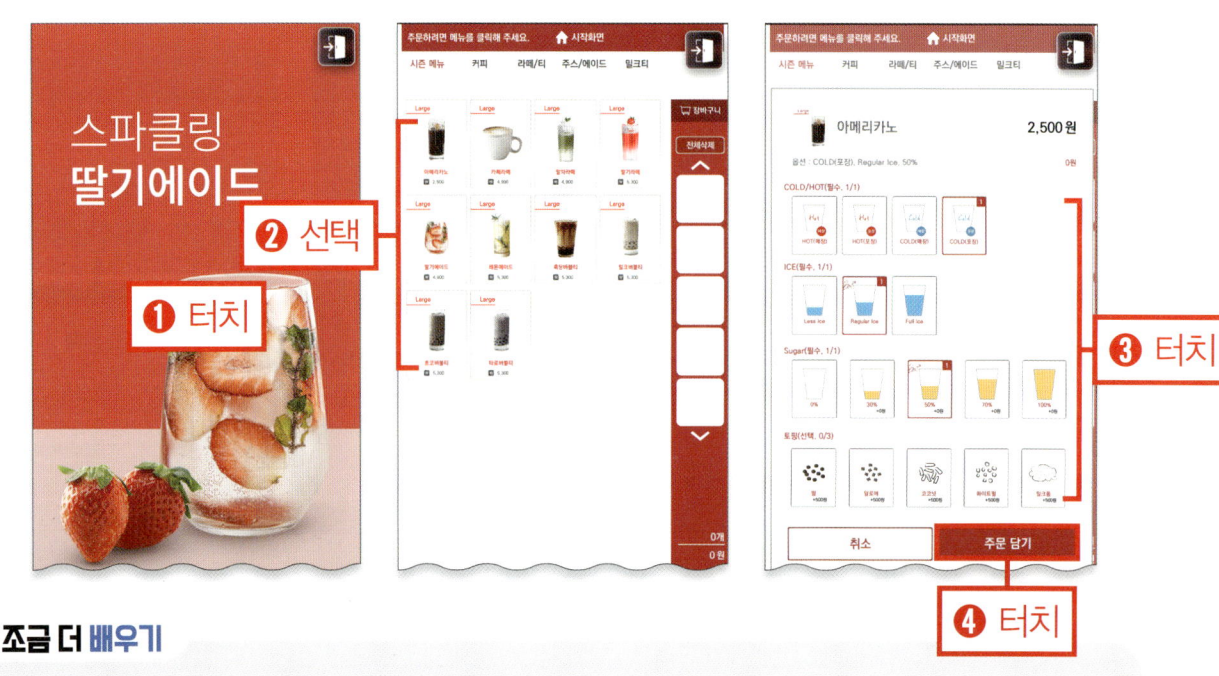

📖 **조금 더 배우기**

[처음으로](🏠)를 터치하면 처음 화면이 나타납니다.

■ 주문 결제하기

01 다른 메뉴도 선택하여 [주문 담기]를 터치합니다. [결제하기]를 터치합니다. '할인'에 [제휴할인]을 터치합니다.

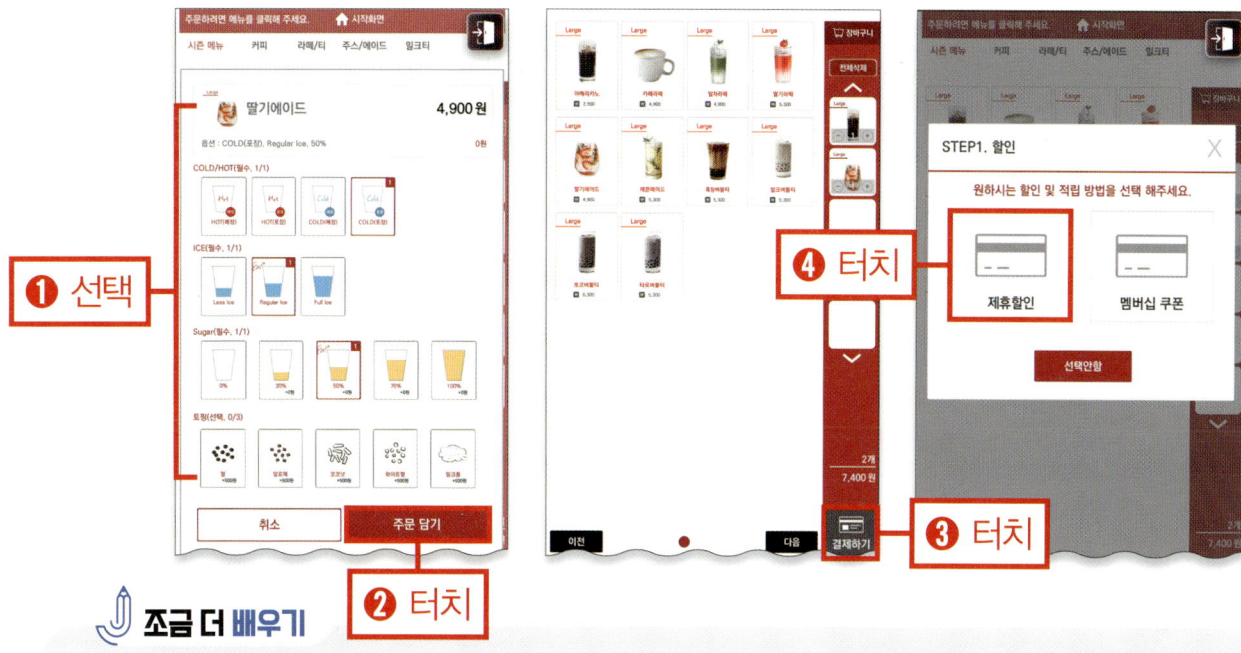

조금 더 배우기

'멤버십 쿠폰' 사용 연습은 지원되지 않습니다.

02 [할인적용]을 터치합니다. 주문 내역을 확인한 후 [확인]을 터치합니다. [신용카드 결제]를 터치합니다.

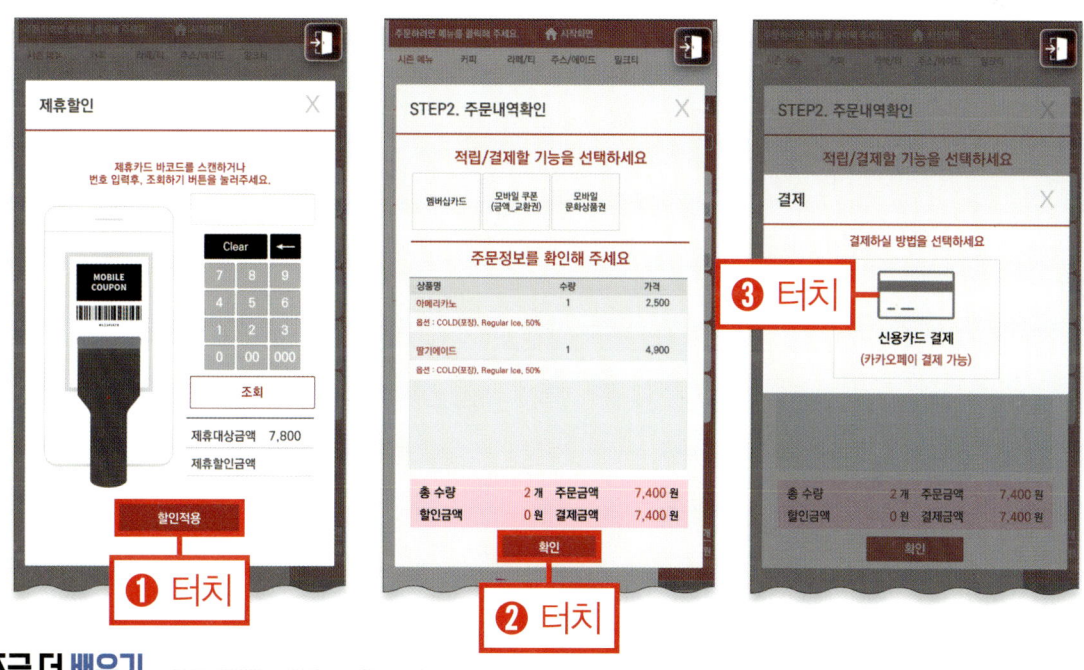

조금 더 배우기

'제휴할인'에 번호를 입력하면 유효하지 않는 번호라고 나옵니다.

03 '멤버십 간편 적립'에서 휴대폰 번호를 입력하고 [적립하기]를 터치합니다. [확인]을 터치합니다. '신용카드 결제'에 [카드 삽입]을 터치합니다. '영수증 출력을 하시겠습니까?'에서 [예]를 터치합니다. 결제 완료 주문번호를 확인합니다.

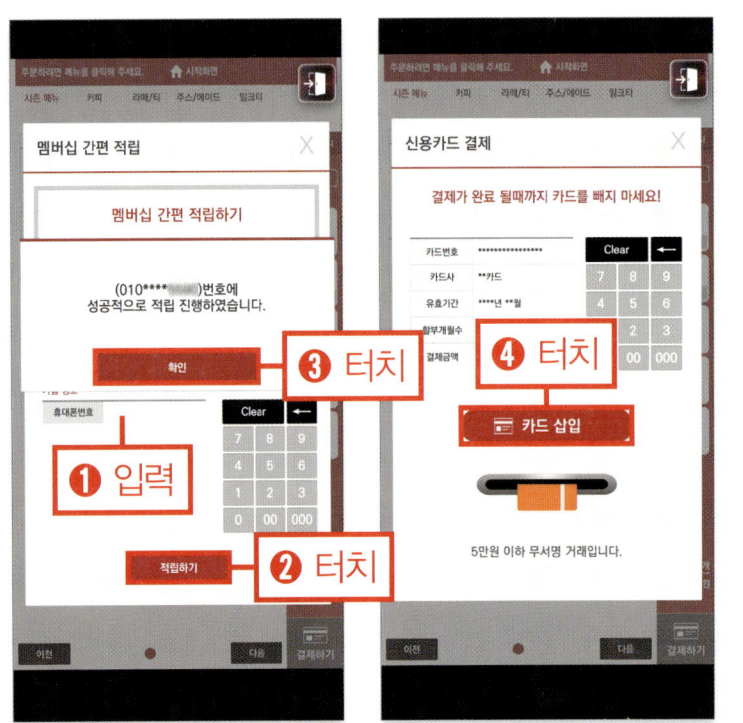

영수증 출력에 '예/아니오'와 같은 결과로 나타납니다.

CHAPTER 16
ChatGPT에게 여행 계획 도움받기

> **POINT**

여행을 준비할 때 어디를 갈지, 무엇을 볼지, 어떤 일정으로 움직일지를 혼자 결정하기 어려울 때가 있습니다. 이럴 때 ChatGPT에게 여행지 추천이나 일정 구성, 맛집 정보까지 물어보면 유용한 답을 얻을 수 있습니다. 나만의 여행 가이드처럼 활용하는 법을 배웁니다.

▌완성 화면 미리 보기

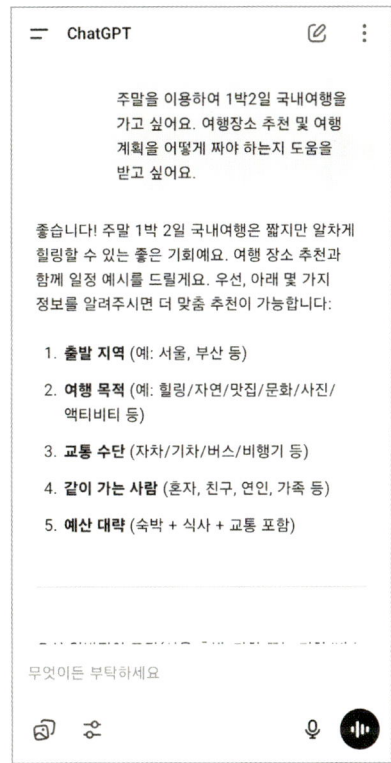 

▌여기서 배워요!

ChatGPT 앱 설치하기 / ChatGPT 앱 회원가입하기 / 프롬프트 입력하기 / 사진 만들기

STEP 01 ChatGPT(챗gpt) 앱 설치하기

01 [Play 스토어] 앱을 실행합니다. [검색]을 터치한 다음 검색란에 '챗gpt'를 입력하여 검색한 후 [설치]를 터치합니다. 설치가 완료되면 [열기]를 터치합니다.

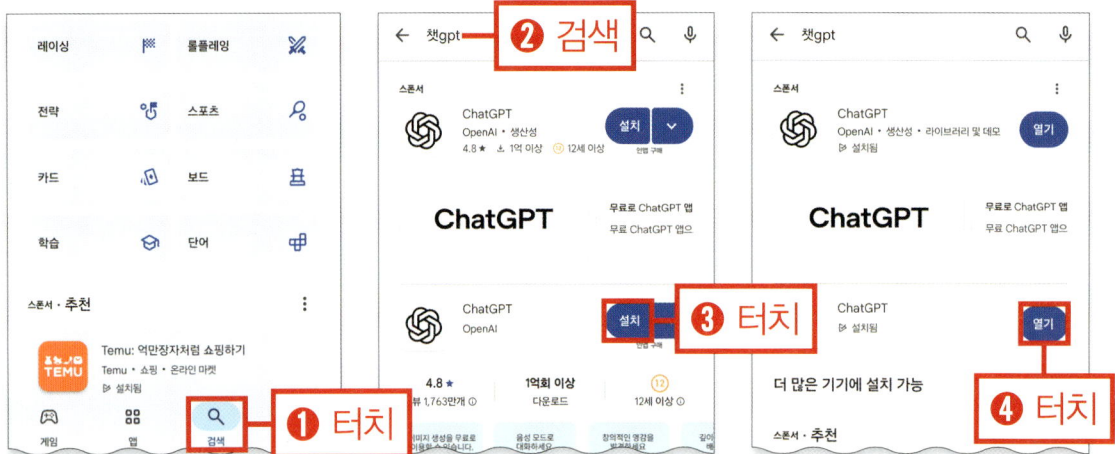

STEP 02 ChatGPT(챗gpt) 앱 회원가입하기

01 '안녕하세요' 화면에서 [계속]을 터치합니다. [회원 가입]을 터치합니다. [Google로 계속하기]를 터치하여 계정을 선택합니다.

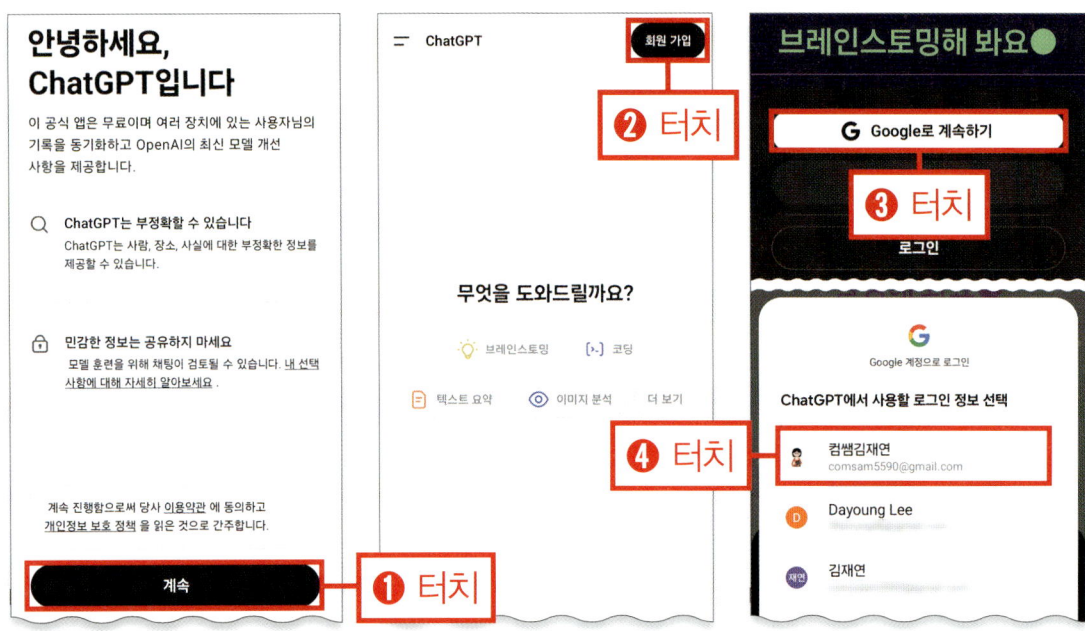

 조금 더 배우기

회원 가입하지 않고도 사용은 가능하지만 대화를 이어가거나 이미지, 파일 등의 생성은 원활하지 않습니다. 회원 가입을 유도하는 화면이 계속 나타나며 대화 내용이 기록되지 않습니다.

02 [○○○ 계정으로 계속]을 터치합니다. '이름'을 입력하고 '생일'을 터치하여 선택하고 [확인]을 터치합니다. [계속]을 터치합니다.

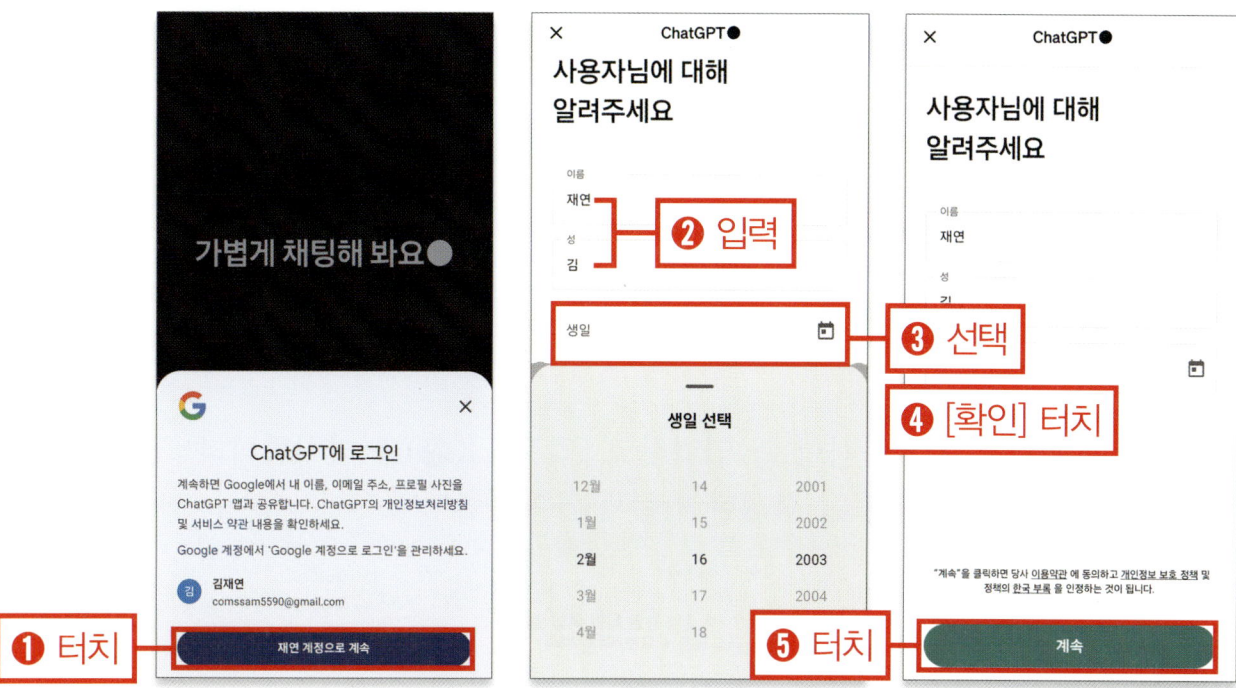

STEP 03　프롬프트 입력하기

01 '무엇이든 부탁하세요'를 터치합니다. 프롬프트(내용)를 입력하고 [업로드](⬆)를 터치합니다. 정리해준 결과 내용을 확인합니다.

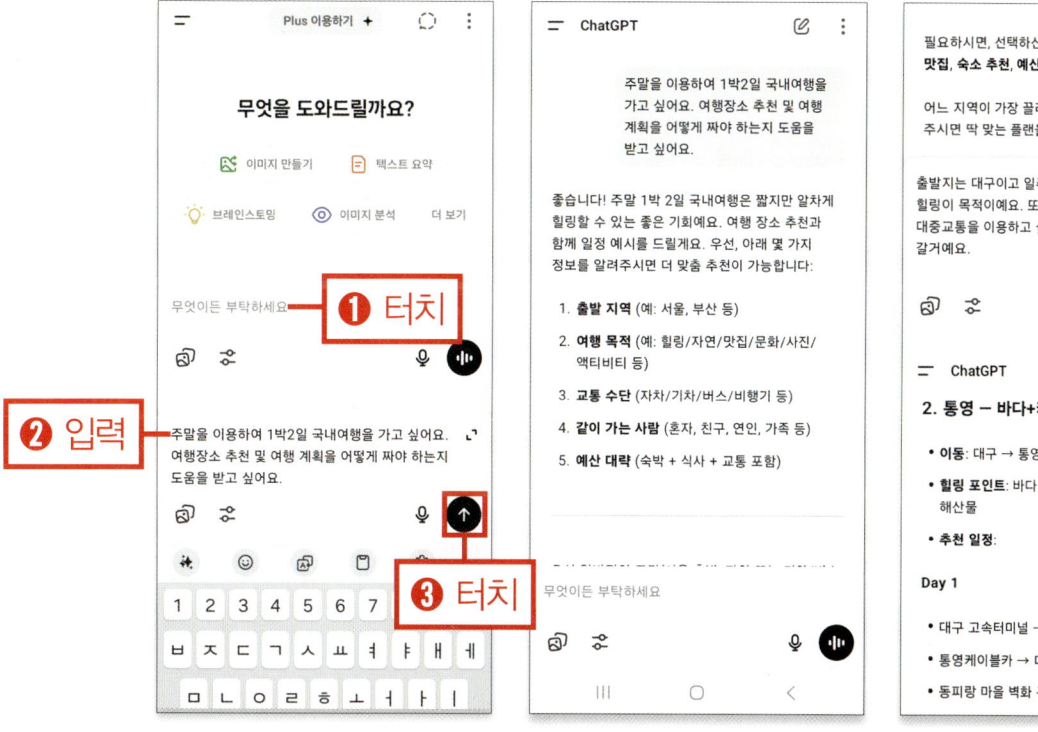

 **조금 더 배우기**

프롬프트란? AI에게 하는 질문이나 요청할 때 사용하는 말이나 문장입니다. 좋은 결과를 얻기 위해서는 정확하고 구체적인 질문을 하는 게 좋습니다.

 **조금 더 배우기**

'Plus 이용하기'는 모든 기능을 이용할 수 있는 유료 버전입니다. 한 달 사용료($20(대략 ₩29,000))입니다.

02 추가 프롬프트(요구사항)를 입력하고 [업로드](⬆)를 터치합니다. 결과 내용에 따라 또 프롬프트를 작성하여 결과를 확인합니다.

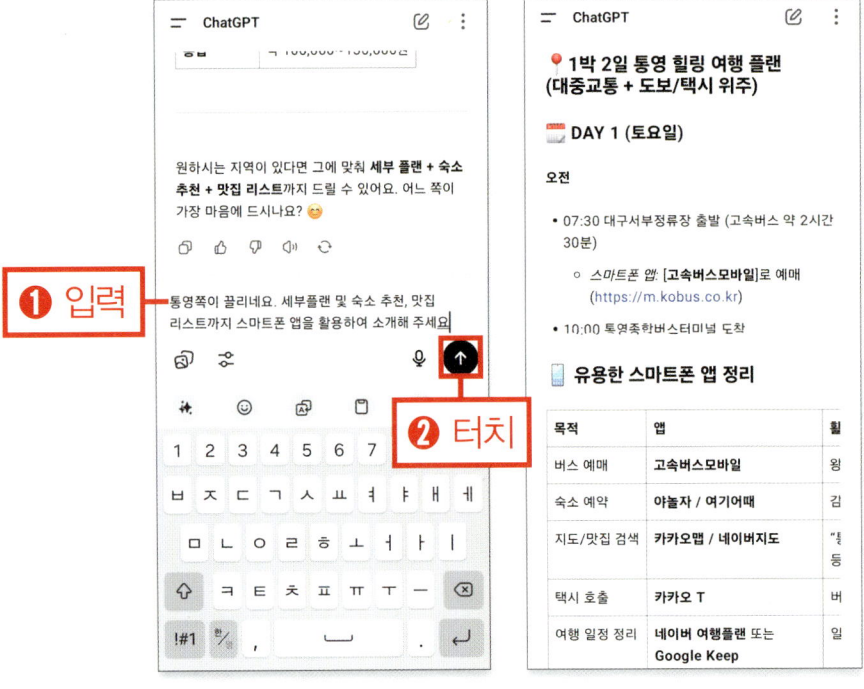

STEP 04 사진 만들기

01 사진을 만들기 위한 프롬프트(내용)를 입력하고 [업로드]()를 터치합니다. 생성된 사진을 확인합니다. 다운로드도 가능합니다.

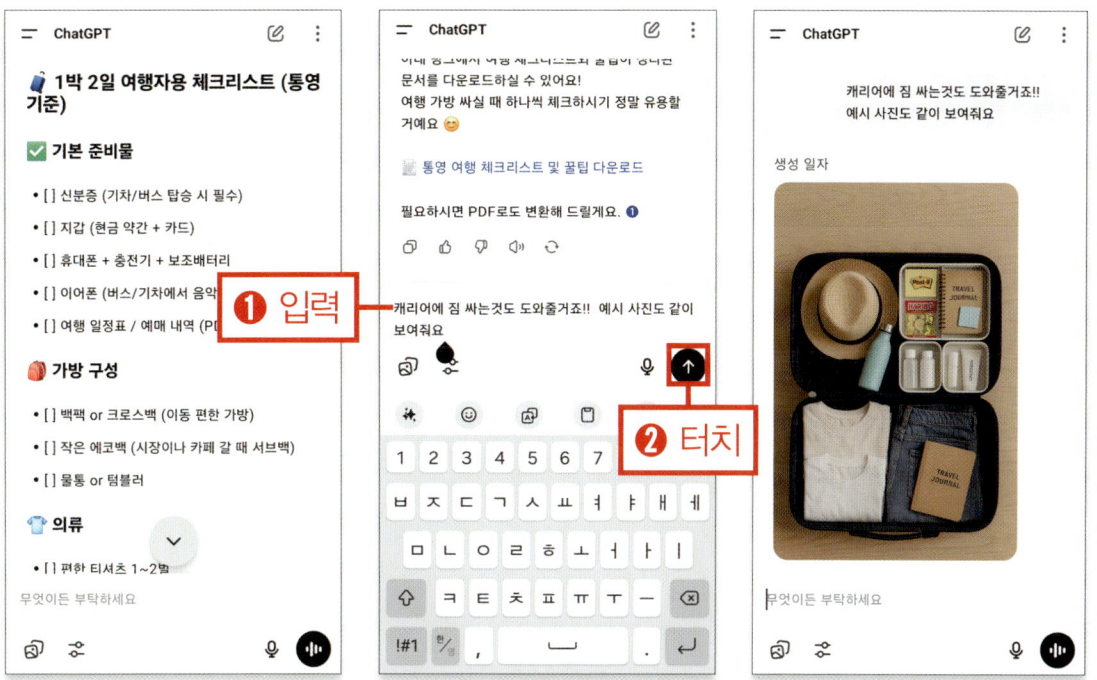

조금 더 배우기

무료 버전에서의 사진 생성은 지연 시간이 있습니다.

조금 더 배우기

내용을 정리한 파일을 요청하였다면 아래와 같이 다운로드하여 사용합니다.
'연결 프로그램'은 스마트폰에 설치된 앱에 따라 다르게 표시됩니다. 'Polaris Office(폴라리스 오피스)' 앱은 문서(pdf, hwp, xlsx, pptx)를 작성하고 수정할 수 있는 오피스 프로그램(앱)입니다.

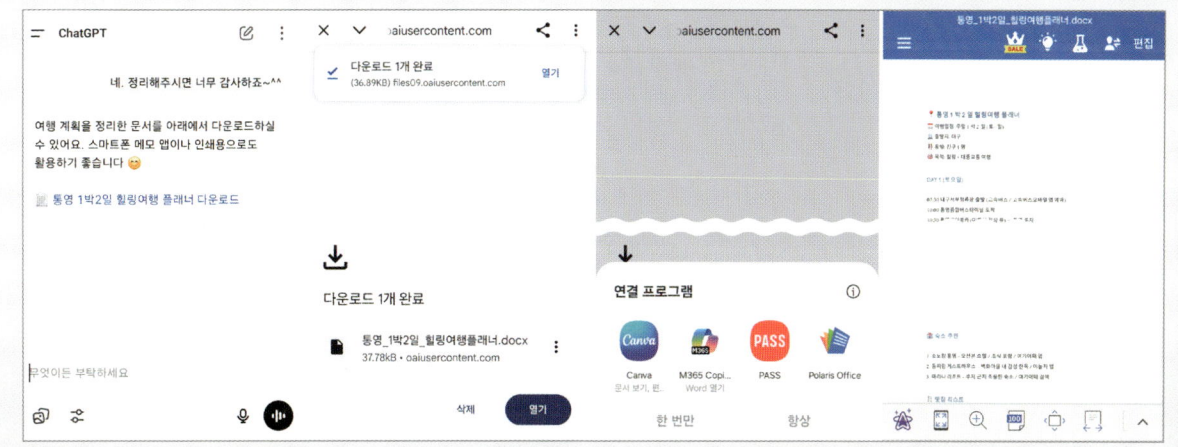

CHAPTER 17 | 국내/해외 어디로 여행 갈까요?

POINT

여행을 계획할 때 가장 먼저 떠오르는 질문은 "어디로 갈까?"입니다. 익숙한 국내 여행지에서 여유롭게 힐링할지, 해외에서 새로운 문화와 풍경을 경험할지 고민합니다. 여기서는 국내 여행은 대한민국 구석구석 앱으로, 해외여행은 트리플 앱을 사용하여 여행지를 쉽고 빠르게 탐색하고 맞춤형 여행 일정을 계획하는 방법을 배워봅니다.

▍완성 화면 미리 보기

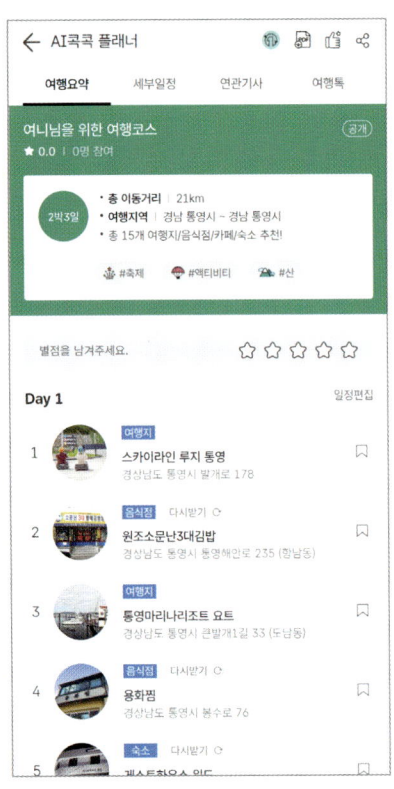 

▍여기서 배워요!

국내 여행지에서 힐링하기, 해외에서 새로운 문화와 풍경을 경험하기

STEP 01   국내 여행지에서 힐링하기

■ 대한민국 구석구석 앱 설치하기

01 [Play 스토어] 앱을 실행합니다. [검색]을 터치한 다음 검색란에 '대한민국 구석구석'을 입력하여 검색한 후 [설치]를 터치합니다. 설치가 완료되면 [열기]를 터치합니다. '접근 권한 안내'에 [확인]을 터치합니다.

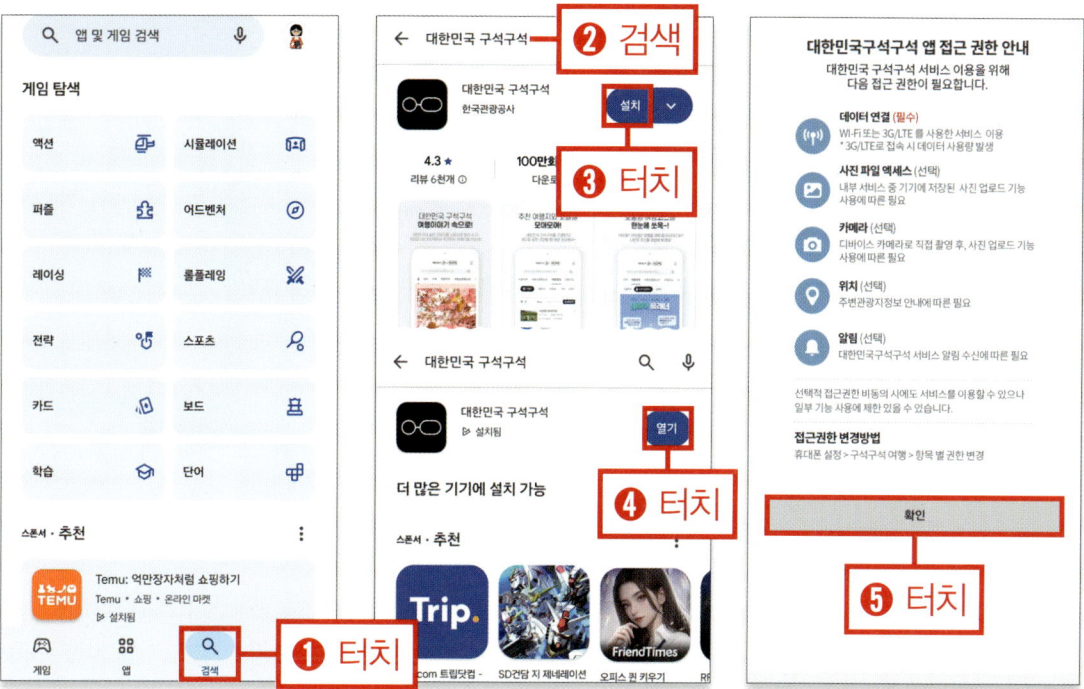

조금 더 배우기

'접근 권한 안내'가 나타나면 [앱 사용 중에만 허용], [허용]을 터치합니다. '기기의 사진, 동영상 액세스' 허용 여부에는 [모두 허용]을 터치합니다.

■ 대한민국 구석구석 앱 회원가입하기

01 [로그인/회원가입]을 터치합니다. '대한민국구석구석 통합 로그인' 화면에서 [투어원패스 로그인]을 터치합니다. '한국관광공사 통합로그인 서비스'에서 [카카오톡](●)을 터치합니다. [전체 동의하기]를 터치한 후 [동의하고 계속하기]를 터치합니다.

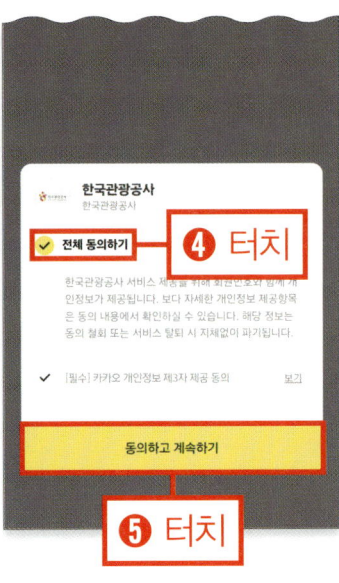

02 '가입신청' 이용약관에 [약관 동의하기]를 터치합니다. '인증채널' 관련 내용들을 입력, 선택한 후 [등록하기]를 터치합니다. '저장하시겠습니까?'에 [확인]을 터치합니다. 회원가입이 완료되면 [확인]을 터치합니다. '대한민국 구석구석 앱으로 이동'의 [계속]을 터치합니다. '일반회원'에 [가입하기]를 터치합니다. '회원가입 이용약관'에서 [필수]항목만 터치한 후 [동의]를 터치합니다.

■ **직접 여행지 검색하여 코스에 담기**

01 홈 화면 아래의 [검색](🔍)을 터치합니다. 검색할 여행지를 입력한 후 [검색](🔍)을 터치합니다. 화면을 위로 드래그하여 여행 정보를 확인합니다. 가고 싶은 여행지를 터치합니다.

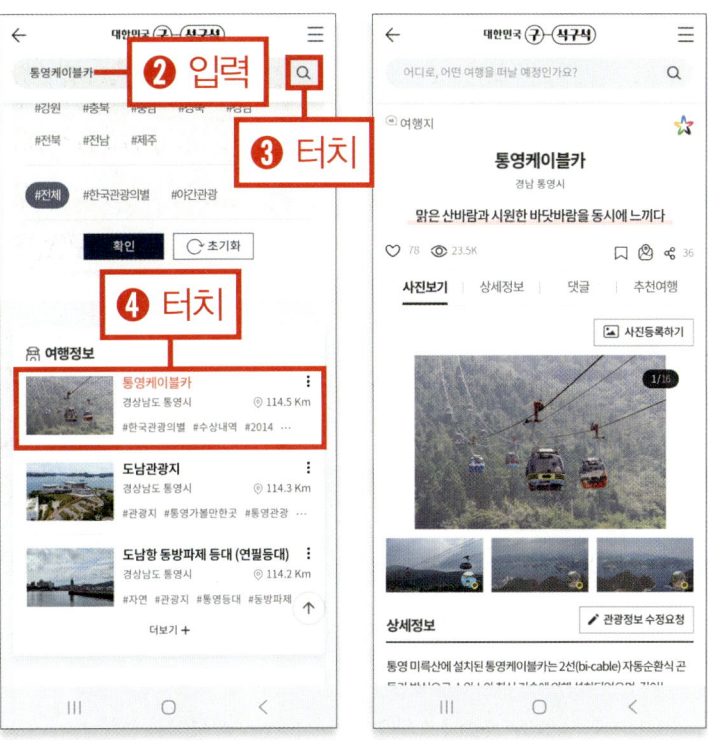

02

[코스에담기](이모지)를 터치합니다. '코스명'을 입력하고 [확인]을 터치합니다. '코스 담기 완료'에서 [확인]을 터치합니다. '알림'에서 [확인]을 터치합니다. 검색란에 다른 여행지를 검색합니다. 해당 여행지의 [더보기](⋮)를 터치한 후 [코스에담기]를 터치합니다. 해당하는 코스의 [선택]-[코스추가]를 차례대로 터치합니다. 화면 상단의 [대한민국 구석구석]을 터치합니다.

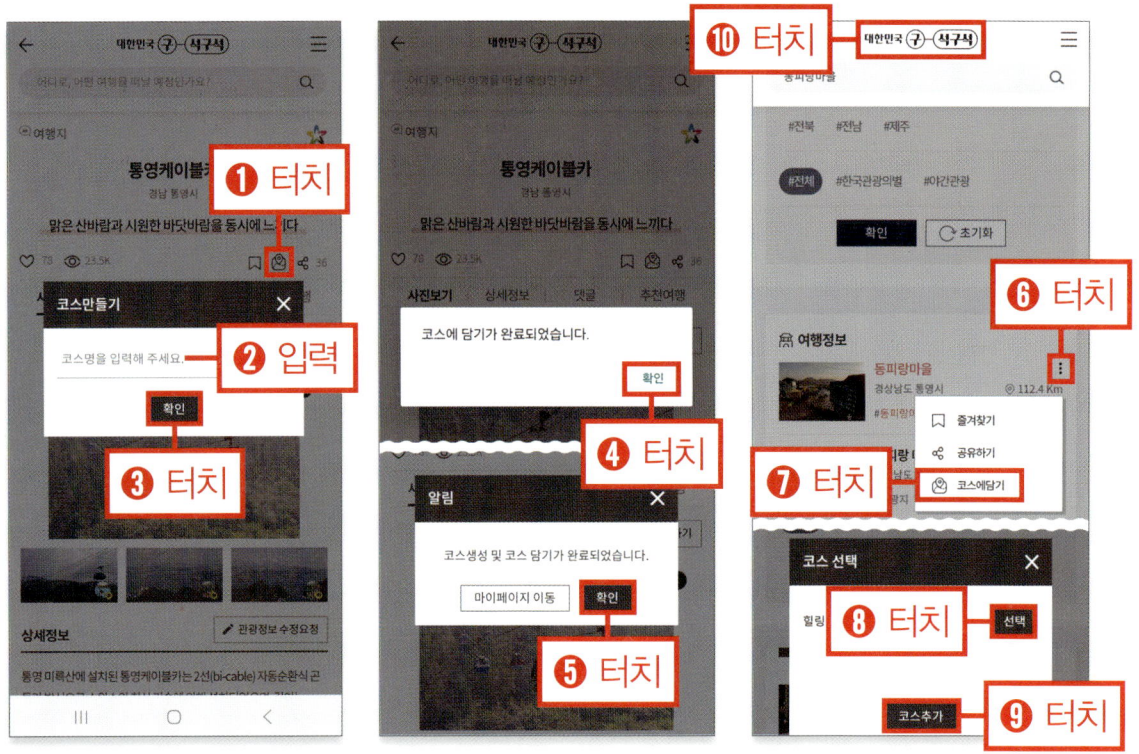

조금 더 배우기

코스에담기란? 여행지나 축제, 코스 정보를 마음에 드는 코스에 추가하거나 새로운 코스를 만들어 저장할 수 있는 기능입니다. 다른 여행지를 검색하여 코스에 담습니다.

03 코스에 담은 여행 일정을 확인하기 위해 홈 화면에서 [MY페이지]를 터치한 후 [코스]를 터치합니다. 여행 코스명을 확인합니다. 상세한 내용을 보기 위해 [더보기](⋮)-[내용편집]을 차례대로 터치합니다. 등록된 여행코스를 확인합니다.

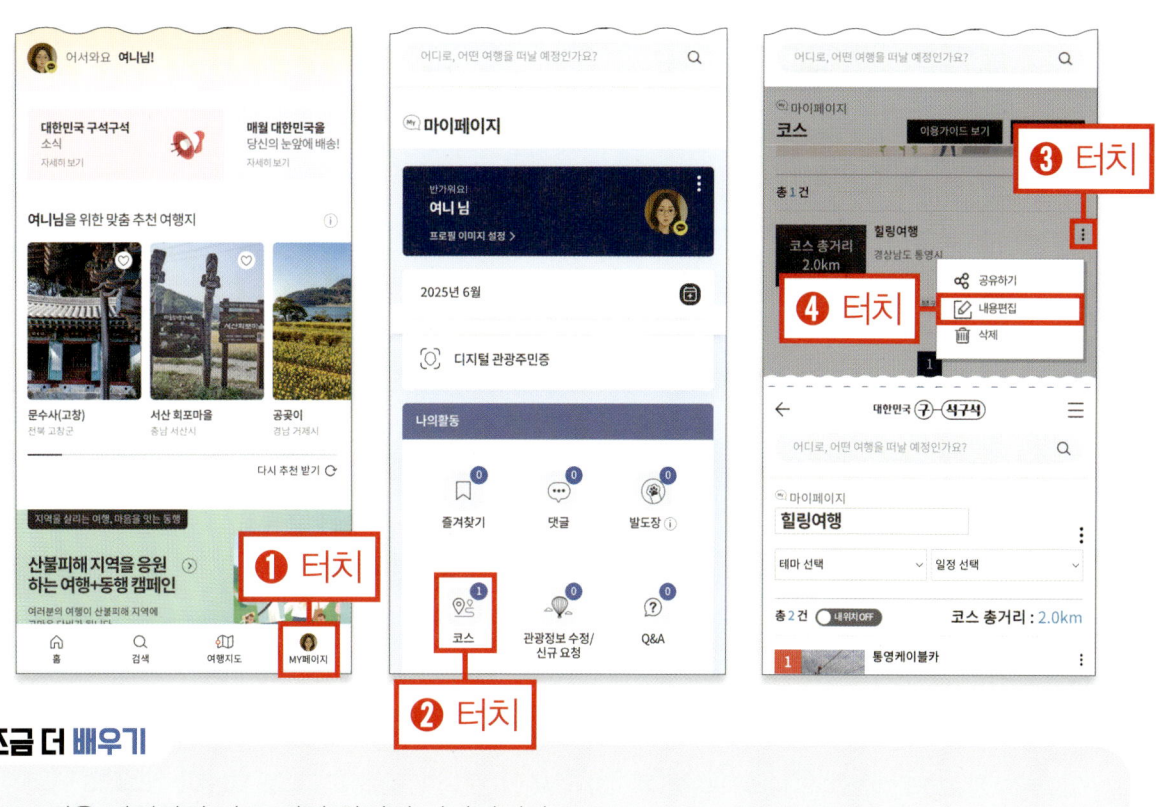

조금 더 배우기

여행코스 명을 터치하면 바로 편집 화면이 나타납니다.

■ AI콕콕 플래너로 여행 일정 짜기

01 화면 오른쪽 위 [메뉴](≡)를 터치합니다. '여행코스'에서 [AI콕콕 플래너]를 터치합니다. [코스만들기]-[START]를 차례대로 터치합니다.

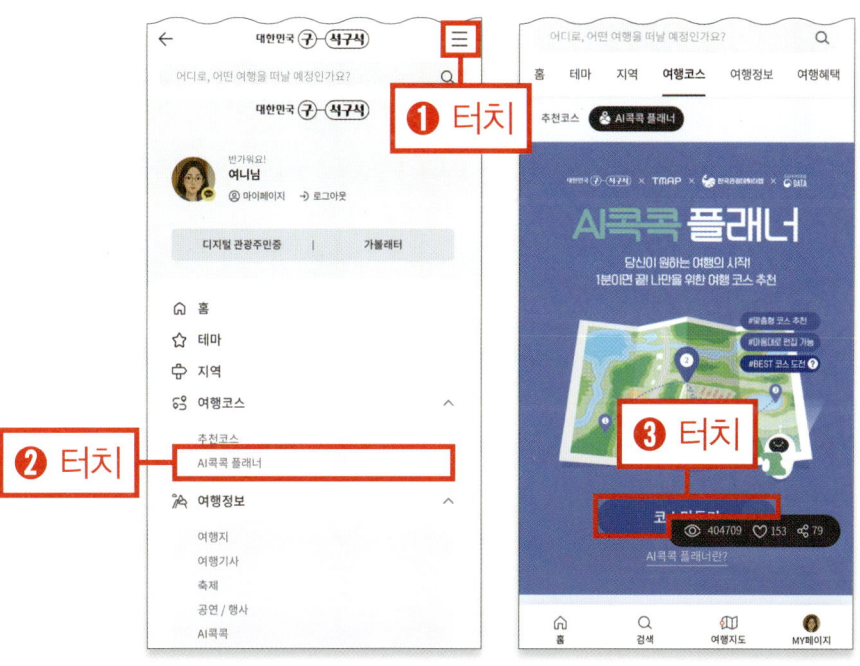
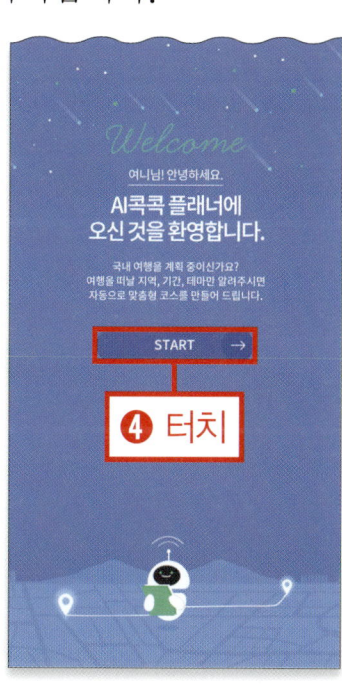

02 떠나고 싶은 지역을 선택하고 [다음]을 터치합니다. 도시를 선택한 후 [다음]을 터치합니다. 여행 기간을 선택합니다. [다음]을 터치합니다.

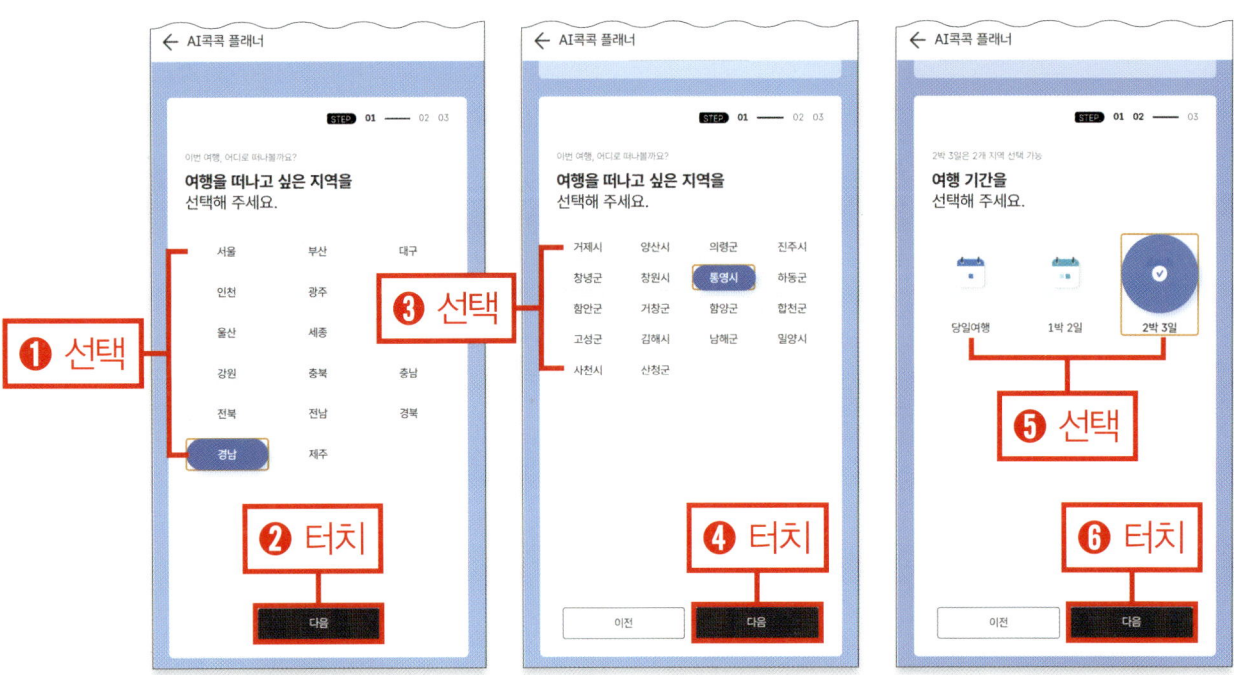

10 즐기고 싶은 여행 테마를 선택한 후 [완료]를 터치합니다. 여행 일정이 완성되었습니다. 여행 일정을 수정하기 위해 [일정편집]을 터치합니다.

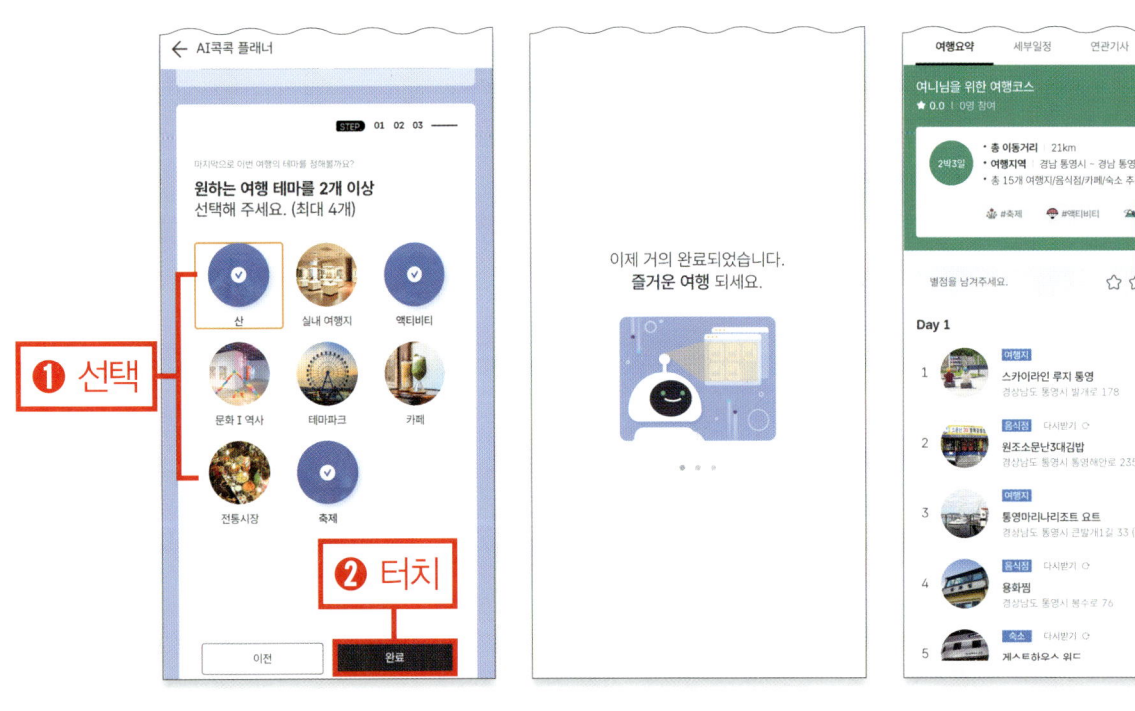

조금 더 배우기

[다시실행](🔄)은 추천 코스가 마음에 들지 않을 때 1회만 다시 실행할 수 있는 기능입니다. [PDF](📄)는 PDF 파일로 작성(저장)합니다. [공유](🔗)는 친구에게 여행 정보를 공유합니다.

■ 여행지 일정 수정하기

01 [여행지 추가 +]를 터치합니다. '추천 여행지'에서 추가할 여행지의 [추가]를 터치합니다. 여행지가 추가되었습니다. [저장]을 터치합니다.

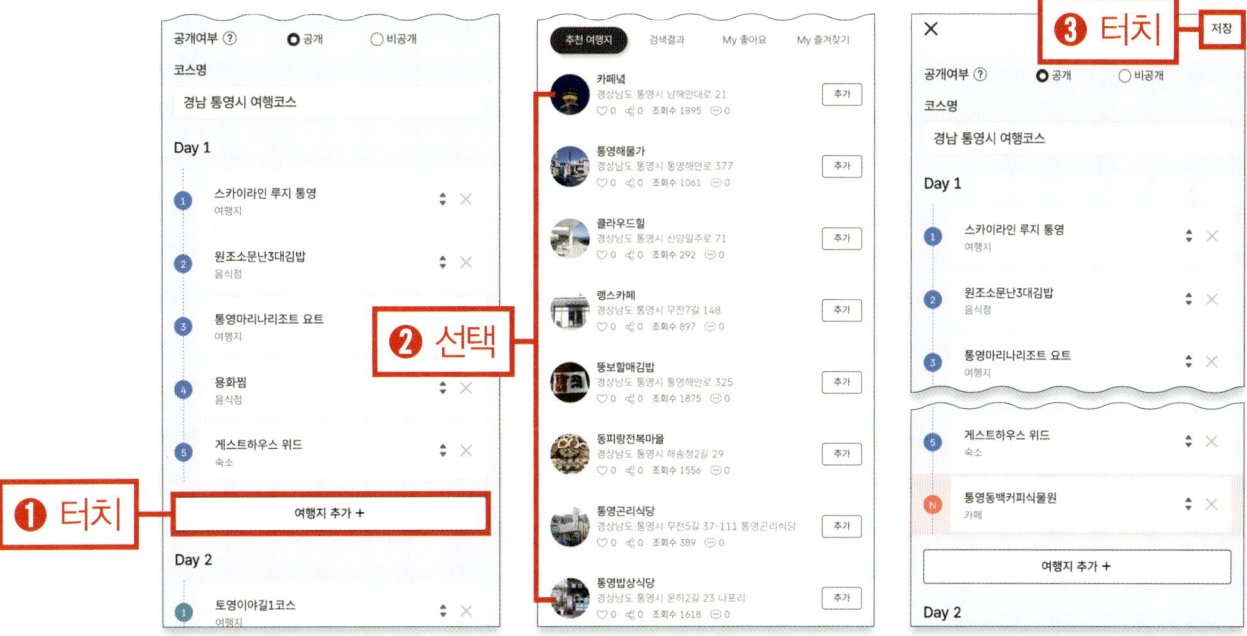

🌙 조금 더 배우기

여행지 순서를 변경하려면 여행지를 드래그하여 이동합니다.

🌙 조금 더 배우기

AI가 만들어 준 여행코스는 [메뉴](≡)를 터치합니다. '여행코스'의 [AI콕콕 플래너]를 터치한 후 화면을 위로 드래그합니다. [나의 여행코스]를 터치하면 등록한 여행 정보가 나타납니다. [세부일정]을 터치하면 차수별 여행지를 지도로 볼 수 있습니다.

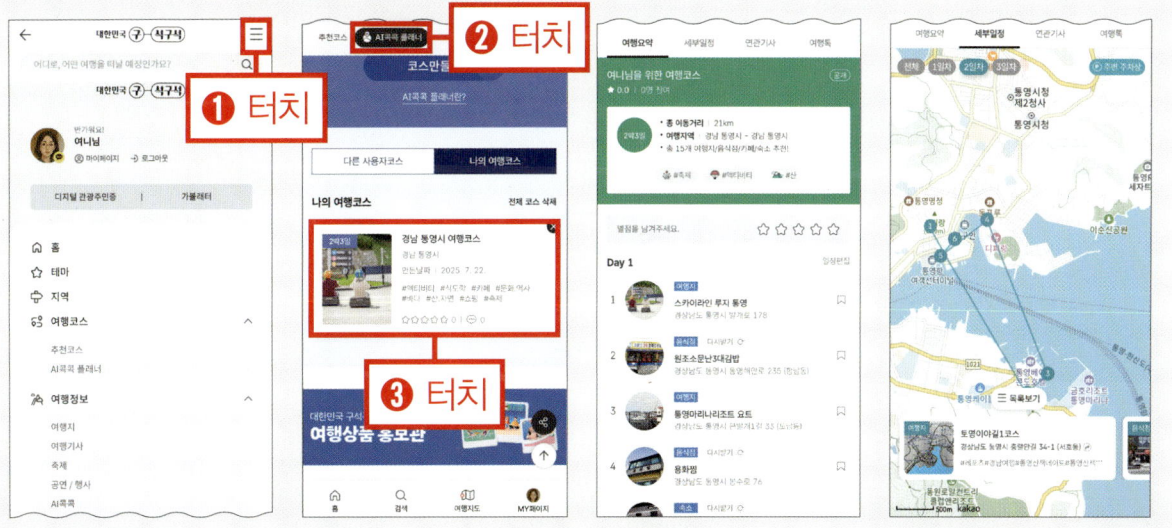

CHAPTER 17 국내/해외 어디로 여행 갈까요? | **133**

■ 네이버 여행정보 이용하기

01 네이버 앱 검색란에 '네이버여행'을 입력하여 검색합니다. [네이버 여행정보]를 터치합니다. [검색](🔍)을 터치하여 여행지를 선택합니다.

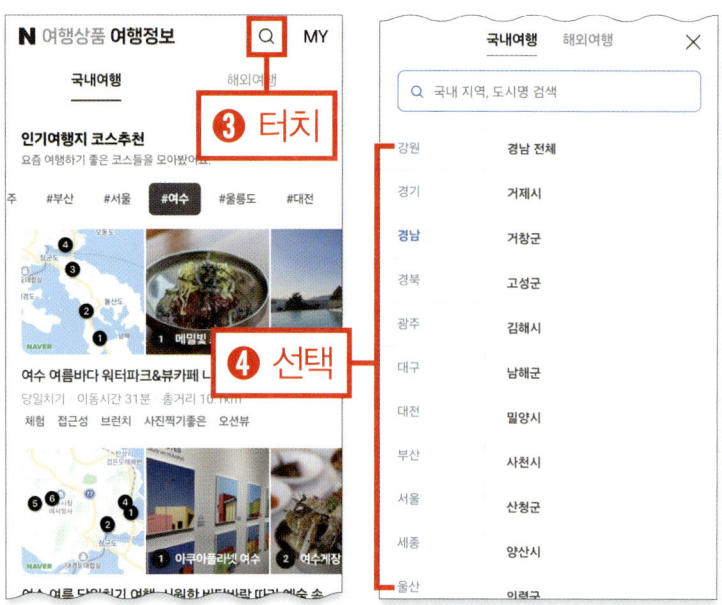

02 선택한 여행지 화면이 나타납니다. 메뉴 중 [가볼만한곳]을 터치합니다. 지도 화면을 확대하여 여행지를 살펴봅니다. 상단 메뉴를 드래그한 후 [코스추천]-[여행 일정(예: 2박3일)]을 차례대로 터치합니다. 여행 코스가 검색됩니다. 마음에 드는 여행 코스를 터치합니다.

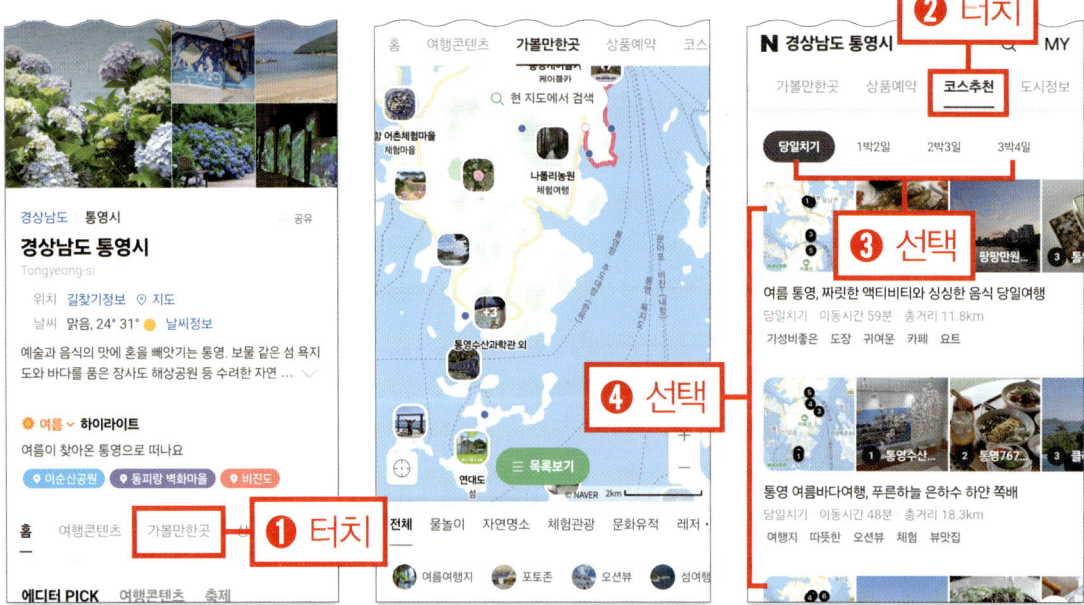

네이버 여행 정보의 '코스추천'은 AI가 관련 정보와 함께 해당 지역의 여행 코스를 보여주는 기능입니다. 국내 약 270개 지역을 대상으로 코스를 추천해 줍니다.

■ 여행코스 전체화면 캡처로 이미지로 저장하기

01 여행 코스를 참고하기 위해 네이버 툴바의 [더보기](≡)를 터치합니다. [화면 캡처]-[전체화면 캡처]를 차례대로 터치합니다.

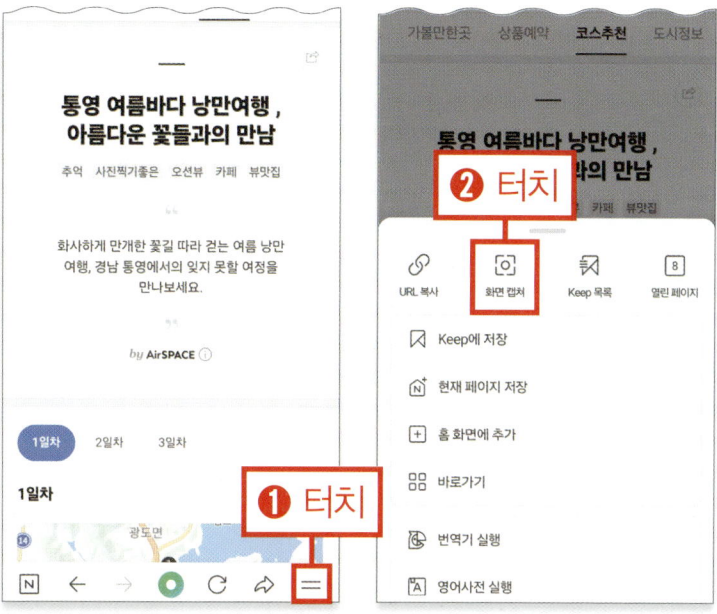
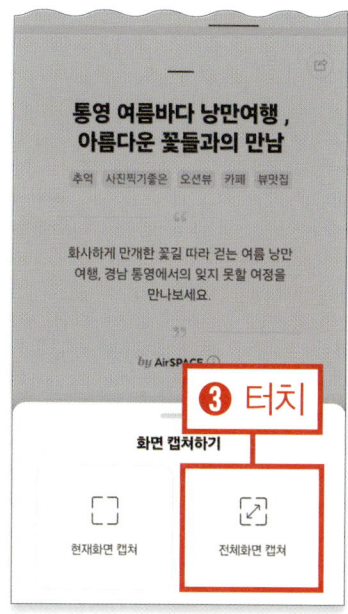

02 화면 아래 [저장하기]를 터치합니다. 여행 정보를 공유하기 위해 [공유](↗)를 터치하여 공유합니다.

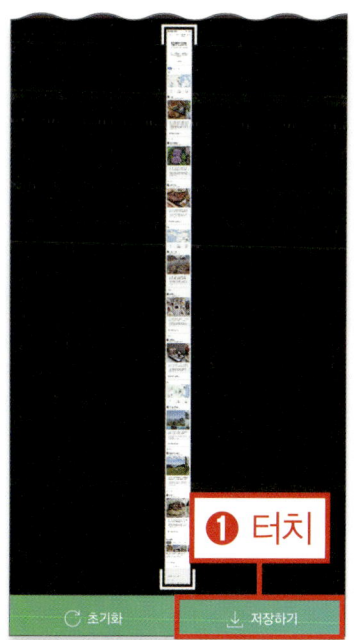
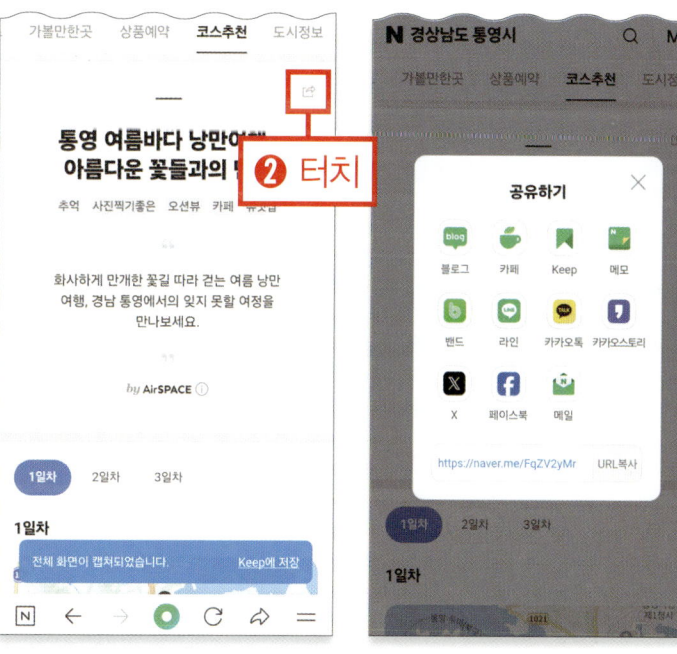

조금 더 배우기

캡처한 정보는 '갤러리' 앱에서 확인 가능합니다.

> **STEP 02** 해외에서 새로운 문화와 풍경 경험하기

■ 트리플 앱 설치하기

01 [Play 스토어] 앱을 실행합니다. [검색]을 터치한 다음 검색란에 '트리플'을 입력하여 검색한 후 [설치]를 터치합니다. 설치가 완료되면 [열기]를 터치합니다. [시작하기]를 터치합니다.

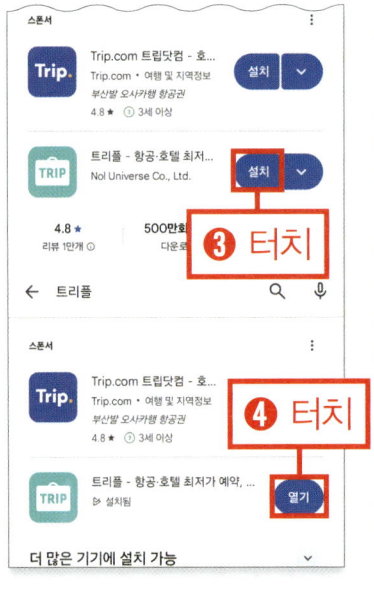
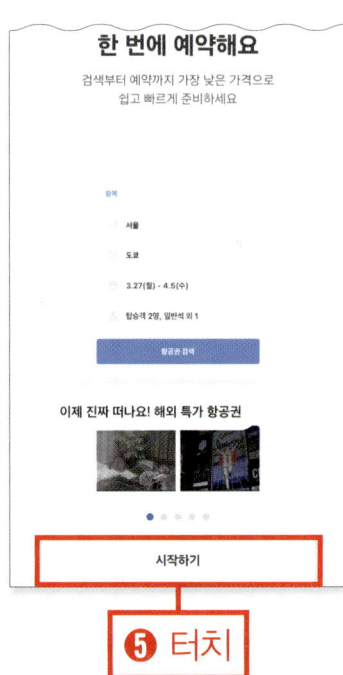

■ NOL 회원가입하기

01 [NOL 아이디로 시작하기]를 터치합니다. [카카오로 시작하기]를 터치합니다. [필수] 항목과 [만 14세 이상입니다]를 터치하고 [동의하고 계속하기]를 터치합니다.

[동의하고 계속하기]가 활성화되지 않으면 '전체 동의하기'를 선택합니다.

02 본인 확인을 위해 [문자 인증하기]를 터치합니다. 이름과 휴대폰 번호를 입력한 후 [인증번호 요청하기]를 터치합니다. 인증번호를 입력합니다.

조금 더 배우기

[본인 인증하기]를 터치하면 휴대폰 통신사를 통한 인증절차가 나타납니다.

03 닉네임을 입력한 후 [NOL 가입 완료]를 터치합니다. [바로 시작할게요]-[시작하기]를 차례대로 터치합니다.

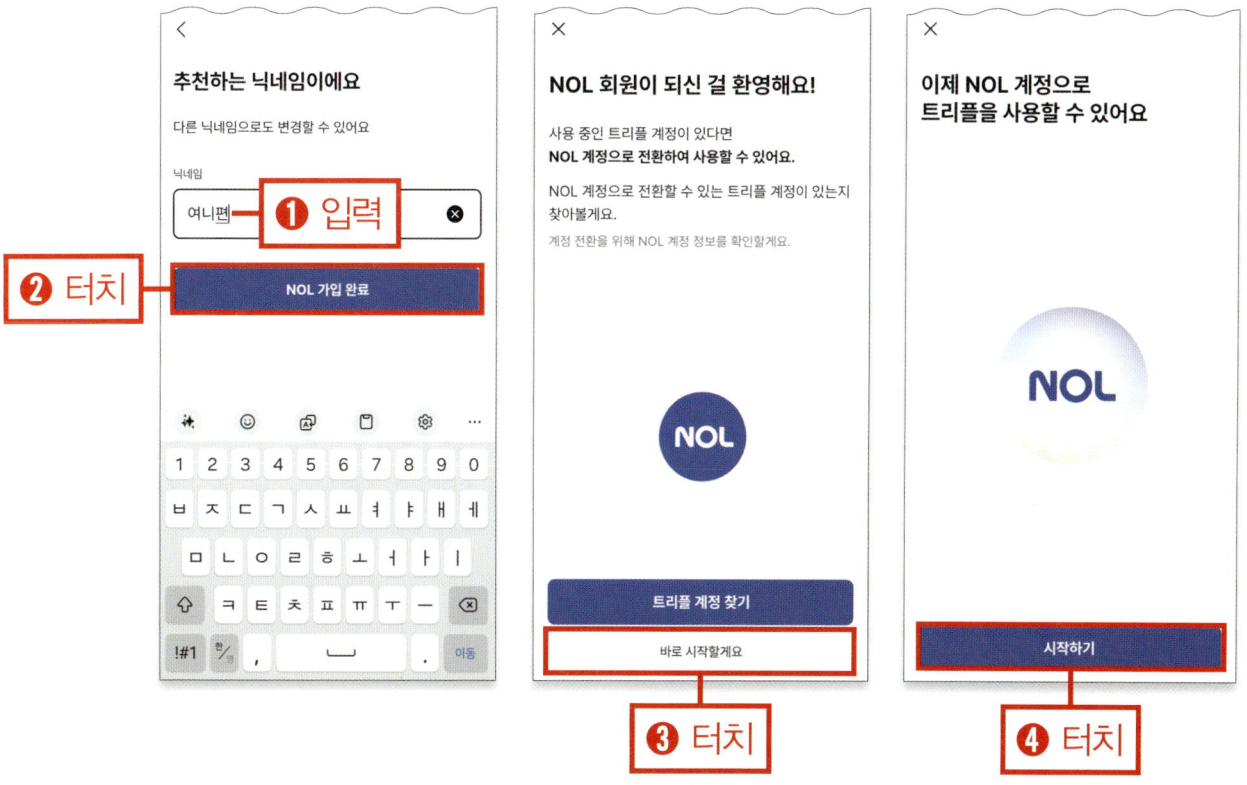

04 '위치 및 알림 설정'에서 [확인]을 터치합니다. '위치 정보 액세스'에서 [앱 사용 중에만 허용]을 터치합니다. '알림 허용'에서 [허용]을 터치합니다.

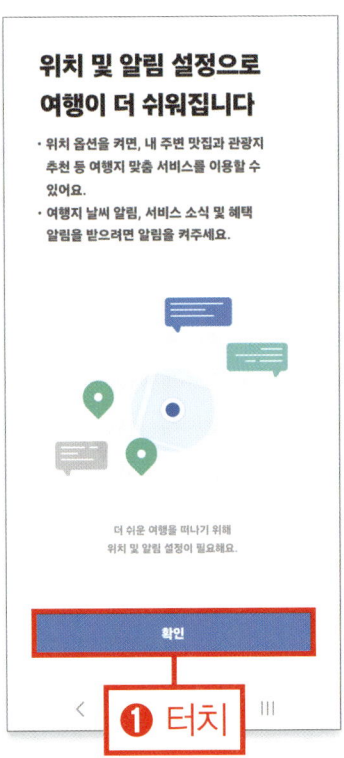  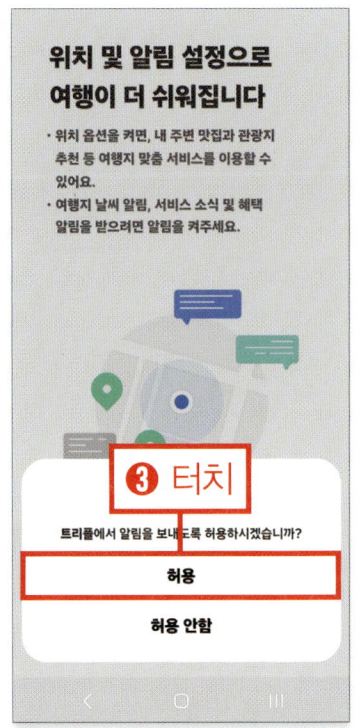

■ AI일정추천 활용하기

01 여행 일정을 짜기 위해 상단 메뉴 중 [AI일정추천]을 터치합니다. [바로 추천받기]를 터치합니다. 떠나고 싶은 도시를 선택한 후 [다음]을 터치합니다.

 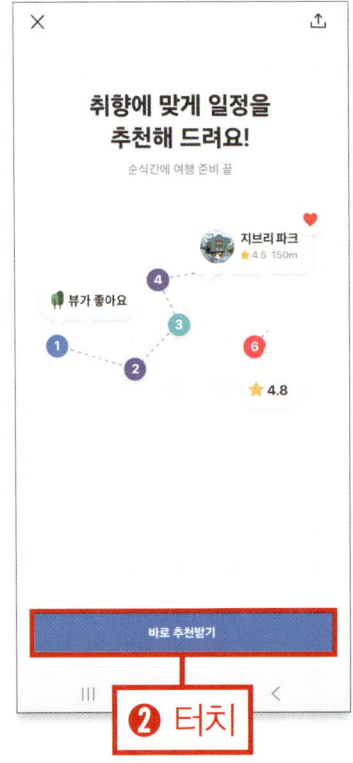 

02 여행 기간을 선택한 후 [다음]을 터치합니다. 누구와 가는지도 선택하고 [다음]을 터치합니다. 선호하는 여행 스타일을 선택한 후 [다음]을 터치합니다.

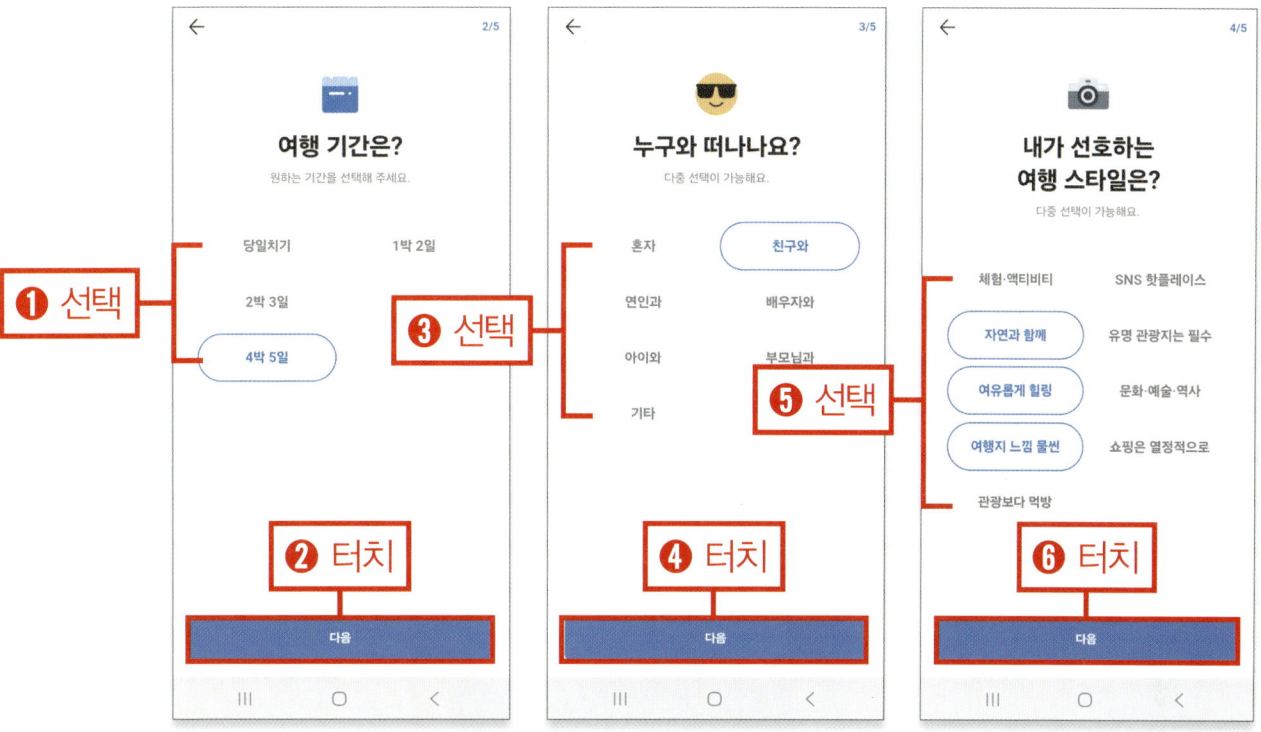

03 마지막으로 선호하는 여행 일정을 선택하고 [다음]을 터치합니다. 화면에 추천 일정이 나타납니다.

04 화면을 위로 드래그하여 일정을 살펴본 후 마음에 든다면 [내 일정으로 담기]를 터치합니다. 여행 갈 일정을 선택하고 [선택완료]를 터치합니다. 여행 일정을 살펴봅니다.

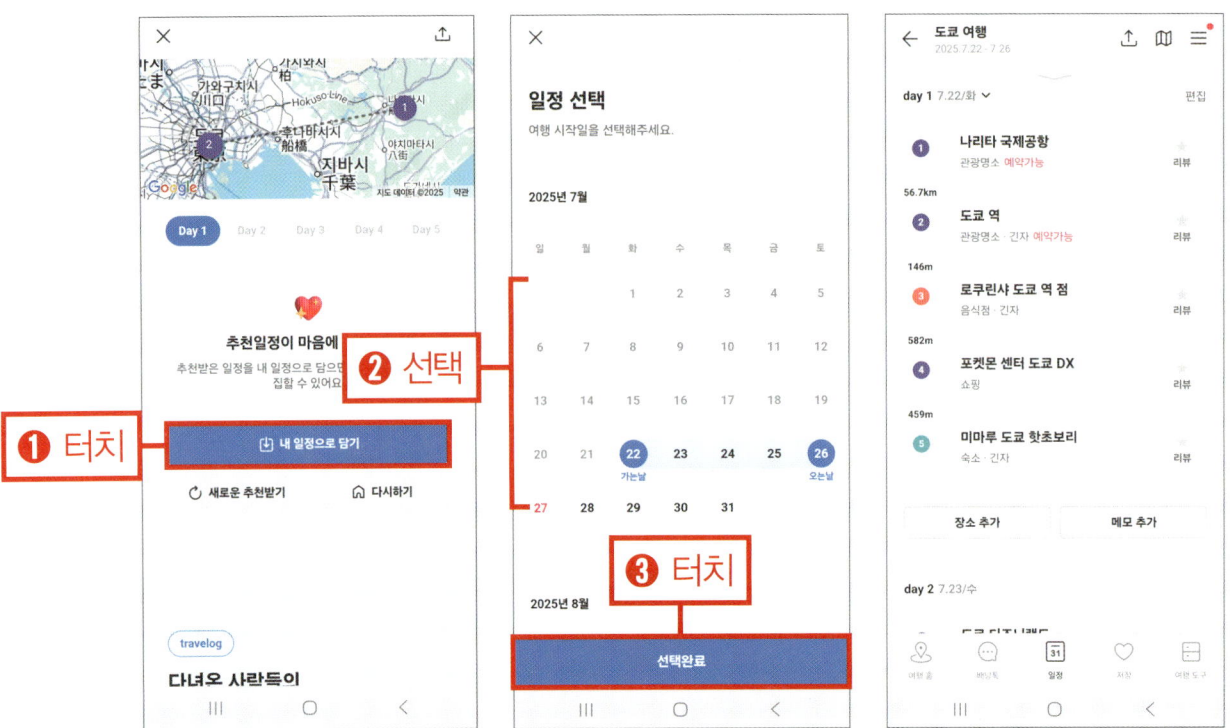

 **조금 더 배우기**

일정이 마음에 들지 않으면 [새로운 추천받기]를 터치합니다.

■ 항공권 등록 및 숙소 예약하기

01 화면을 아래로 드래그한 뒤 [+항공편]을 터치합니다. 예매한 항공권이 있다면 출발일 [day 1]을 터치한 후 항공권을 등록합니다. [+숙소]를 터치합니다. [숙소 예약하기]를 터치하면 여행지 숙소를 검색합니다. 마음에 드는 숙소를 터치합니다.

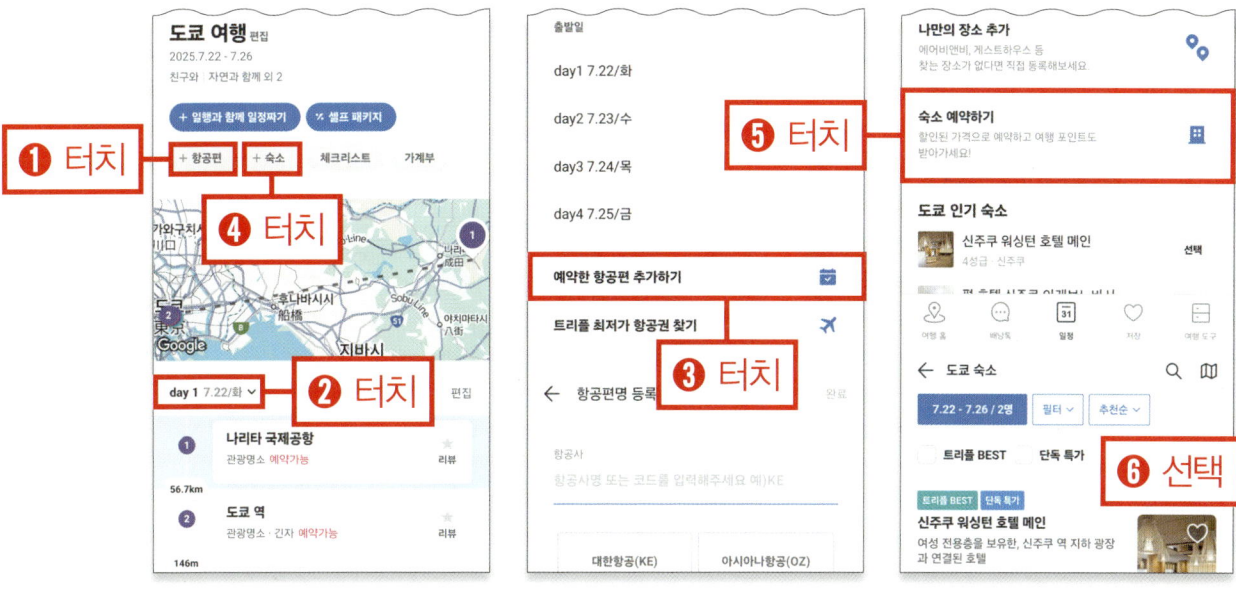

조금 더 배우기

항공권 예매는 18강을 참고합니다.

02 [객실 보기]를 터치합니다. 객실 목록에서 [선택]을 터치합니다. [예약하기]를 터치합니다.

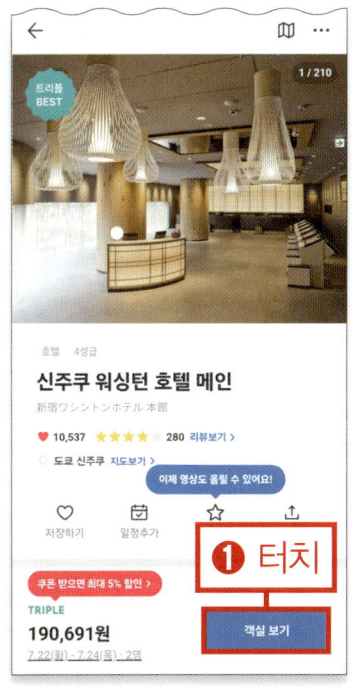

■ 등록된 일정 수정하기

01 홈 화면 아래 등록된 [○○○ 여행]을 터치합니다. [날짜]를 터치합니다. 일정 아래 [장소 추가]를 터치합니다.

02 '추천 장소'의 [더보기]를 터치합니다. 방문하고 싶은 관광지 또는 식당을 선택합니다. [일정추가]를 터치합니다. 원하는 일정을 선택한 후 [일정에 추가]를 터치합니다.

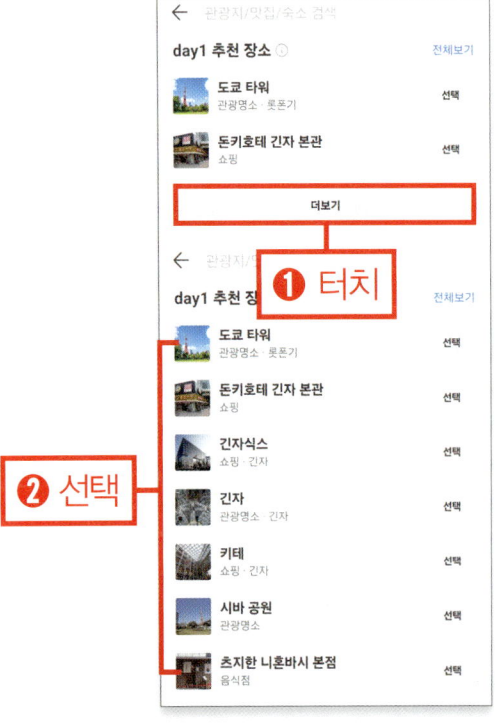

03 추가된 일정을 확인하고 [편집]을 터치합니다. [거리순 재정렬]을 터치합니다. [확인]을 터치합니다. 거리순으로 일정이 정리됩니다.

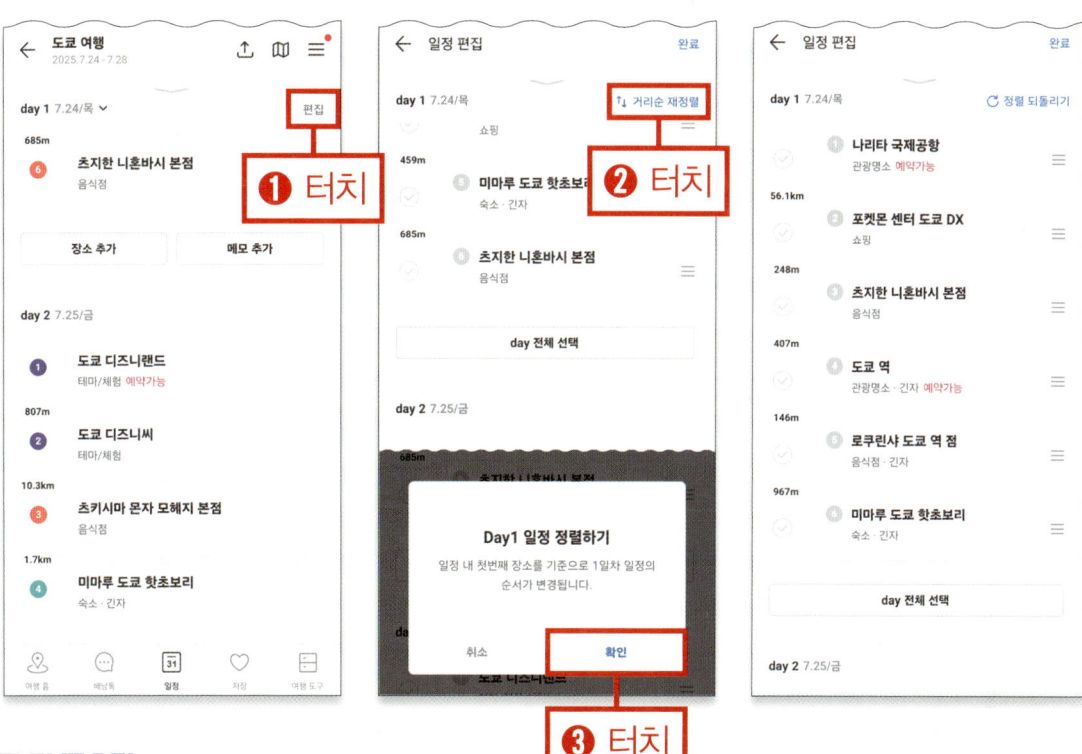

조금 더 배우기

[가이드]를 터치하여 여행지에 대해 알아봅니다. 여행을 하면서 같은 여행자들과 [배낭톡]으로 소통을 하여 도움을 받습니다.

   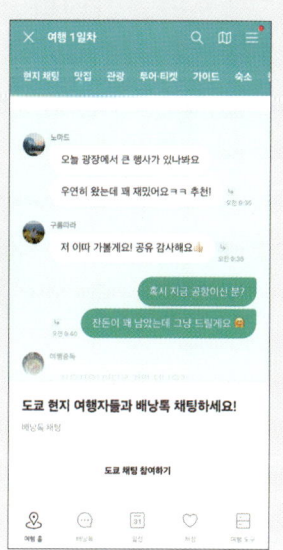

■ 네이버여행 이용하기

01 네이버에서 [네이버여행]을 검색한 후 [네이버 여행정보]-[해외여행]을 차례대로 터치합니다. [검색](Q)을 터치한 후 여행하고 싶은 나라 및 도시를 선택합니다.

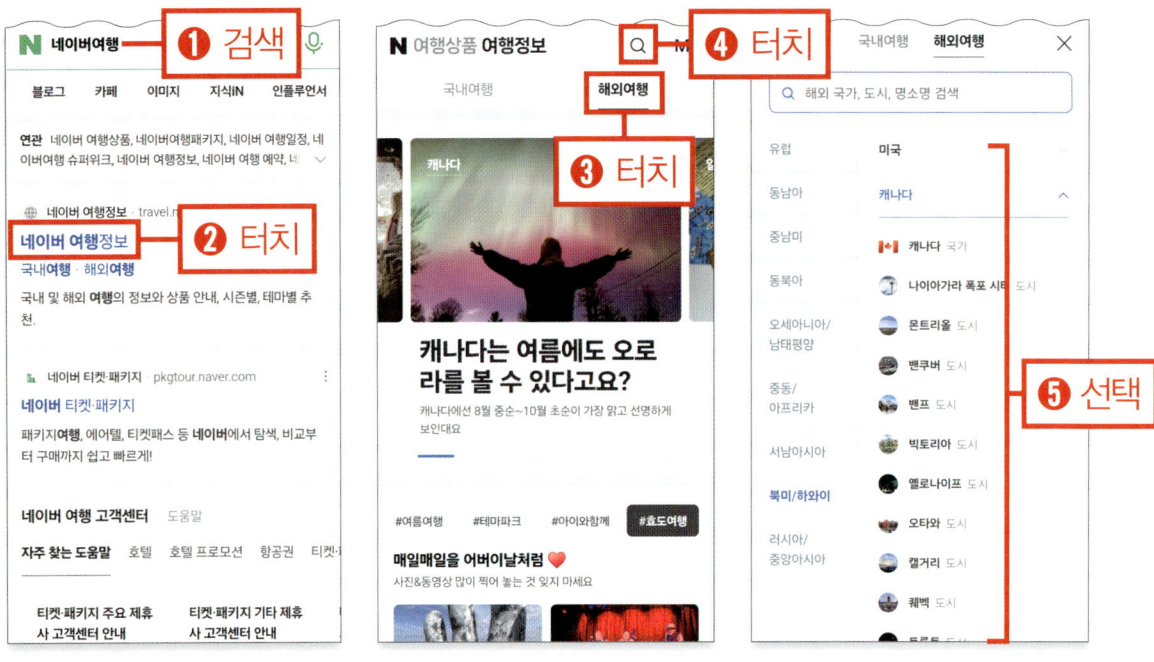

02 선택한 도시의 [가볼만한곳]을 터치하여 관광지를 살펴본 후 [추천코스]를 터치합니다. 마음에 드는 여행 코스의 [내 여행일정에 추가]를 터치합니다. [새 여행일정에 추가]를 터치하여 등록합니다.

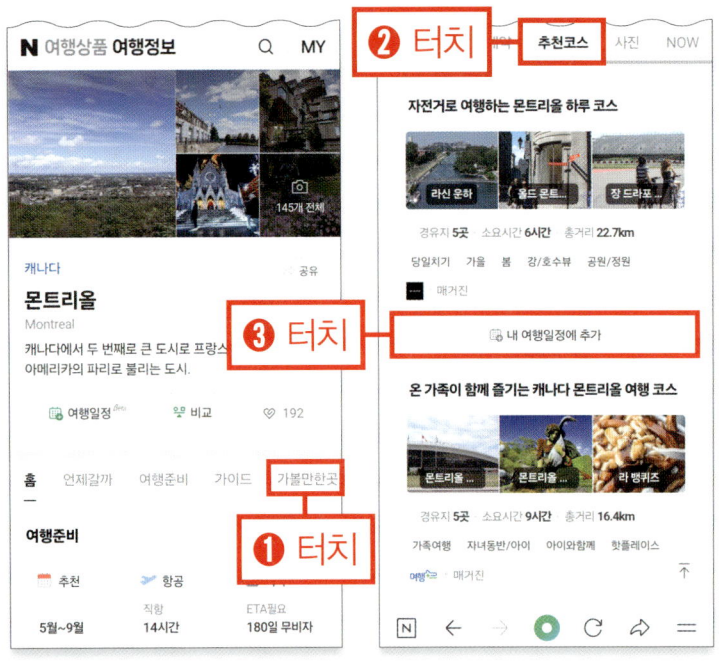

혼자서도 만들 수 있어요!

1 대한민국 구석구석 앱의 AI 플래너를 활용하여 국내(강원도-춘천시) 여행 일정을 만들어 보세요.

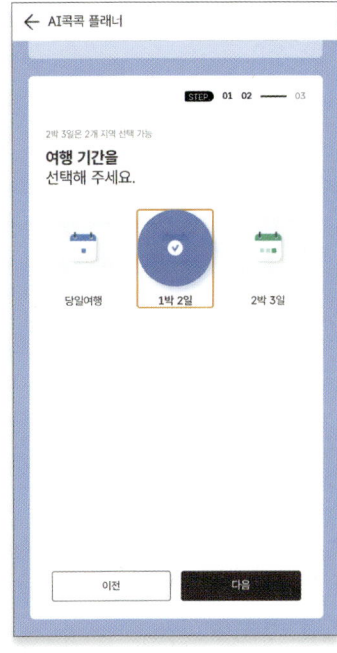

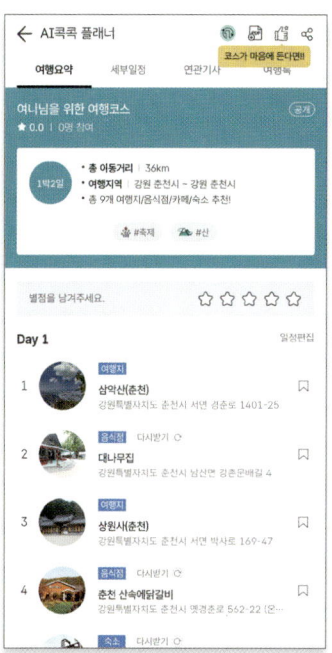

hint [대한민국 구석구석] 앱에서 [메뉴](三)-[AI콕콕 플래너] 터치 후 [Start] 터치 → 지역1(강원도)/지역2(춘천시) 선택 → 기간(1박2일) 선택 후 테마(산,축제) 선택

2 네이버 여행정보를 활용하여 해외(호주-멜버른) 여행의 추천 코스를 검색해 보세요.

hint [네이버] 앱 실행 후 '네이버여행정보' 검색 → [해외여행] 선택 후 [오세아니아/남태평양 →호주(멜버른)] 선택 → 추천 코스 확인

CHAPTER 18
버스부터 비행기까지, 여행 가는 길 준비하기

POINT

여행을 계획할 때 이동수단 예약은 필수입니다. 티머니GO 앱은 시외, 고속 버스 정보를 확인하고 코레일 앱은 기차표를 예매할 수 있습니다. 네이버 항공권 서비스를 통해 비행기 좌석까지 간편하게 예약할 수 있어 한눈에 교통 계획을 완성할 수 있습니다. 예약하기를 배워봅니다.

완성 화면 미리 보기

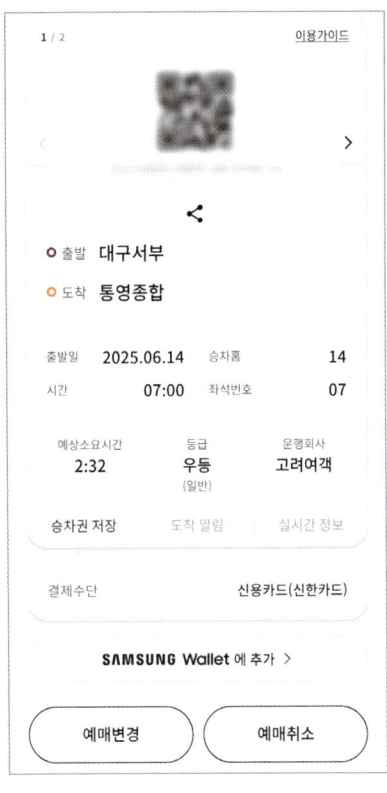  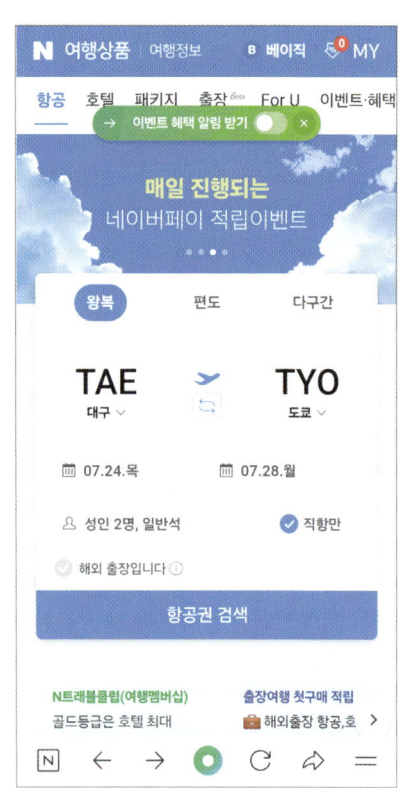

여기서 배워요!

티머니GO 앱으로 고속버스 예매하기 / 코레일 앱으로 열차표 예매하기 /
네이버 항공권으로 비행기편 알아보기

STEP 01 티머니GO 앱으로 고속버스 예매하기

■ 티머니GO 앱 설치하기

01 [Play 스토어] 앱을 실행합니다. [검색]을 터치한 다음 검색란에 '티머니고'를 입력하여 검색한 후 [설치]를 터치합니다. 설치가 완료되면 [열기]를 터치합니다. '앱 접근 권한 안내' 화면의 '알림 허용'에서 [허용]을 터치합니다. [확인]을 터치합니다.

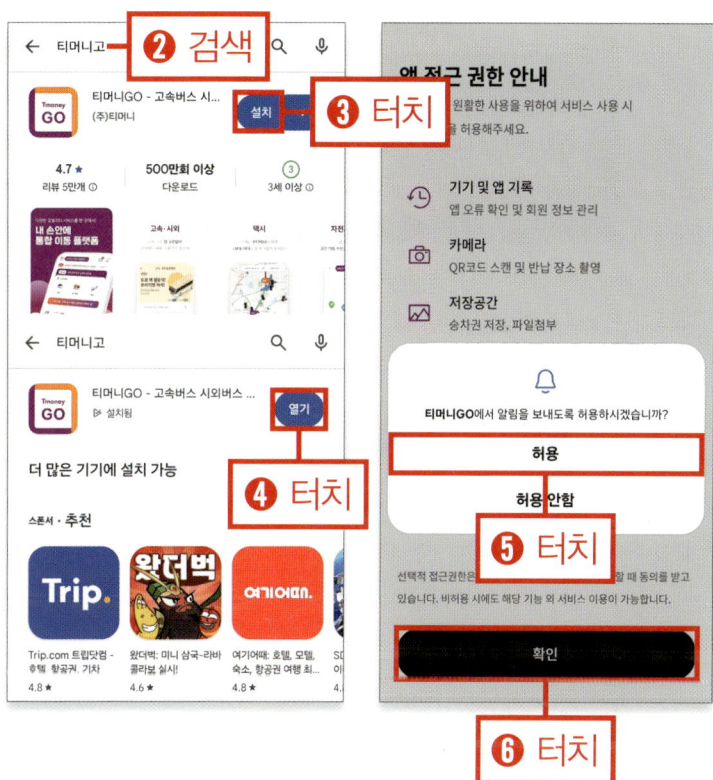

CHAPTER 18 버스부터 비행기까지, 여행 가는 길 준비하기 | **147**

■ 티머니GO 앱 회원 로그인하기

01 홈 화면 아래 [마이]를 터치합니다. '회원 로그인' 메시지에 [네, 로그인 하겠습니다.]를 터치합니다. [휴대폰 본인 인증으로 시작하기]를 터치합니다. 해당하는 통신사를 선택하고 [문자(SMS)로 인증하기]를 터치합니다. 해당하는 정보를 입력하고 [확인]을 터치합니다.

조금 더 배우기

토스 앱 사용자는 '토스로 시작하기'로 가입하여도 됩니다. 또 PASS 앱 사용자라면 'PASS로 인증하기'로 진행합니다.

02 인증번호를 입력하고 [인증확인]을 터치합니다. '약관 동의'에 [필수] 항목에 해당하는 목록만 선택하고 [다음]을 터치합니다. 입력한 회원 정보가 맞는지 확인한 후 [다음]을 터치합니다. 회원 가입이 완료되었습니다.

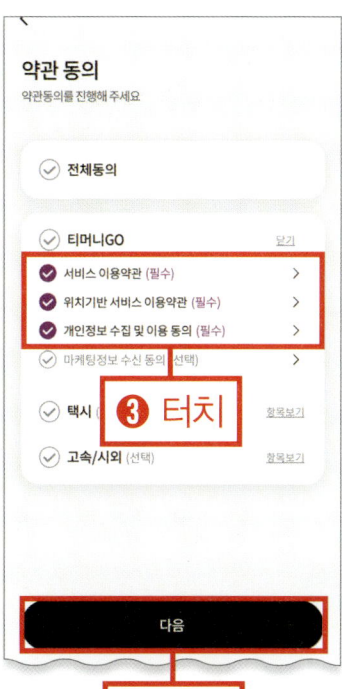

'필수' 항목을 선택하였는데 [다음]이 활성화되지 않는다면 [전체동의]를 선택합니다.

■ 고속, 시외버스 예매하기

01 홈 화면에서 [고속·시외]를 터치합니다. [터미널명 또는 지역명 입력]을 터치합니다. '출발지선택'을 터치한 후 해당하는 터미널을 선택합니다. '도착지선택'을 터치하여 해당하는 터미널을 선택합니다.

CHAPTER 18 버스부터 비행기까지, 여행 가는 길 준비하기 | **149**

02 날짜 및 시간을 선택한 후 [편도 조회]를 터치합니다. 조회된 버스를 선택합니다. '회원 전용' 메시지에서 [약관 동의하러 가기]를 터치합니다.

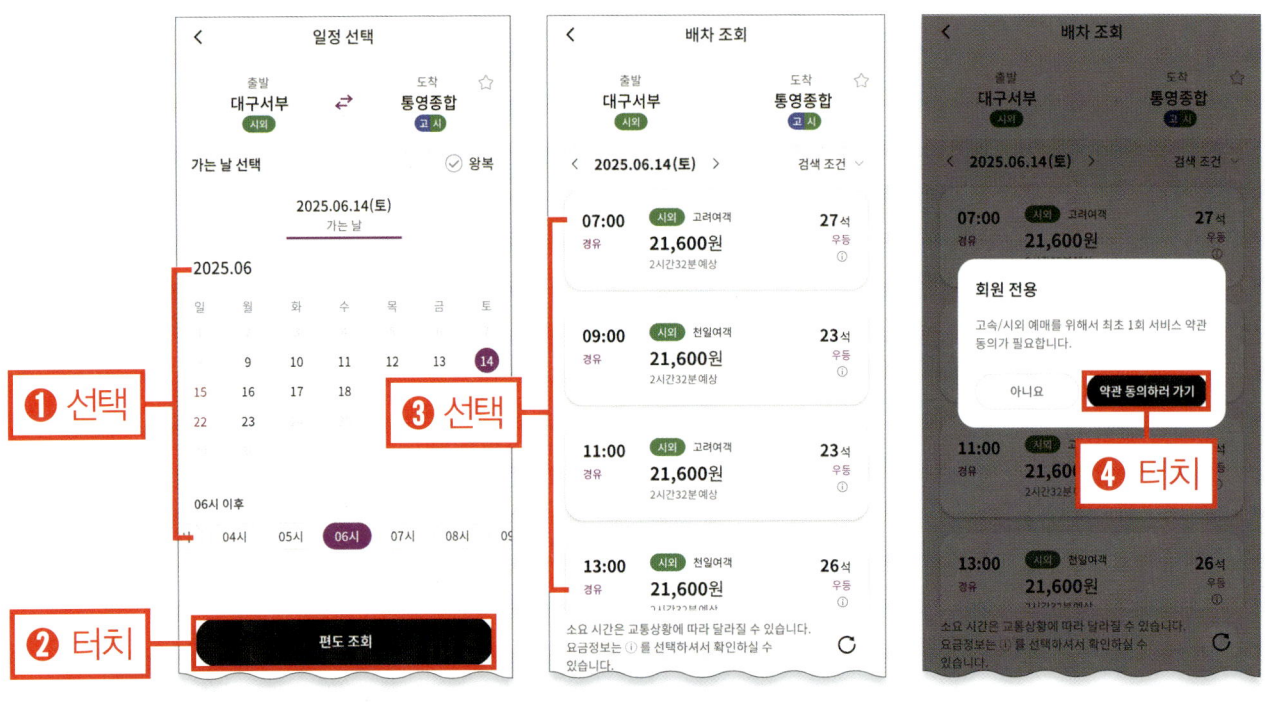

조금 더 배우기

왕복으로 예매하려면 '왕복'을 선택합니다.

03 '약관 동의' 화면에서 [전체동의]를 선택하고 [확인]을 터치합니다. 인원수 만큼 예매할 좌석을 선택하고 [선택완료]를 터치합니다. 예약정보를 확인하고 [결제하기]를 터치합니다.

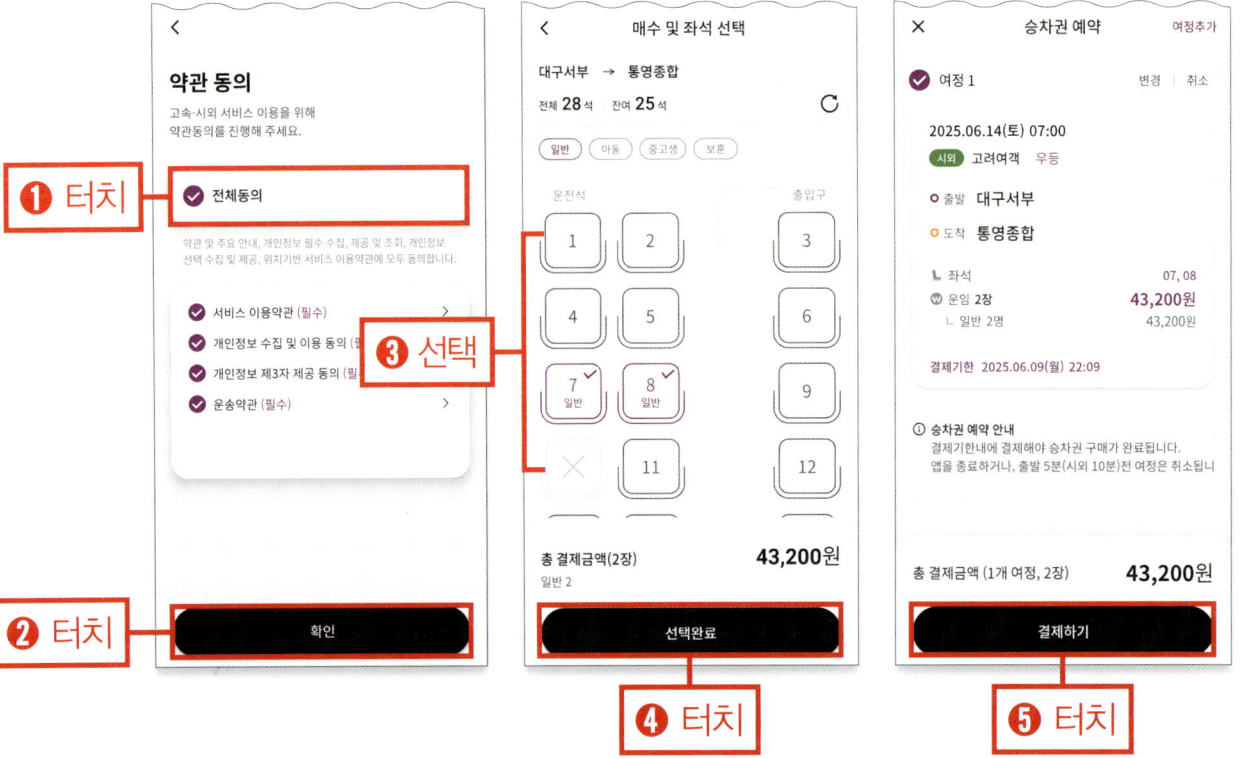

04 '결제하기'에서 [신용/체크 일반결제]를 선택하여 카드 정보를 입력합니다. [결제하기]를 터치합니다. 결제가 완료되었습니다. [확인]을 터치합니다.

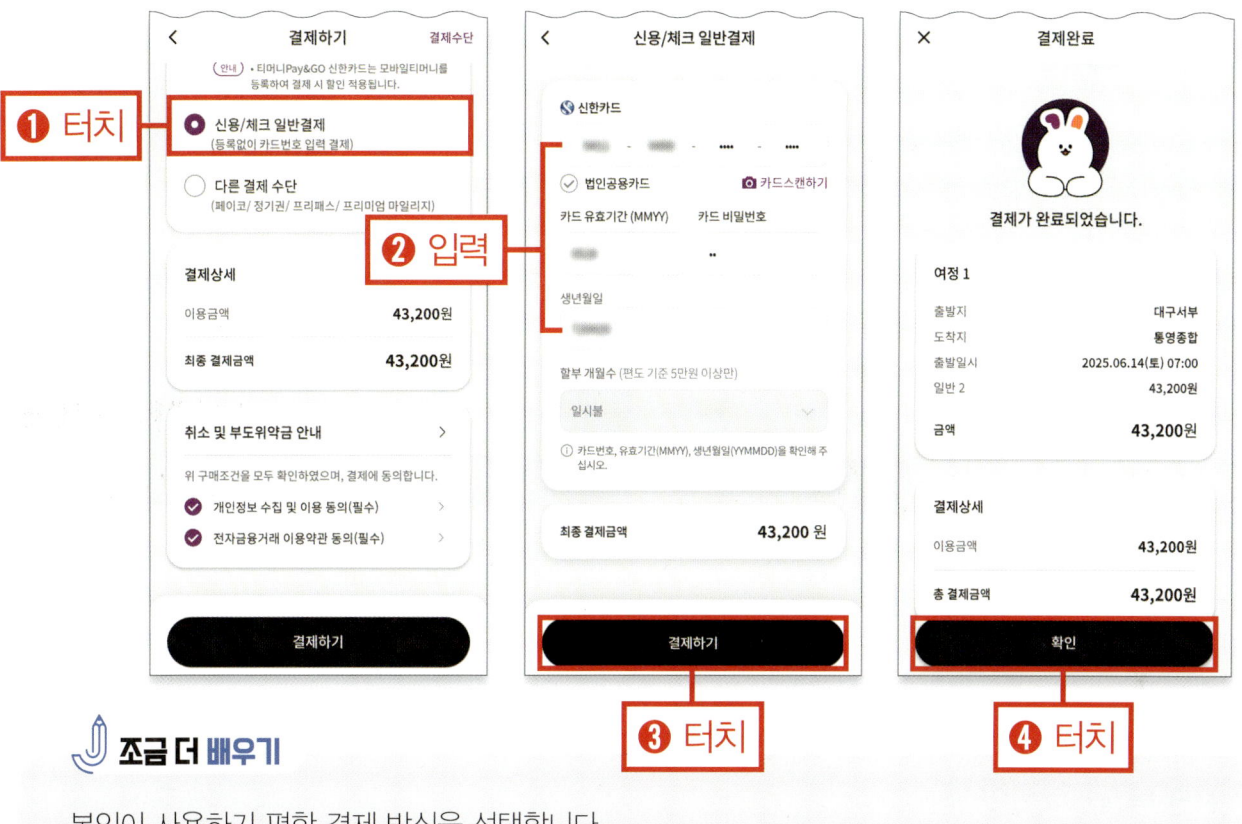

조금 더 배우기

본인이 사용하기 편한 결제 방식을 선택합니다.

05 홈 화면에서 [마이]를 터치합니다. '나의 예약' 정보를 터치합니다. 버스 입구에서 QR코드를 찍어 좌석표를 확인합니다.

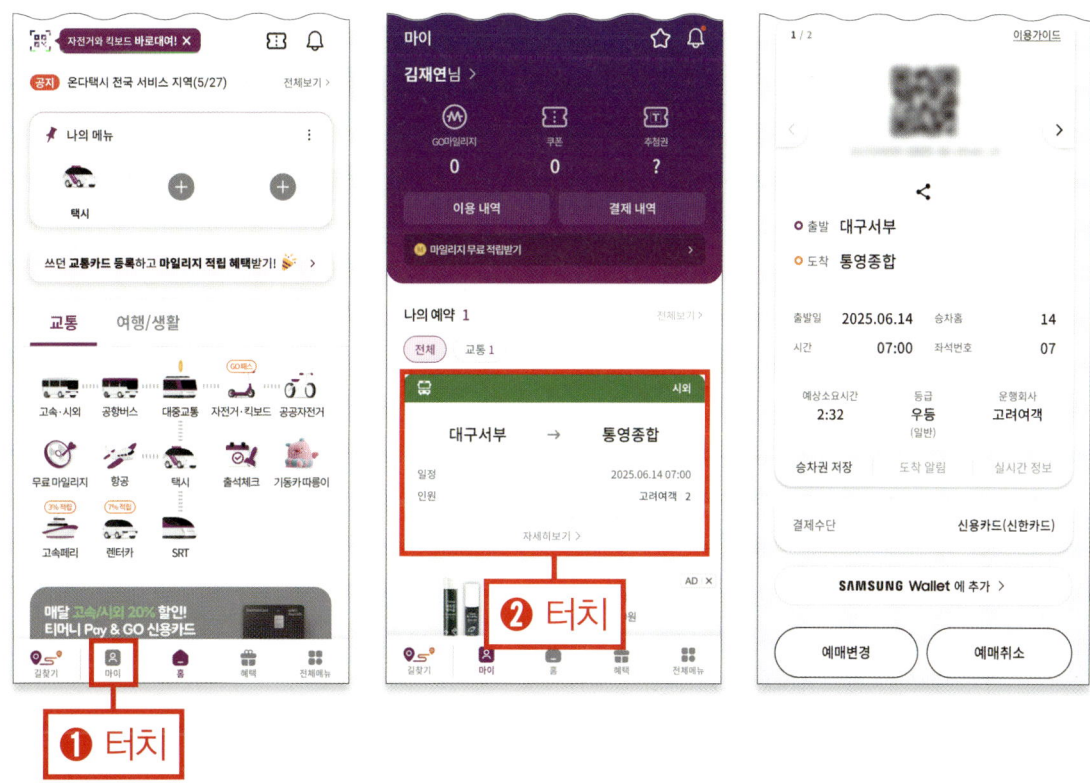

조금 더 배우기

예매 변경 및 취소도 가능합니다.

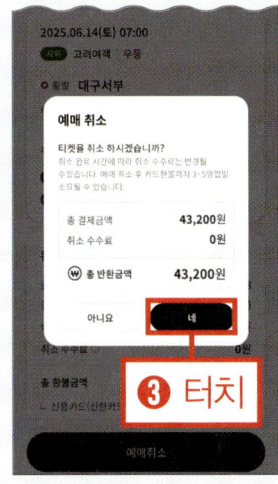

STEP 02 코레일 앱으로 기차 승차권 예매하기

■ 코레일 앱 설치하기

01 [Play 스토어] 앱을 실행합니다. [검색]을 터치한 다음 검색란에 '코레일'을 입력하여 검색한 후 [설치]를 터치합니다. 설치가 완료되면 [열기]를 터치합니다. '접근권한 설정안내' 화면에서 [네]를 터치합니다.

조금 더 배우기

'사진과 동영상 액세스'에 [모두 허용], '위치 정보 액세스'에 [앱 사용 중에만 허용], '알림 허용'에 [허용]을 터치합니다.

■ 코레일 앱 회원가입하기

01 홈 화면에서 [메뉴](☰)를 터치합니다. [로그인이 필요합니다.]를 터치합니다. '로그인' 화면에서 [회원가입]을 터치합니다. '회원가입' 화면 회원약관에서 [필수] 항목을 선택한 후 [다음]을 터치합니다.

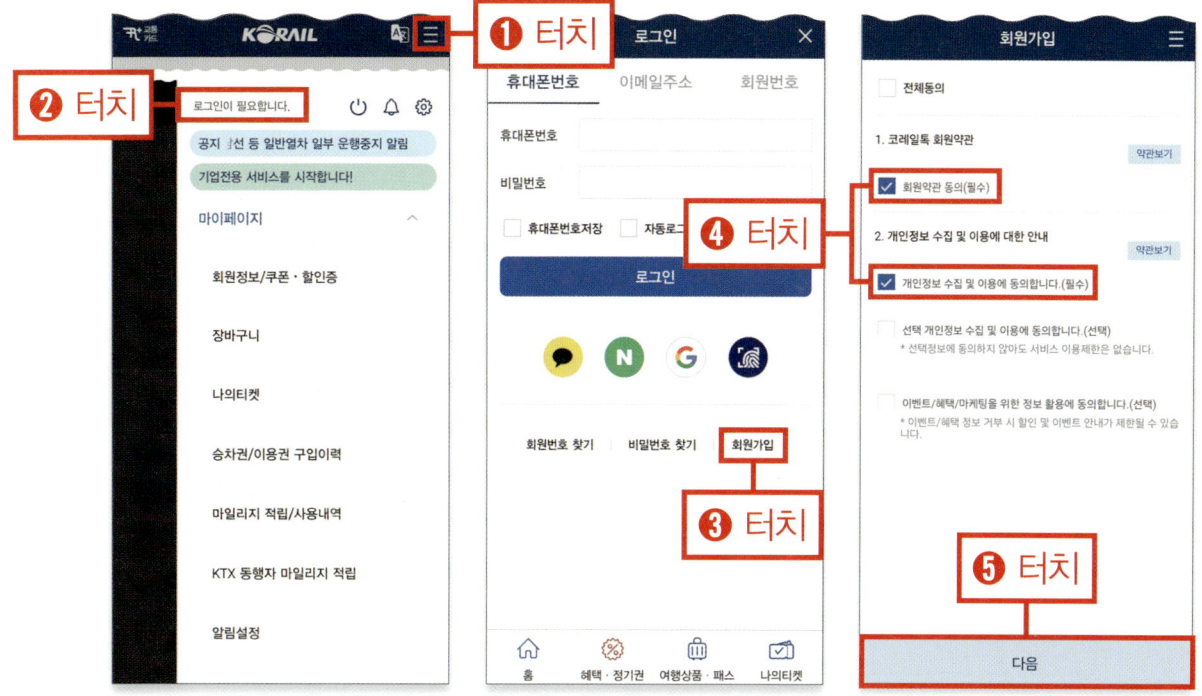

02 본인 인증을 위한 화면에서 통신사를 선택하고 [문자(SMS)로 인증하기]를 터치합니다. 해당하는 항목에 내용을 입력하고 [확인]을 터치합니다. '인증번호'를 입력한 후 [인증확인]을 터치합니다. '코레일 가입' 메시지에서 [확인]을 터치합니다.

03 비밀번호를 입력한 후 [회원가입]을 터치합니다. 가입된 회원번호를 기억한 후 [확인]을 터치합니다. [회원번호] 탭을 터치하면 '회원번호'가 입력되어 있습니다. 비밀번호를 입력한 후 [로그인]을 터치합니다. '승차권 예매' 화면이 나타납니다.

조금 더 배우기

'회원번호저장', '자동로그인'을 선택해 두면 사용할 때마다 [로그인]을 하지 않아도 됩니다.

■ 기차표 예매하기

01 [출발]을 터치하여 해당하는 역을 선택합니다. 동일한 방법으로 [도착] 역을 선택합니다. '가는날'의 [날짜]를 터치합니다. 출발할 날짜와 시간을 선택한 후 [확인]을 터치합니다. '인원선택'의 [인원]을 터치합니다. 연령에 맞는 인원수를 선택한 후 [확인]을 터치합니다. [열차조회]를 터치합니다.

02 '열차 조회' 화면에서 예매할 열차를 터치합니다. [좌석선택]을 터치합니다. 원하는 [호차]와 [좌석]을 선택한 후 [선택 완료]를 터치합니다. [예매]를 터치합니다.

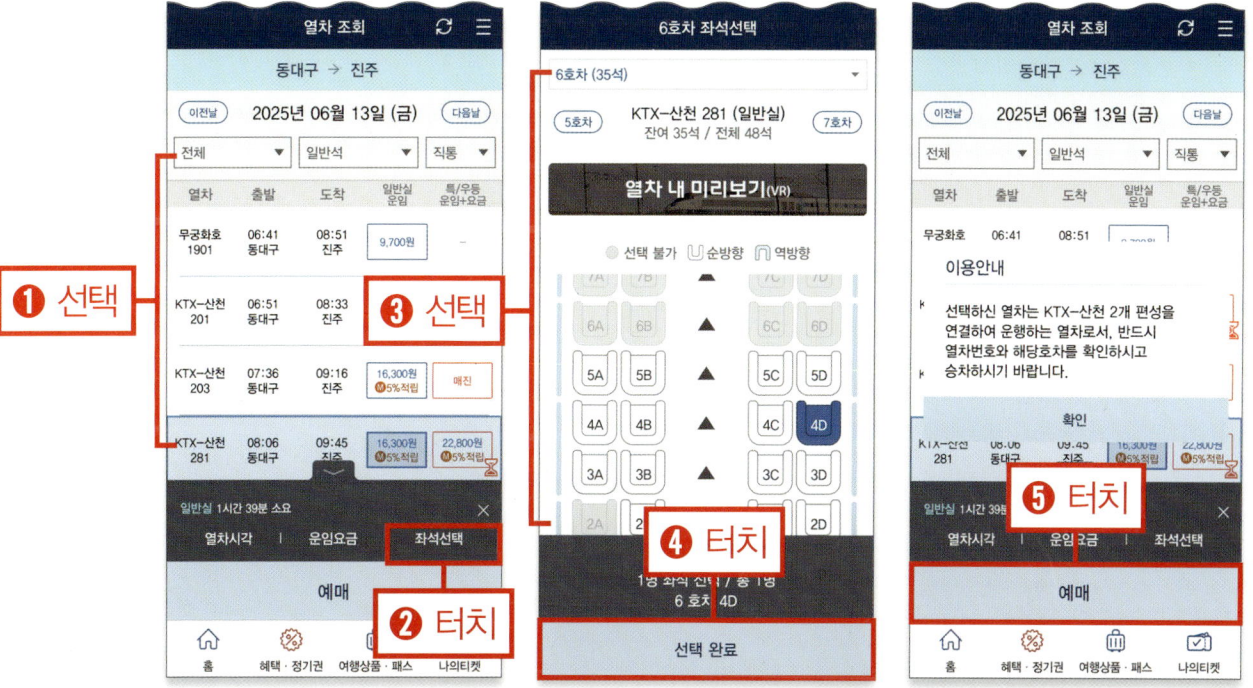

03
승차권 예매 정보를 확인한 후 [결제하기]를 터치합니다. [다음]을 터치합니다. [카드결제]를 터치하여 카드 정보를 입력합니다. [결제/발권]을 터치합니다.

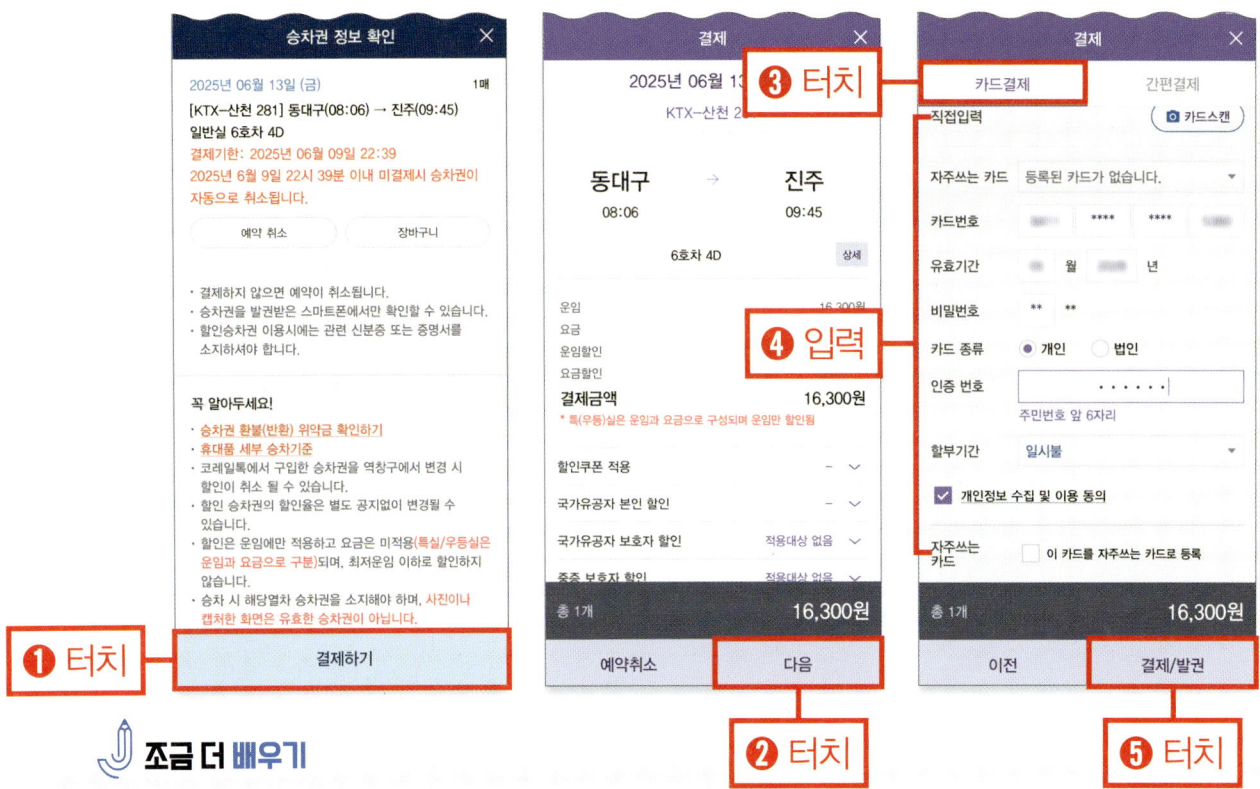

조금 더 배우기

[간편결제]는 KTX 마일리지, 네이버페이, 카카오페이, 레일플러스카드, 제로페이 등을 이용합니다. 간편결제 화면을 위로 드래그합니다.

04
결제가 완료되면 예매된 티켓이 나타납니다. 화면을 위로 드래그해 봅니다.

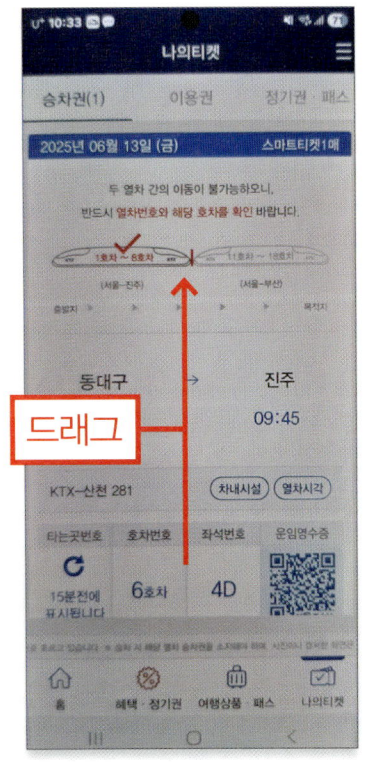

 조금 더 배우기

티켓은 화면 캡처가 되지 않으며, 사진 촬영한 티켓은 사용할 수 없습니다.
'전달하기'는 예매한 승차권을 다른 사람에게 전달하는 기능입니다.
'반환하기'는 출발 전까지 승차권을 환불할 수 있는 기능입니다. 수수료가 발생합니다.
'여행변경'은 예매한 출발 날짜, 시간, 좌석 등을 변경할 수 있습니다.

STEP 03 네이버 항공권으로 비행기편 알아보기

01 [네이버]-[메뉴](☰)를 터치합니다. 화면을 위로 드래그하여 '지도·여행'의 [항공권]을 터치합니다.

 조금 더 배우기

국내 항공사에는 대한항공, 아시아나항공, 티웨이항공, 진에어 등이 있고, 해외 항공사에는 Delta Airlines(미국), JAL(일본), Lufthansa(독일), Scoot(싱가포르) 등이 있습니다. 각 항공사별 앱에서 예매하여도 됩니다.

02 [출발지] 및 [도착지], [출발일], [인원수] 등을 선택한 후 [항공권 검색]을 터치합니다. 검색된 항공편을 선택합니다. 판매사별 가격 비교가 나타납니다.

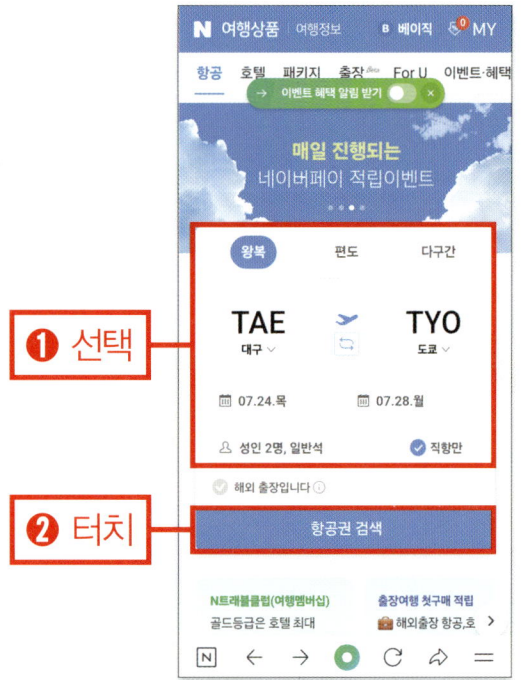
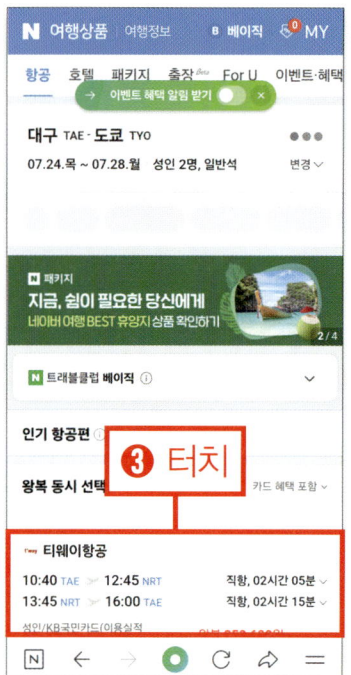

조금 더 배우기

국내에서 많이 이용되고 있는 항공권 가격비교 앱들입니다.

앱 이름	가격 비교 정확도	사용자 편의성	국내선	국제선	주요 특징
네이버 항공권	★★★★★	★★★★★	✓	✓	날짜별 최저가 확인, 실시간 비교, 한국어 인터페이스
스카이스캐너	★★★★★	★★★★☆	✓	✓✓✓	전 세계 항공권 비교, 최저가 달력 기능 제공
카약 (KAYAK)	★★★★☆	★★★★☆	✓	✓✓✓	가격 추적, 다양한 필터 기능
트립닷컴	★★★★☆	★★★★☆	✓	✓✓✓	특가 항공권 자주 제공, 호텔·기차 연동 가능
아고다 항공권	★★★★☆	★★★☆☆	✓	✓✓	숙소+항공 동시 예약 시 할인 혜택

CHAPTER 19
여기어때 앱을 이용한 여행지 숙소 찾기

> **POINT**
>
> 여기어때 앱을 사용하면 여행지의 원하는 숙소를 쉽게 검색하고 예약할 수 있습니다. 다양한 숙소 옵션과 가격 비교가 가능해 합리적인 선택을 할 수 있습니다. 숙소 예약 과정을 배워봅니다.

완성 화면 미리 보기

여기서 배워요!

여기어때 앱 설치하기 / 여기어때 앱 회원가입하기 / 숙소 검색하기 / 숙소 예약하기 / 예약 결제하기

STEP 01 여기어때 앱 설치하기

01 [Play 스토어] 앱을 실행합니다. [검색]을 터치한 다음 검색란에 '여기어때'를 입력하여 검색한 후 [설치]를 터치합니다. 설치가 완료되면 [열기]를 터치합니다.

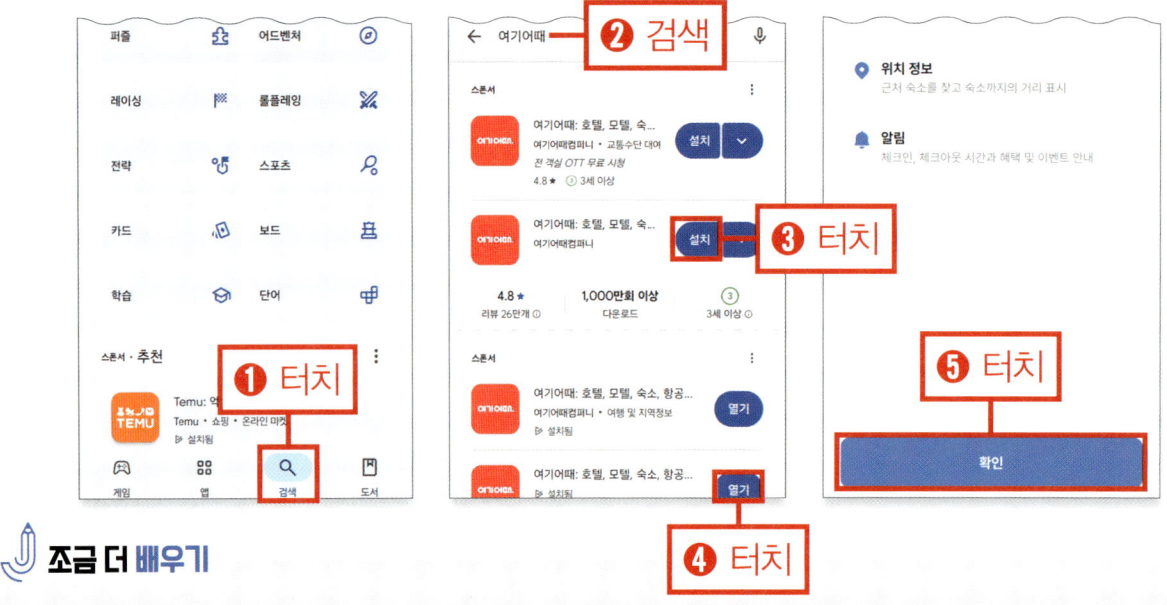

조금 더 배우기

'위치 정보 액세스'에 [앱 사용 중에만 허용] 및 '알림 허용'에 [허용]을 터치합니다.

STEP 02 여기어때 앱 회원가입하기

01 홈 화면에서 [로그인/회원가입]을 터치합니다. 여기서는 [카카오로 시작하기]를 터치합니다. [전체 동의하기]를 선택하고 [동의하고 계속하기]를 터치합니다. '회원가입이 완료되었습니다!' 화면에 [확인]을 터치합니다.

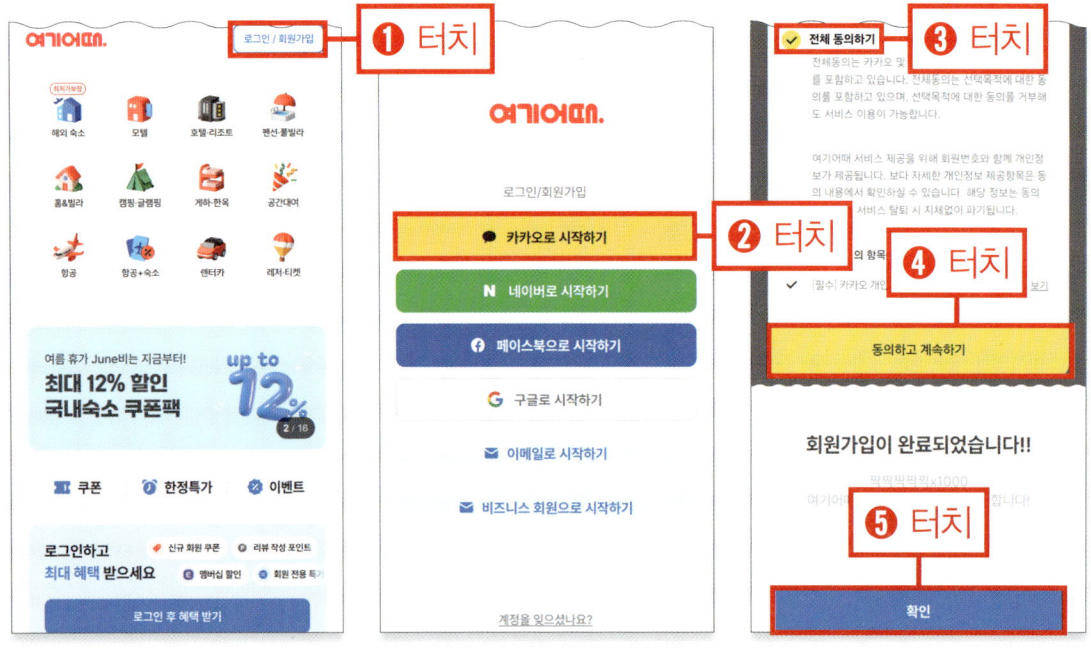

STEP 03 숙소 검색하기

01 홈 화면에서 [검색]을 터치합니다. [날짜]를 터치하여 일정을 선택하고 함께 여행할 [인원]을 지정합니다. '지역, 지하철역, 숙소'를 터치하여 목적지를 입력하고 검색합니다.

  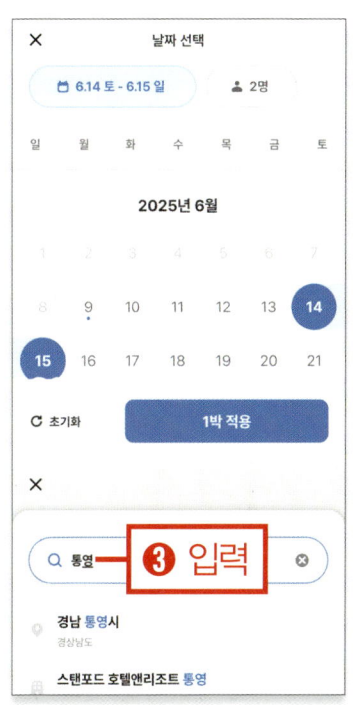

조금 더 배우기

'여기어때 검색 순위'에 해당하는 여행지가 있다면 터치합니다.

STEP 04 숙소 예약하기

01 검색된 숙소 중 예약할 숙소를 선택합니다. [숙박] 예약을 터치합니다. '예약자 정보'의 [체크인 시 필요합니다.]를 터치합니다.

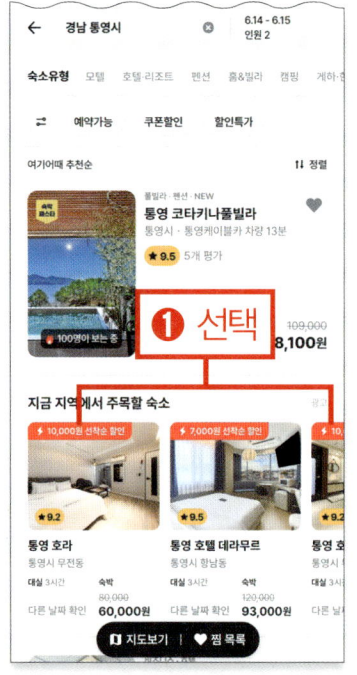
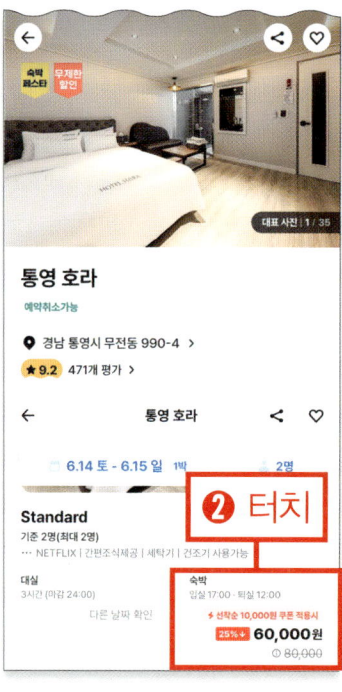

02 '예약자 정보'를 입력하고 [설정완료]를 터치합니다. [도보 방문] 또는 [차량 방문]을 터치합니다. [쿠폰 적용]을 터치하여 해당하는 할인 쿠폰을 선택한 후 [○○○원 적용하기]를 터치합니다.

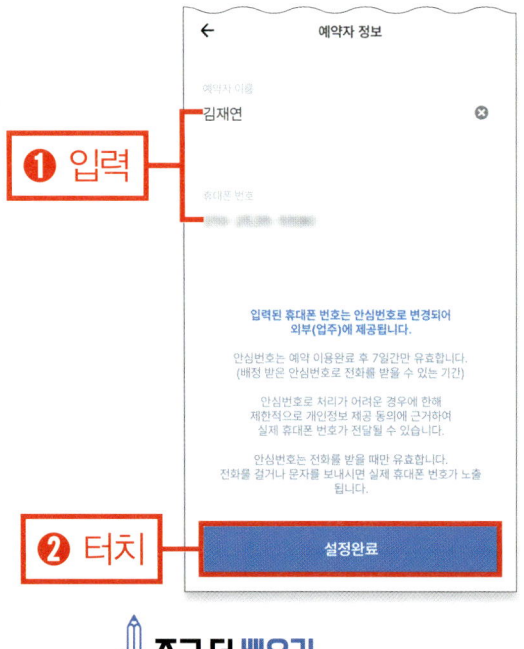
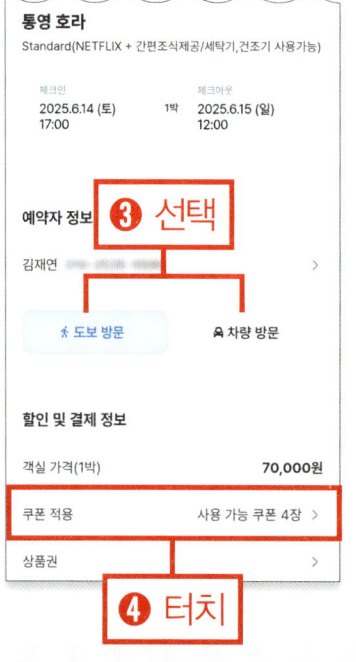

조금 더 배우기

'차량 방문'을 선택하면 주차 관련하여 차량 등록이 됩니다.

STEP 05 예약 결제하기

01 '예약' 화면에서 '결제 수단'을 선택합니다. '예약내역 확인'에서 [동의 후 결제]를 터치합니다. 해당하는 결제 방식으로 결제를 진행합니다. [다음]을 터치합니다.

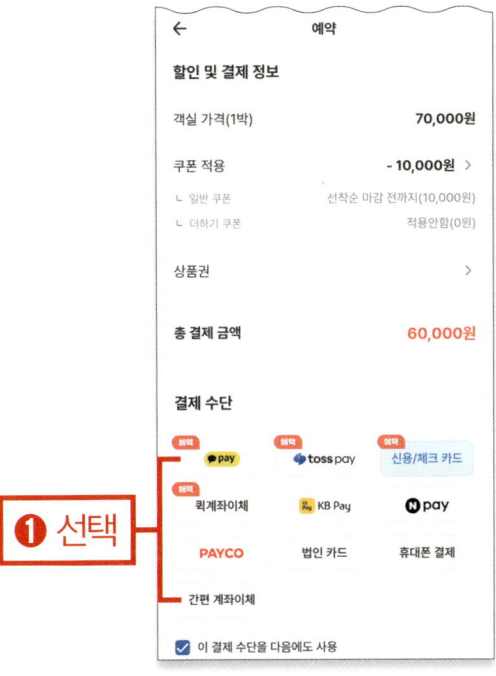
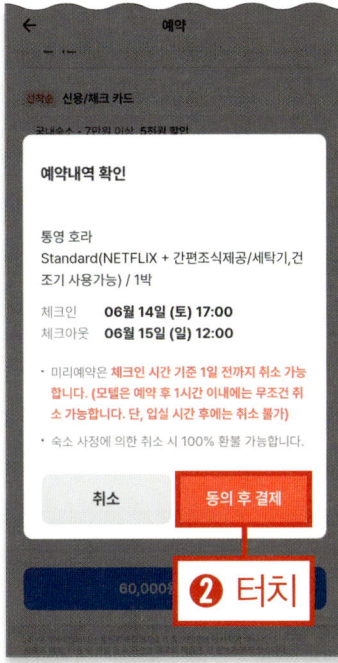

바로 결제가 되어야 예약이 완료됩니다.

02 결제가 완료되면 '예약확정' 화면이 나타납니다. [닫기](⊠)를 터치합니다. 예약 정보를 확인하고 싶다면 홈 화면에서 [내 정보]를 터치합니다. [국내 숙소]를 터치하여 예약 정보를 확인합니다.

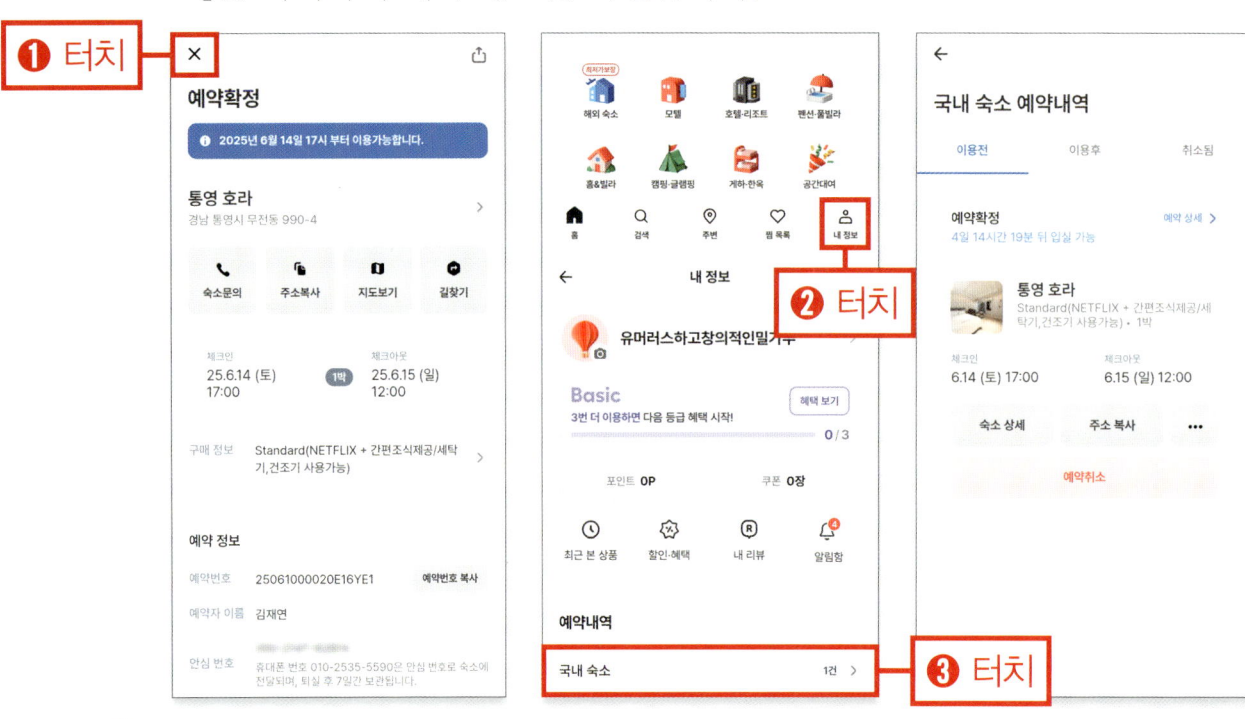

조금 더 배우기

여행 일정이 취소되었다면! (취소 수수료가 발생할 수 있습니다.)

1. '여기 어때' 홈 화면에서 [내 정보] 터치합니다. 예약 내역 [국내 숙소]를 터치합니다.
2. 예약 내역에서 [예약취소]를 터치합니다. '취소내용 확인'을 한 후 [취소진행]을 터치합니다.
3. '환불 예정금액 확인'을 꼼꼼하게 살펴본 후 [동의 후 취소]를 터치합니다. 예약 취소가 완료됩니다.

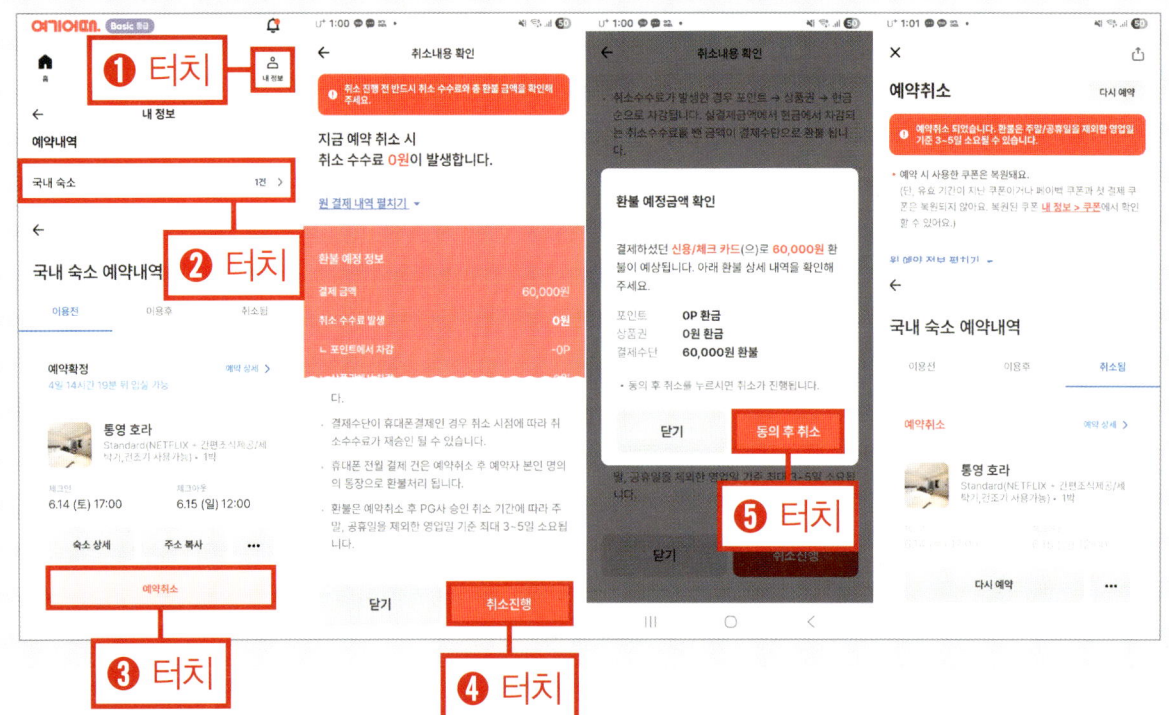

CHAPTER 20 여행 중 목적지 찾기

POINT

현재 위치를 기반으로 목적지나 주변 장소를 검색하면 상세한 지도와 함께 도보, 대중교통, 자동차 경로까지 안내받아 낯선 길도 걱정 없이 편안하게 이동할 수 있습니다. 네이버지도로 길찾기와 카카오T로 택시 이용법을 배워봅니다.

▌완성 화면 미리 보기

▌여기서 배워요!

네이버지도 앱으로 길찾기 / 카카오T 앱으로 택시 호출하기

STEP 01 네이버지도 앱으로 목적지 찾기

■ 네이버지도 앱 설치하기

01 [Play 스토어] 앱을 실행합니다. [검색]을 터치한 다음 검색란에 '네이버지도'를 입력하여 검색한 후 [설치]를 터치합니다. 설치가 완료되면 [열기]를 터치합니다. 홈 화면 상단의 [음식점]을 터치합니다.

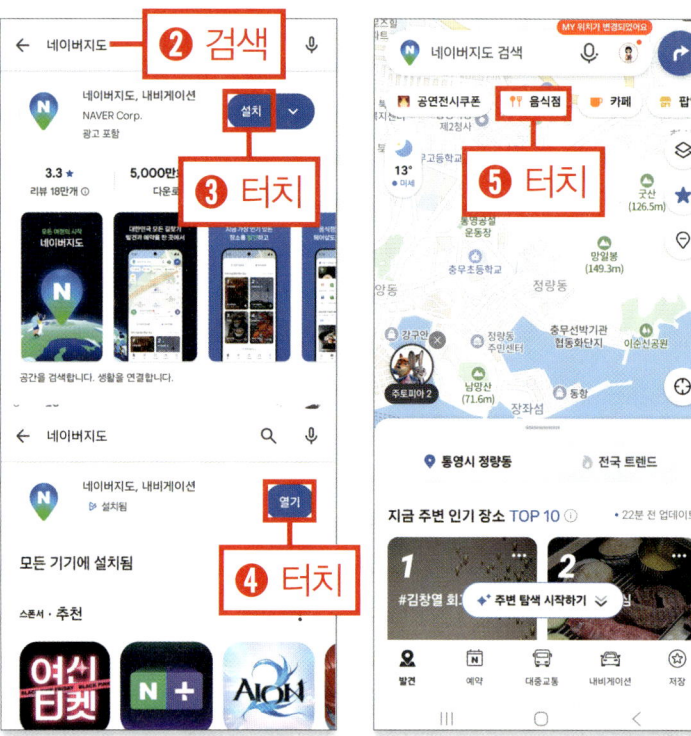

 조금 더 배우기

'알림 허용'에서 [허용]을 터치하고 '위치 정보 액세스'에서 [앱 사용 중에만 허용]을 터치합니다. '광고 알림 수신 동의'는 [허용 안함]을 터치합니다.

■ **주변 장소 검색하기**

01 [플레이스 필터](🔽)를 터치합니다. 원하는 조건을 선택하고 [결과보기 0건]을 터치합니다. 설정한 조건에 해당하는 주변의 음식점들이 표시됩니다. 화면을 움직여 마음에 드는 음식점을 선택합니다.

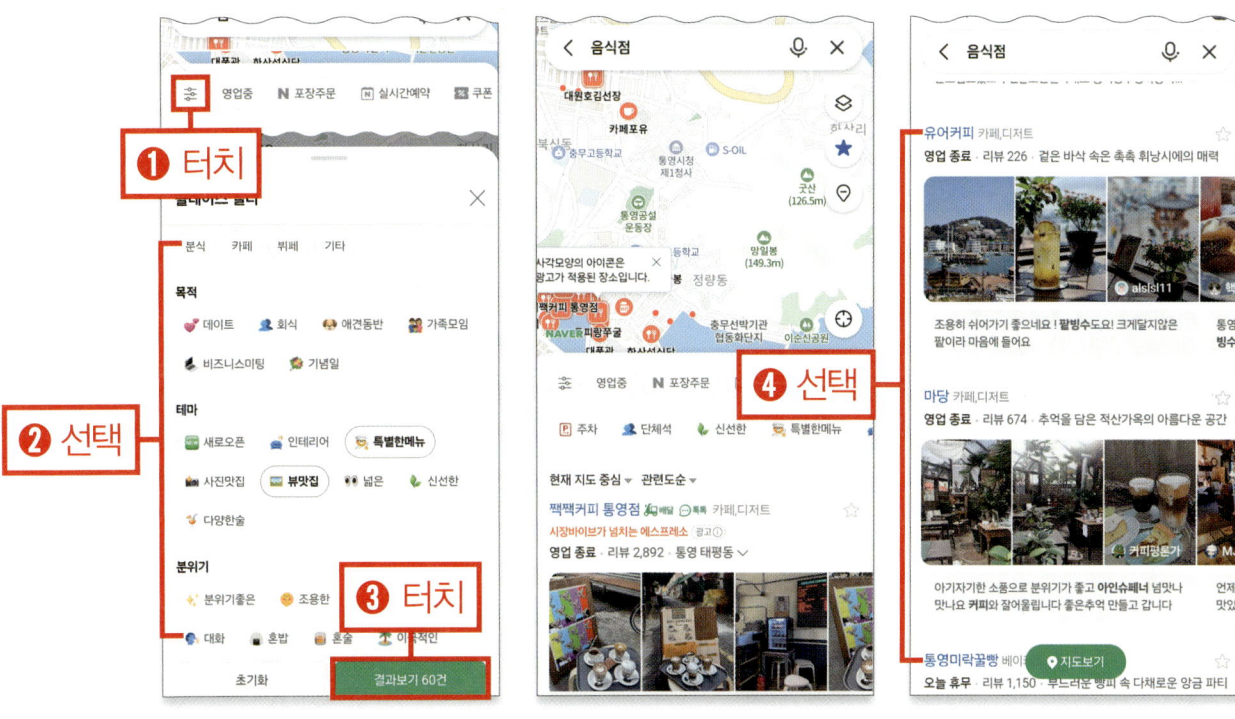

02 음식점 상세 정보 화면이 나타납니다. 기타 사항을 살펴본 후 음식점에 가기 위해 [도착]을 터치합니다. 현재 있는 위치에서부터 해당 음식점까지 [대중교통](🚌) 정보가 나타납니다. [자가용](🚗)을 터치하여 거리 및 시간을 확인합니다.

 **조금 더 배우기**

음식점에 예약이 된다면 출발 전에 예약을 추천합니다.

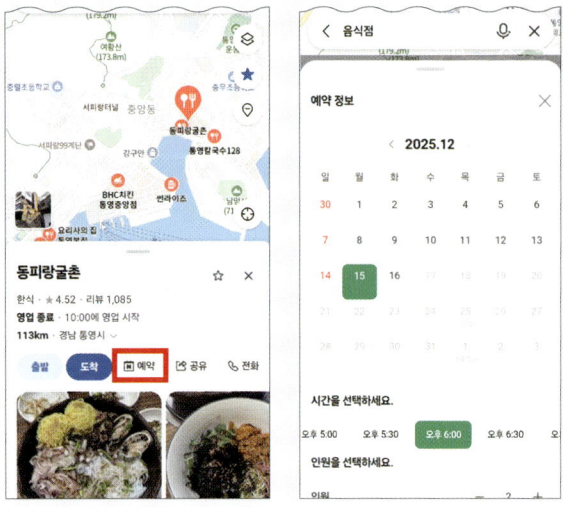

■ **목적지 찾기**

01 가고 싶은 곳을 직접 찾기 위해 [길찾기]를 터치합니다. [도착지 입력]을 터치하여 장소를 입력한 후 해당하는 곳을 터치합니다. [대중교통](🚌) 정보가 나타납니다.

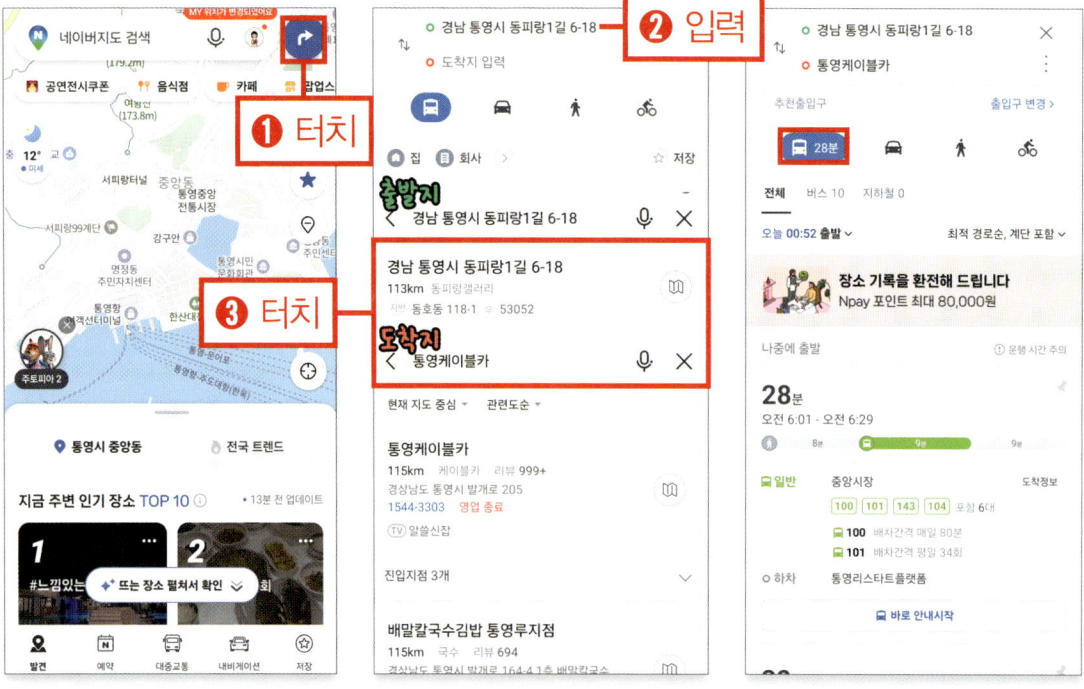

02 [자가용]()을 터치합니다. 길 안내를 받기 위해 [안내시작]을 터치합니다. '다른 앱 위에 표시' 권한 허용에 [확인]을 터치한 후 [네이버 지도]를 [ON] (⬤)이 되도록 터치합니다.

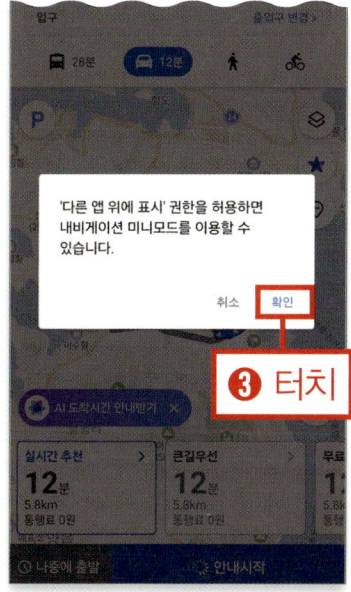
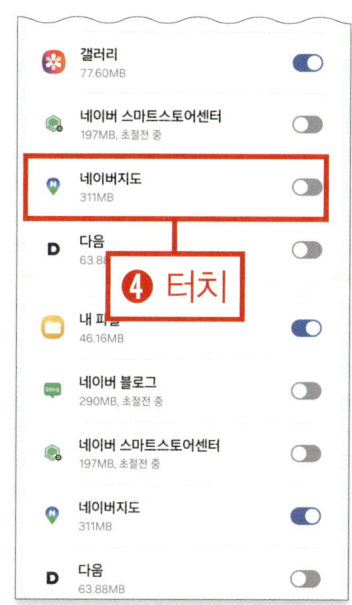

조금 더 배우기

'전화 걸고 관리 허용' 및 '오디오 녹음 허용'이 나타나면 [허용]을 터치합니다.

03 해당하는 장소에 도착하였다면 스마트폰의 [뒤로](◁) 버튼을 터치합니다. [안내 종료]를 터치합니다. 다시 [길찾기]를 터치하여 '출발지'와 '도착지'를 입력한 후 [도보]를 터치해 봅니다.

STEP 02 | 카카오T로 택시 호출하기

■ 카카오T 앱 설치하기

01 [Play 스토어] 앱을 실행합니다. [검색]을 터치한 다음 검색란에 '카카오t'를 입력하여 검색한 후 [설치]를 터치합니다. 설치가 완료되면 [열기]를 터치합니다. 'kakaoT 권한 허용'에 [확인]을 터치합니다.

'위치 정보 액세스'에 [앱 사용 중에만 허용], '알림 허용'에 [허용], '전화 걸기'에 [허용]을 터치합니다.

■ 카카오T 로그인하기

01 카카오 T를 사용하기 위해 [카카오계정으로 시작하기]를 터치합니다. '휴대폰 번호 인증' 화면에서 [확인]을 터치합니다. 휴대폰 번호를 확인한 후 [보내기]를 터치합니다. 인증번호가 입력되면 [다음]을 터치합니다. 카카오 T 홈 화면이 나타납니다. [택시]를 터치합니다.

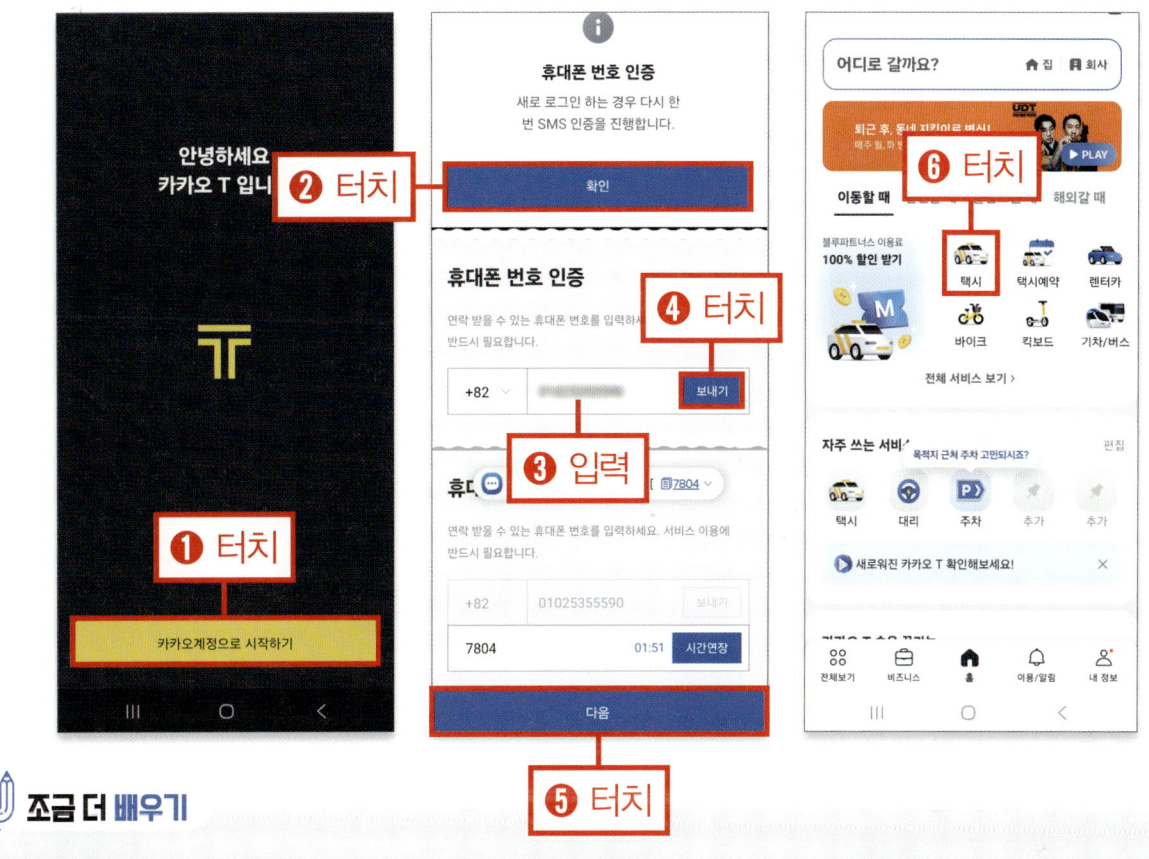

조금 더 배우기

카카오 T에서는 휴대폰 인증번호가 자동으로 등록됩니다.

■ 택시 호출하기

01 '어디로 갈까요?'를 터치하여 목적지를 입력합니다. 해당하는 목적지에 [도착]을 터치합니다. '출발 위치를 설정해주세요' 화면에 [확인]을 터치합니다. [일반호출]을 터치합니다.

02 [결제수단 등록]을 터치합니다. '결제수단–카카오페이' 화면을 왼쪽으로 드래그합니다. [직접 결제하기]를 터치합니다. [적용]을 터치합니다.

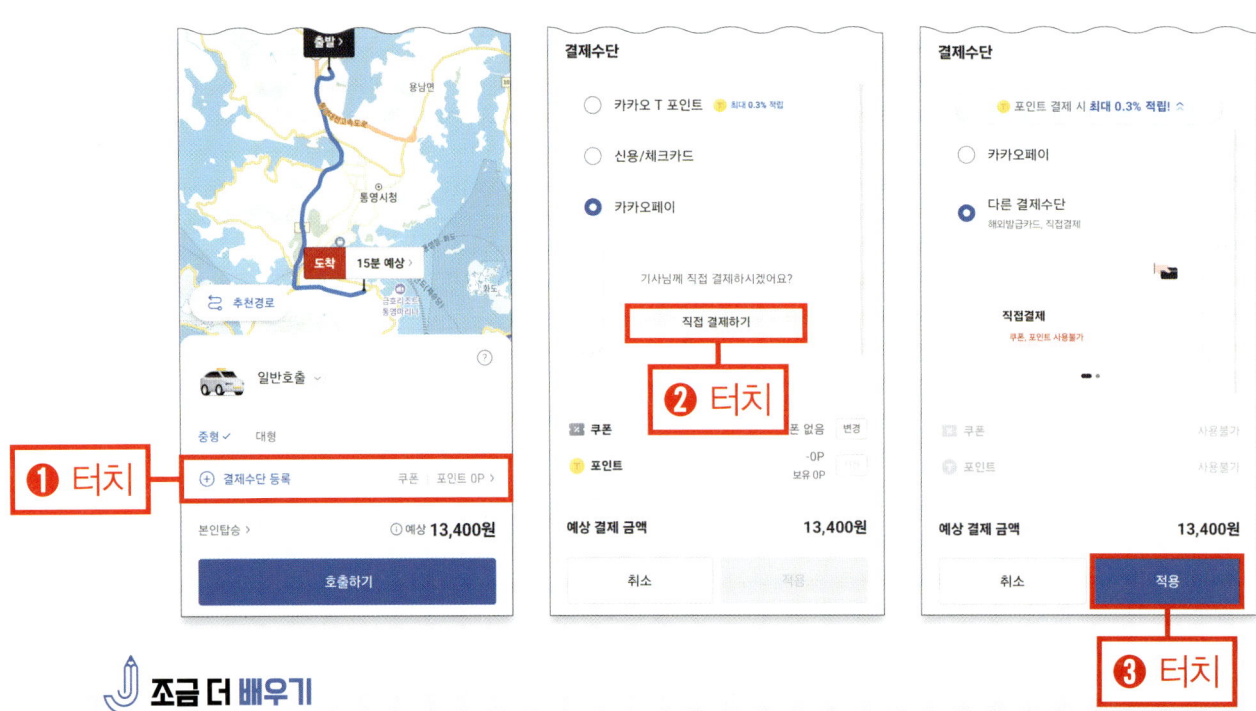

조금 더 배우기

[직접 결제하기]를 터치하면 '다른 결제수단'이 선택됩니다. [신용/체크카드]를 사용하려면 카드 정보를 등록해야 합니다.

03 [호출하기]를 터치합니다. 배차가 되었습니다. '차량번호'를 확인하고 탑승합니다.

조금 더 배우기

[전화]()를 걸어 기사님과 통화할 수 있으며, '호출 취소'도 가능합니다. 단, 호출 취소 후 5분이 지나야 다시 택시 호출을 사용할 수 있습니다.

혼자서도 만들 수 있어요!

1 네이버 지도 앱을 이용하여 가까운 '약국'을 찾아 보세요.

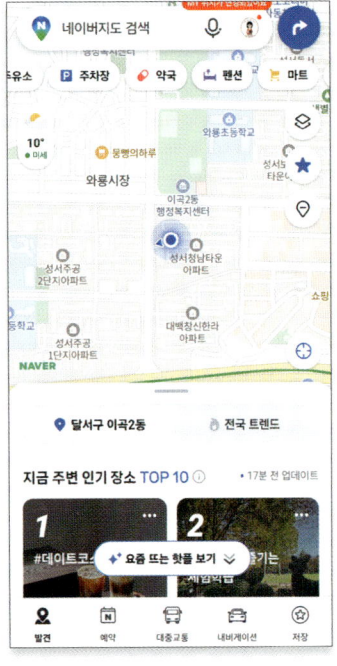 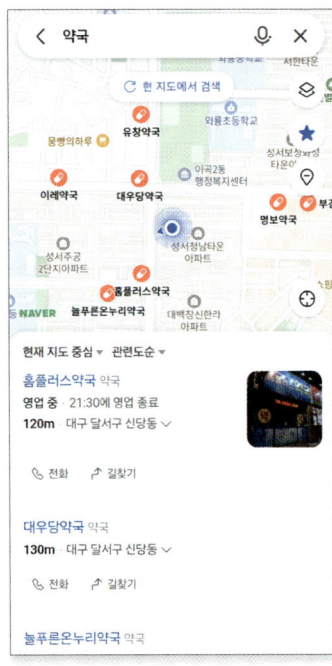 

> **hint** [네이버 지도] 앱의 홈 화면 상단을 드래그하여 [약국] 터치

2 카카오T 앱을 이용하여 택시를 호출해 보세요.

> **hint** [카카오T] 앱에서 [택시] 터치 → [도착지] 입력하고 [일반호출] 터치 → [결제하기] 선택 후 터치

1판 1쇄 발행 2025년 12월 3일

저　자 | 김재연
발행인 | 김길수
발행처 | ㈜영진닷컴
주　소 | (08512) 서울특별시 금천구 디지털로9길 32
갑을그레이트밸리 B동 10F
등　록 | 2007. 4. 27. 제16-4189호

ⓒ2025. ㈜영진닷컴

ISBN 978-89-314-8150-1

이 책에 실린 내용의 무단 전재 및 무단 복제를 금합니다.
파본이나 잘못된 도서는 구입하신 곳에서 교환해 드립니다.

YoungJin.com Y.
영진닷컴